中国光伏产业发展中市场化政策工具的法律规制

宋冬冬 著

WUHAN UNIVERSITY PRESS
武汉大学出版社

图书在版编目(CIP)数据

中国光伏产业发展中市场化政策工具的法律规制/宋冬冬著.—武汉：武汉大学出版社,2020.12
ISBN 978-7-307-21048-6

Ⅰ.中…　Ⅱ.宋…　Ⅲ.太阳能发展—电力工业—法规—研究—中国　Ⅳ.D922.674

中国版本图书馆CIP数据核字(2019)第144436号

责任编辑:陈　豪　　责任校对:汪欣怡　　版式设计:马　佳

出版发行：**武汉大学出版社**　(430072　武昌　珞珈山)
(电子邮箱：cbs22@whu.edu.cn　网址：www.wdp.com.cn)
印刷：武汉邮科印务有限公司
开本:720×1000　1/16　印张:15.75　字数:225千字　插页:2
版次:2020年12月第1版　2020年12月第1次印刷
ISBN 978-7-307-21048-6　定价:52.00元

作者简介

宋冬冬，男，中国地质大学（武汉）特任副教授，硕士生导师，“地大学者”青年优秀人才。华中科技大学法学博士，香港城市大学公共政策学联合培养博士。2011年获得华中科技大学民商法学专业法学硕士学位；2010年获得美国密苏里大学非诉讼纠纷解决机制方向法学硕士学位；2008年获得华中科技大学法学学士学位。现为湖北省知识产权与创新发展研究院副院长，湖北省法学会法学教育研究会理事，湖北省法学会环境法研究会理事，中国科学技术法学会会员，中国法学会能源法研究会会员。曾主持多项湖北省社科基金项目、自然资源部基金项目，参与多项国家社科基金重大项目和地方立法项目。曾多次赴美国、英国、希腊、中国台湾地区参加国际学术会议并作大会报告。以第一作者身份在SCI一区来源的国际学术期刊、国际学术会议论文集、CSSCI期刊等发表论文多篇，在国际出版社出版英文学术专著一部，出版中文学术专著一部，作为撰稿人在国家级出版社出版法学百科全书一部。

本书系如下多个项目研究成果：

湖北省社会科学基金一般项目《基于行政自由裁量权的市场化政策工具法律规制研究——以光伏产业为例》（批准号：2018152）

自然资源部法治研究重点实验室开放基金项目《光伏产业用地监管制度研究》（立项登记号：CUGFP-1806）

自然资源部法治研究重点实验室开放基金重点资助项目《基于RMA的新西兰自然资源管理体制研究》（立项登记号：CUGFP-1901）

中央高校基本科研业务费专项资金资助项目《创新驱动与能源法制创新》（立项登记号：CUG170629）

中国地质大学（武汉）公共管理学院青年教师成长基金项目《创新发展理念下的可再生能源法制研究》（立项登记号：CUGGG-1702）

序

——在政策工具和法律规制之间

焦洪涛

我国光伏产业是国家重点扶持的战略性新兴产业之一，其发展之路并非平顺坦途，而是历经曲折起伏，与之对应的产业举措政策性很强，相关制度尚未定型，处于迭变之中。

宋冬冬博士的这部学术著作，以政策工具和法律规制之间的关系为主轴，锚定行政自由裁量权这个关键问题，探讨了法律在光伏产业发展中的功能定位及治理机制设计，具有重要的学术价值和现实意义。该书主题鲜明、框架清晰，资料翔实、表述规范。作者力图运用法律社会学的数据分析、访谈等研究方法，对中国光伏产业市场化政策工具的法律规制进行了较为系统和深入的论述。通观全文，该书在学术创新上的探索主要集中体现于以下三方面：

一是提出市场化政策工具是行政自由裁量权的载体，对行政自由裁量权的规制是市场化政策工具的法律规制的题中应有之意。

光伏产业的健康发展对于调整能源结构、推动能源的生产和消费革命、促进生态文明建设具有重要意义，各国（地区）政府纷纷运用各种类型的政策工具促进光伏产业发展。从法学层面对光伏产业政策工具体系进行研究，有助于规范政策工具的设计和运用。公共管理学对于政策工具的研究是伴随着公共管理主体多元化发展、公共政策复杂程度的增加而逐步兴起的。传统行政法学偏重于作为行政过程最终结果的行政行为，缺乏对行政过程中各种行为形式之间的关联性分析，也忽视了行政过程中行政主体的政策形成能力。政策工具这一操作性概念可以成为贯通两个学科研究内容的契合点。该项研究以光伏产业发展中市场化政策工具的法律规制为研究对象，探讨对市场化政策工具的法律规制的原则与路径。市场化政策工具之所以可以作为行政自由裁量权的载体，乃是基于以下缘由：（1）市场化政策工具是行政自由裁量权实现的关键步骤；（2）市场化政策工具设计和运用的主体与行政自由裁量权的主体具有一致性和法定性；（3）市场化政策工具充分体现了行政自由裁量权内容的广泛性；（4）市场化政策工具充分体现了行政自由裁量权行使结果的权威性。市场化政策工具并非行政自由裁量权的唯一载体，但行政自由裁量权是市场化政策工具的实质内核。市场化政策工具在运用中出现的消极样态，也是行政自由裁量权异化的体现，具体表现在行政主体权力的约束性不强、行政主体利益的诱导性强烈和公民权利的保护薄弱。该书对市场化政策工具的法律规制作出界定，认为是指为保障依法设定的政策目标实现，防止行政自由裁量权的滥用，从立法、行政和司法等层面对市场化政策工具的内容设计和运用过程进行控制。

二是认为中国光伏产业发展中主要市场化政策工具在实际运用中存在着问题，究其实质可归因于多种情形的行政自由裁量权滥用，因此需要引入法律规制。

该书尝试整合公共管理学的政策工具理论、行政法学的行政自由裁量权理论和制度经济学的产业创新系统理论的相关论点，寻求其间复杂的映射与嵌套关系。对中国光伏产业市场化政策工具进行类型化研究可知，行政主体设计和运用的市场化政策工具主要包括总量目标规划、强制上网电价补贴、费用分摊和税收优惠等。行政法学界普遍认为行政自由裁量权滥用的表现包括非正当考虑、对弹性法律条文做扩张或限制性解释、反复无常、故意拖延等。具体而言：（1）总量目标规划政策工具存在的问题，是由于缺乏科学调研导致目标修改频繁，缺乏稳定性和权威性，并且规划目标的现行衡量标准是装机容量，而非更能够反映产业发展效果的实际发电量。这属于行政自由裁量权滥用的非正当考虑情形和反复无常情形。（2）强制上网电价补贴政策工具的问题，是未能考虑电网企业要承担高昂的并网费用和输送电成本，从而导致电网企业收购光伏电力的积极性不足。这也属于行政自由裁量权滥用的非正当考虑情形。（3）费用分摊政策工具的主要问题，是资金来源仅限于电价附加引致资金不足，不能实现对于强制上网电价补贴的资金支持。我国《可再生能源法》虽已规定电网企业收购可再生能源电力的成本可以采用电费附加的方式分担，但是对于具体操作方式没有规定，实际中电费附加的标准由发改委等部门确定。这种单一的资金来源方式不能缩小光伏发电成本与传统能源发电成本之间的差距。全网分摊的方式不能有效激励发电企业和消费者使用清洁能源。上述问题属于行政自由裁量权滥用的非正当考虑情形和对于弹性法律条文的限制性解释情形。（4）税收优惠政策工具的问题，在于税收优惠政策的制定主体随意性较高、政策内容优惠幅度不大、税收形式单一、缺乏稳定性，从而导致光伏产业中的市场主体无法享受应有的税收优惠。这属于行政自由裁量权滥用的非正当考虑、反复无常和故意拖延情形。市场化政策工具存在的问题映射出行政自由裁量权滥用的诸多情形，反映出行政主体在行使行政自由裁量权时缺乏有效的约束。

三是指出中国光伏产业发展中市场化政策工具的法律规制途径，应从立法层面、行政层面和司法层面展开，为其他领域的可再生能源产业发展的法律治理提供参照。

光伏产业发展中存在的问题，相对于其他领域的可再生能源产业而言可能更为复杂。光伏产业发展中市场化政策工具的法律规制有助于解决现存的复杂问题，对其他领域的可再生能源产业发展的法律治理亦具有参照价值。市场化政策工具的立法规制是通过规定市场化政策工具的授权依据、使用边界、适用条件等内容来规制行政自由裁量权，从而保障市场化政策工具的合法性。立法规制对于行政自由裁量权的规制起到决定性作用，明文的立法可以划定行政主体设计和运用市场化政策工具的范围，为行政自由裁量权的行使设定权力边界。该书着重对四种具体的市场化政策工具展开立法规制层面的分析。其一，对于总量目标规划政策工具的立法规制包括：（1）衡量总量目标的标准实现从装机容量到上网电量的转变；（2）设定具体而明确的数值目标，明确责任主体；（3）通过立法授权的方式赋予国务院能源主管部门制定分阶段实施规则的职责，明确法律义务、法律责任以及法律权利；（4）根据太阳能资源的特殊性以及各地经济水平差异设定各地区规划目标。其二，对于强制上网电价补贴政策工具的立法规制包括：（1）充分考虑电网企业收购光伏发电电力支出的成本；（2）采用电力收购价格递减的全额收购方式；（3）建立光伏发电企业、电网企业和科研机构组成的产学研联盟。其三，对于费用分摊政策工具的立法规制包括：（1）拓宽费用分摊的资金来源渠道；（2）制定可再生能源发展基金的实施细则；（3）电价附加的征收在采取全网均摊方式的同时，还应当对传统能源发电企业征收化石燃料消费税、碳税等环境税。其四，对于税收优惠政策工具的立法规制包括：（1）税收调控种类应建立在整个光伏产业环境的成本效益分析的基础之上；（2）应考虑到税收优惠与其他手段的配合使用；（3）应根据光伏产业发展中各关键环节的技术经济特点来科学配置与之相适应的税收优惠，同时提高税收优惠政策之间的协调性。行政层面的法律规制指在市场化政策工具的运用过程中，可以通过行政许可、行政监管、行政指导等方式来规范行政自由裁量权的行使，保障各种政策工具的合理运用。司法层面的法律规制是指在司法过程中通过审查行政自由裁量权的行使是否遵循了法律所明确规定的界限、程序和条件等，防止行政自由裁量权的滥用，属于事中规制和事后规制。具体到光伏产业发展中的市场化政策工具而言，是审查市场化政策工具的设计和运用是否遵循了立法所确立的界限、程序和条件。对市场化政策工具设计和运用的事实问题的审查和法律问题的审查，是司法审查的主要内容。

宋冬冬博士的学术作品《中国光伏产业发展中行政自由裁量权的法律规制研究：以市场化政策工具为例分析》，经专家组检测和评审，获得中国法学会能源法研究会2018年会中青年论文优秀论文一等奖第一名（2019年8月公布）。这是我国能源法学界对其学术研究价值的肯认。

祝愿冬冬博士在未来的法学研究与教育之路上，敏而好学，毅而弥坚，行稳致远。

是为序。

二〇二〇年十一月·南昌麦庐园

焦洪涛，中国科学技术法学会副秘书长，江西财经大学数据法律研究院教授，华中科技大学科技法研究所执行所长，华中科技大学生命伦理学研究中心特聘研究员，博士生导师。

前　言

光伏产业的健康发展对于调整中国的能源结构，推动能源的生产和消费革命，促进中国生态文明建设具有非常重要的意义。国内外政府都运用了各种类型的政策工具促进光伏产业发展。迄今为止，国内对于光伏产业发展中市场化政策工具的研究还没有在法学研究层面形成明晰的理论框架。本书尝试填补这一研究空白，从法律规制角度研究中国光伏产业发展中的市场化政策工具体系，以法治化背景下政策与法律的关系为审视点，结合境外光伏产业发展中市场化政策工具的法律规制经验，分析市场化政策工具的法律规制诉求，阐明中国光伏产业发展中市场化政策工具的法律规制路径。

本书研究步骤是：（1）考察中国光伏产业发展中的市场化政策工具；（2）阐述市场化政策工具的法律规制的理论基础；（3）探讨市场化政策工具的法律规制诉求；（4）提出中国光伏产业发展中市场化政策工具的法律规制路径。

产业创新系统的最主要功能是通过运用政策工具，促进各个要素之间有机结合以及各主体要素之间有机联动。中国光伏产业创新系统的要素主要包括制度要素、参与者要素和网络要素。中国光伏产业发展中现有的市场化政策工具可以归纳为总量目标规划政策工具、强制上网电价补贴政策工具、费用分摊政策工具、税收优惠政策工具等。

政策工具是行政自由裁量权的载体，政策工具的法律规制的题中应有之意即对于行政自由裁量权的规制。本课题对政策工具的研究限定于对市场化政策工具的研究范围。市场化政策工具并非行政自由裁量权的唯一载体，但行政自由裁量权是市场化政策工具的实质内核。本书认为市场化政策工具的法律规制是指为了保障依法设定的政策目标实现，防止行政自由裁量权的滥用，从立法、行政和司法等层面对市场化政策工具的内容设计和运用过程进行的控制。基于产业创新系统理论中要素构成框架的实证分析，本书认为中国光伏产业发展中市场化政策工具的法律规制目标分为两个层面，在国内法层面主要是通过克服市场失灵、政府失灵以及系统失灵，保障市场化政策工具内容设计的合法性，促进市场化政策工具实际运用的有效性；在国际法层面是应对全球气候变化的国际公约。

中国光伏产业发展中市场化政策工具的法律规制，就其实质而言是对负载于市场化政策工具之上的行政自由裁量权的规制。中国光伏产业发展中市场化政策工具的法律规制主要从三个层面展开：一是立法层面。通过规定市场化政策工具的授权依据、使用边界、适用条件等内容来规制行政自由裁量权，从而保障市场化政策工具的合法性。立法规制对于行政自由裁量权的规制起到决定性作用，明文的立法可以划定行政主体设计和运用市场化政策工具的范围，为行政自由裁量权的行使设定权力边界。二是行政层面。在市场化政策工具的运用过程中，可以通过行政许可、行政监管、行政指导等方式来规范行政自由裁量权的行使，保障各种政策工具的合理运用。三是司法层面。在司法过程中通过审查行政自由裁量权的行使是否遵循了法律所明确规定的界限、程序和条件等，防止行政自由裁量权的滥用，属于事中规制和事后规制。具体到光伏产业发展中的市场化政策工具而言，是审查市场化政策工具的设计和运用是否遵循了实体立法所确立的界限、程序和条件。对市场化政策工具设计和运用的事实问题的审查和法律问题的审查，是司法审查的主要内容。

目　录

第1章 绪　论

1.1 研究背景和意义

1.1.1 研究背景

能源短缺和环境污染问题对世界经济发展的影响日益突显。*Fifth Assessment Report of the Intergovern-mental Panel on Climate Change*（AR5）报告指出，全球气候变暖问题日益严峻，而人类活动，特别是能源消费活动是导致该问题的主要原因。① 世界各国都意识到为了实现经济的长远发展，需要妥善应对气候变化、能源需求和环境污染问题，选择发展包括太阳能在内的可再生能源为解决上述问题提供了有效的对策。中国政府制定的《能源发展“十二五”规划》明确目标：到2015年实现太阳能发电装机规模达到2100万千瓦。然而，现阶段光伏发电的技术水平仍旧较低，导致发电成本居高不下，与传统能源发电相比仍旧缺乏竞争力。作为战略性新兴产业之一，光伏产业需要政府采用政策工具予以支

---

① IPCC. Climate Change 2013—the physical science basis: contribution of working group I to the fifth assessment report of the intergovern-mental Panel on Climate Change[R]. Cambridge University Press, Cambridge, United Kingdom and New York, NY, USA, 2013: 1535.

持，才能得以在发展初期在市场中生存。①

相对于西方发达国家而言，中国的光伏产业起步较晚，但是在世界光伏市场的强劲带动下，中国的光伏组件生产量在过去的十年内迅速增长，平均年增长速度可以达到200%。② 2013年，中国太阳能光伏组件装机容量达到11.8GW，而世界年度总产量为38.4GW，中国的装机容量占据了世界的近1/3，是年度世界太阳能组件装机容量的第一大国。③ 中国光伏产业年产值约2 000亿元，就业人数近20万人。④ 展望未来，太阳能利用是一个前景光明、潜力巨大的产业领域。⑤ 但是，目前中国光伏产业的发展依然面临诸多问题，例如缺失核心技术、法律和政策支持不完善，这都阻碍着光伏产业的健康发展。⑥

总的来看，中国光伏产业的过程是从缓慢到快速，再到爆炸式的发展过程。总体产业规模在不断扩大，在光伏产品制造方面取得了一定的成果，并且在国际市场上占据了重要地位。到目前为止，全球光伏电池组件生产商的十强中有四家是中国企业。⑦ 国内也有许多光伏企业注重国际化发展，陆续在美国、加拿大等地建立工厂，从而生产更质优价廉

---

① Sufang Zhang, Philip Andrews-Speed, Meiyun Ji. The erratic path of the low-carbon transition in China: evolution of solar PV policy[J]. Energy Policy, 2014, 67(2): 903-912.

② Zhang S, He Y. Analysis on the development and policy of solar PV power in China[J]. Renewable & Sustainable Energy Reviews, 2013, 21(5): 393-401.

③ EPIA. Global market outlook for photovoltaics 2014—2018[R]. European Photovoltaic Industry Association, 2014.

④ 赵玉文. 我国光伏产业发展概况及思考[C]//中国可再生能源学会，江苏省常州市人民政府，中国可再生能源学会太阳能光伏专委会. 第十届中国太阳能光伏会议论文集：迎接光伏发电新时代. 2008: 3-17.

⑤ 贺德馨. 中国可再生能源发展战略研究丛书[M]. 北京：中国电力出版社，2008: 5.

⑥ 赵玉文，李河君. 2008中国光伏产业发展报告[R/OL]. 2008.

⑦ Sun H, Zhi Q, Wang Y, et al. China's solar photovoltaic industry development: the status quo, problems and approaches[J]. Applied Energy, 2014, 118: 221-230.

的产品抢占国际市场。① 然而，在国家政策的带动下，企业过分追逐利润，大量涌入到光伏产业。光伏产业链中壁垒较高的是上游的高纯度多晶硅原材料生产，该环节的制造过程具有技术密集、资金密集、高耗能、投资回报周期长等特点。中国企业涌入这个环节有心无力，大部分企业进入的是资金和技术门槛低的中游产业，主要是电池组件生产。由于缺乏技术创新，中国企业的光伏组件产量虽大，但是竞争力不强，只能靠大规模生产降低价格进入市场。这也就很容易招致欧洲同类企业申请对中国产品发起反倾销和反补贴调查，最终导致海外市场的丢失。②随着 2011 年的欧债危机爆发，欧盟对中国光伏组件产品的反倾销和反补贴调查，国内企业盲目上马光伏项目导致的产能过剩，把曾经如火如荼的光伏产业拖入困难的境地。美国商务部在 2012 年 3 月也对中国太阳能电池产品作出反补贴调查的裁决，裁定征收中国企业重税，对于在艰难处境中发展的光伏企业而言，这无疑是更沉重的打击。③

1.1.2 问题的提出

虽然中国光伏产业在过去十年中取得了较大的发展，但其中也存在着诸多问题。主要包括多晶硅等光伏产品的原材料产能过剩，原材料生产以及产品销路过于依赖国外市场，光伏产品生产过程高污染，光伏企业的自主研发能力薄弱，缺乏核心技术等问题。④

通过采用产业创新系统理论对中国光伏产业的分析发现，政府所采

① Lo K. A critical review of China's rapidly developing renewable energy and energy efficiency policies[J]. Renewable & Sustainable Energy Reviews, 2014, 29: 508-516.

② Lo K. A critical review of China's rapidly developing renewable energy and energy efficiency policies[J]. Renewable & Sustainable Energy Reviews, 2014, 29: 508-516.

③ Zhang S, He Y. Analysis on the development and policy of solar PV power in China[J]. Renewable & Sustainable Energy Reviews, 2013, 21(5): 393-401.

④ Zhang S, He Y. Analysis on the development and policy of solar PV power in China[J]. Renewable & Sustainable Energy Reviews, 2013, 21(5): 393-401.

用的政策工具在光伏产业创新系统网络中发挥着重要作用。① 中国运用市场化政策工具促进光伏产业发展的历史相较于发达国家和地区仍然较短，已经运用的市场化政策工具可以称为现行市场化政策工具，主要包括：总量目标规划政策工具、强制上网电价补贴政策工具、费用分摊政策工具和税收优惠政策工具。

中国光伏发电产业发展中存在的问题，从表面上看是因为技术水平低下，而实际上其更深层次的原因可以归结为现有的政策工具存在问题，缺乏完善的法律体系保障。正是由于完善的法律规范的缺位，太阳能光伏产业才出现了无序的竞争和市场秩序混乱。② 现有的《可再生能源法》为中国光伏产业的发展提供了基本的法律保障，在一定程度上缓解了中国光伏产业发展中无法可依的现象。但是最近多年的光伏产业发展实践经验表明，中国光伏产业发展中的与政策工具相关的法律制度，无论是在体系上还是在具体操作中都存在诸多不足，下文对这些不足进行了详细论述。③

从法学研究的角度来看，公共政策通常被视为政府进行公共行政的基本方式，市场化政策工具被视为政府行使行政自由裁量权的载体，政府部门等行政主体在设计和运用市场化政策工具时具有行政自由裁量权。④ 市场化政策工具所承载的自由裁量权在行使的过程中也会出现滥用的情形，这是对市场化政策工具进行法律规制的原因。

因此，全面认识中国光伏产业现状和问题，特别是从法律规制角度对中国太阳能光伏产业发展中的市场化政策工具展开研究具有较强的必

① 戚汝庆. 中国光伏产业创新系统研究[D]. 武汉：华中科技大学，2012：2.

② Liang L H. Analysis the new pattern of solar PV industry development in China and the enlightenment from Germany[C]// Industrial Electronics & Applications. IEEE, 2014.

③ Yuan C, Liu S, Yang Y, et al. An analysis on investment policy effect of China's photovoltaic industry based on feedback model[J]. Applied Energy, 2014, 135：423-428.

④ 冯威. 行政法视野中的公共政策研究[D]. 山东：山东大学，2012：106.

要性。中国面向光伏产业创新系统的市场化政策工具的类型有哪些？中国光伏产业发展中市场化政策工具的法律规制诉求是什么？如何合理实施对光伏产业发展中市场化政策工具的法律规制，发挥法律在市场与政府关系处理上的作用，更好地实现支持太阳能光伏产业健康发展的目标？上述问题值得我们进一步探讨。

1.1.3 选题的目的

围绕着研究问题，本书以光伏产业为例，重点分析市场化政策工具的法律规制。具体研究目标包括：

(1)对中国光伏产业及其发展中的市场化政策工具体系进行类型化研究。

(2)分析市场化政策工具的法律规制的理论基础。论述法治化背景下政策与法律的关系，以市场化政策工具为载体的行政自由裁量权，和市场化政策工具的法律规制的内涵与功能。

(3)研究中国光伏产业发展中市场化政策工具的法律规制诉求。主要是克服市场失灵、政府失灵以及系统失灵，防止以市场化政策工具为载体的行政自由裁量权滥用，保障市场化政策工具内容设计的合法性，促进市场化政策工具实际运用的有效性。

(4)探索中国光伏产业发展中市场化政策工具的法律规制路径。具体包括立法层面、行政层面和司法层面的法律规制。

1.1.4 选题的理论与现实意义

1.1.4.1 理论意义

1. 以多学科理论为支撑，研究光伏产业的政策与法律问题

迄今为止，国内外研究光伏产业发展市场化政策工具的文献还没有形成较为明晰的法学理论分析框架。本书的研究结合了公共管理学科的政策工具理论、行政法学的行政自由裁量权理论和制度经济学的产业创

新系统理论，试图为研究与光伏产业等战略性新兴产业相关的法律和政策问题提供多学科结合的理论分析方法。

2. 拓展行政法领域关于行政自由裁量权理论的研究范围

通过文献调研发现，传统行政法领域关于行政自由裁量权的研究范围主要限定于对传统行政行为的分析，尚未运用到光伏产业等可再生能源产业领域中政府设计和实施政策工具的范围中。本书认为光伏产业发展中行政主体在设计和运用市场化政策工具时具有行政自由裁量权。市场化政策工具并非行政自由裁量权的唯一载体，但行政自由裁量权是市场化政策工具的实质内核。市场化政策工具作为行政自由裁量权的载体，主要体现在以下几个方面：一是市场化政策工具是行政自由裁量权实现的关键步骤。二是市场化政策工具设计和运用的主体与行政自由裁量权的主体都具有一致性和法定性。三是市场化政策工具充分体现了行政自由裁量权内容的广泛性。四是市场化政策工具充分体现了行政自由裁量权行使结果的权威性。

1.1.4.2　现实意义

1. 有助于促进中国光伏产业健康发展

作为战略性新兴产业之一的光伏产业，其发展还面临许多挑战和问题，主要包括：产业规模上发展较快、核心技术较为薄弱、产业链发展不协调；① 生产设备依赖进口、产品销售依靠出口、产业发展受到制约；② 产业迅速崛起、国内企业间竞争激烈；光伏产业区域格局明显。③ 为了解决这些问题，多种市场化政策工具应当发挥积极作用，中

---

① Song D, Jiao H, Fan C T. Overview of the photovoltaic technology status and perspective in China[J]. Renewable and Sustainable Energy Reviews, 2015, 48: 848-856.

② 徐艳. 新形势下美国对中国出口产品双反的现状及对策研究[J]. 未来与发展, 2013, 36(12): 24-30.

③ 向树民, 唐海涛, 周兵. 中国太阳能光伏产业的发展现状及前景[J]. 资源节约与环保, 2014(7): 18-19.

国光伏产业发展中现行的市场化政策工具包括：总量目标规划、强制上网电价补贴、费用分摊和税收优惠。然而，这些政策工具都体现了在特定领域光伏产业中特定行政主体对行政自由裁量权的行使，并且出现了行政自由裁量权滥用的情形，这也是对上述市场化政策工具进行法律规制的原因。通过对市场化政策工具的法律规制，有助于促进中国光伏产业健康发展。

2. 有助于为立法机关、行政机关和司法机关决策提供有益参考

本书提出对于光伏产业发展中市场化政策工具的法律规制从三个层面展开，分别对应的主体是立法机关、行政机关和司法机关。

对于立法机关。本书的研究主题主要关注具体的光伏产业发展中的市场化政策工具，对于该领域的实体立法尚属空白，需要更多地从立法内容方面进行研究，因此本课题更注重于研究立法机关通过立法活动进行规制。在有关经济改革和社会变革的重大问题上，政策发挥着重要作用，可以通过立法的形式，将成熟政策的内容予以法定化、固定化。政策及其实践可以作为立法的预备。同时，通过立法的形式规范市场化政策工具，体现人民意志，保障中国法治的持续发展。① 行政主体的行政自由裁量权的获得途径主要是通过立法机关的立法活动授予，② 因而在行政自由裁量权设立阶段进行立法规制是规制行政自由裁量权最根本的措施。正如上文所述，对于具体光伏领域的实体立法空白是导致行政自由裁量权缺乏约束的主要原因，同时程序法律制度的缺位也促成了行政自由裁量权的滥用。

对于行政机关。行政规制是通过行政主体的监督机制对行政自由裁量权进行监督。以市场化政策工具为载体的行政自由裁量权的行政规制，表现形式包括内部和外部两个方面。内部规制主要包括上级机关对

---

① 方世荣. 论政策转化为法律的基础和条件[J]. 湖北行政学院学报，2006(4)：5-10.

② 崔卓兰，刘福元. 析行政自由裁量权的过度规则化[J]. 行政法学研究，2008(2)：16-20.

下级机关的监督、行政复议机关的监督和行政监察部门监督等方面。① 外部规制主要是指行政主体通过行政行为对市场化政策工具的设计和运用予以规范，从而达到限制行政自由裁量权滥用的目的，主要包括行政许可、行政指导和行政监管。② 在光伏产业领域，主管的行政主体主要包括发改委(能源局)、科技部、电监会、建设部、工业和信息化部等部门。

在国家能源局、工业和信息化部等政府部门 2015 年 6 月发布的最新政策文件国新能〔2015〕194 号《关于促进先进光伏技术产品应用进步和产业升级的意见》中，本书尝试提出的观点与政府部门的政策是相印证的。文件中倡导的意见如发挥市场对于技术进步的指导作用、严格执行光伏产品市场准入标准、发挥财政资金和政府采购支持光伏发电技术进步的作用等，都与本书中所具体论述的对策相一致。

对于司法机关。司法规制的实现可以通过事中规制和事后规制进行，主要是指在法律框架内通过审查行政自由裁量权的行使是否遵循了法律所明确规定的界限、程序和条件等，防止行政自由裁量权的滥用。③ 具体到光伏产业发展中的市场化政策工具而言，是审查市场化政策工具的设计和运用是否遵循了实体立法所确立的界限、程序和条件。司法审查的内容主要分为对光伏产业发展中市场化政策工具设计和运用的事实问题的审查和法律问题的审查。首先是审查市场化政策工具设计和运用的法律依据。考虑行政主体是否具有法律法规的授权，如果有授权，要审查行政主体的行为是否超过授权范围。其次审查市场化政策工具的设计和运用是否符合立法目的。以市场化政策工具为载体的行政自由裁量权不能背离公共利益，不能违背特定法律的立法意图，不得背离善意的动机。第三是审查市场化政策工具的内容。具体包括审查行政主

---

① 陈丽芳. 论行政程序对行政自由裁量权的控制[J]. 河北法学，2000(4)：30-34.

② 莫于川. 行政指导救济制度研究[J]. 法学家，2004(5)：130-136.

③ 尹友中. 论对行政自由裁量权的司法审查[J]. 行政与法，2002(2)：15-16.

体是否故意拖延履行法定职责和是否在法定范围内做出显失公平的裁决。第四是审查市场化政策工具设计和运用的程序。① 市场化政策工具的设计和运用是实体性与程序性的统一，程序可以限制行政自由裁量权的滥用，保障公民合法权益，并最终促进行政自由裁量权的有效行使。

1.2 文献综述

围绕着研究问题，作者通过梳理国内外相关的研究现状，试图发现现有文献研究的不足，同时寻找相关的理论支撑从而设计研究框架。本书的研究重点是分析对于市场化政策工具的法律规制，这一研究重点事实上交叉了公共管理学科和法学学科的研究领域。根据文献检索的结果，与本书研究重点完全吻合的文献仍旧存在空白，这一方面从文献内容方面体现了本书论题的新颖性，但另一方面对于论文的研究而言缺乏直接的文献基础，需要通过梳理与研究重点关键词最相关的文献入手展开综述，从不同学科的理论中寻找契合点。根据这样的思路，对于中国光伏产业发展中市场化政策工具的类型分析，作者从政策工具的基本理论入手进行文献梳理。对于市场化政策工具的法律规制，重点关注关于研究法律规制的相关文献。

1.2.1 关于政策工具的研究综述

根据产业创新系统理论，影响中国光伏产业创新系统的最关键因素是技术进步、市场发展和政策支持。而在这三个因素中发挥引导作用的是政策支持，这也是推动中国光伏产业创新系统发展的出发点和落脚点。下文就政策支持的具体形式——政策工具展开论述，阐释市场化政策工具的相关理论基础，为从法律规制政策工具做好理论铺垫。

① 王振宇，郑成良. 对自由裁量行政行为进行司法审查的原则和标准[J]. 法制与社会发展，2000(3)：11-16.

政策工具的概念是公共管理学科领域的一个研究对象。对于政策工具的研究是伴随着公共管理主体多元化发展、公共政策复杂程度的增加而逐步兴起的。对于政策工具的具体定义，中外学者们从不同角度提出了各自的观点。美国学者 Salamon 在其著作 *Tools of Government：A Guide to the New Governance* 中把政策工具的定义总结为“影响政策制定和执行过程以达到既定目的的事物”。① 国内学者也根据中国的理论实践给出了定义。中国学者张成福将政策工具定义为“政府将实质目标转化为具体行为的路径和机制”。② 陈振明的观点是，“政策工具是指人们为了解决某一社会问题或实现一定的政策目标而采用的具体方式和手段”。③ 陶学荣和崔运武在著作《公共政策分析》中认为：“政策工具是公共部门或社会组织等主体为了解决某一社会问题或达成一定的政策目标而采用的具体手段和方式的总称。”④

从国内外学者对政策工具的定义可以判断出，作为现代公共政策理论发展中的一个重要产物，政策工具对政府实现预定的政策目标发挥着重要作用，并且具备一系列的共同特征，包括：(1)政策工具承载着政府行为的工具理性；⑤ (2)政策工具是对于政策体系构成单元上的描述，是研究政策体系构成的一个分析单元；(3)政策工具本身具有明确的目标。⑥

---

① Salamon L M (Ed.). The tools of government: a guide to the new governance [M]. Oxford University Press, USA, 2002.

② 张成福，党秀云. 公共管理学[M]. 北京：中国人民大学出版社，2001：62.

③ 陈振明. 政策科学——公共政策分析导论[M]. 北京：中国人民大学出版社，2003：172.

④ 陶学荣，崔运武. 公共政策分析[M]. 武汉：华中科技大学出版社，2008：224.

⑤ 王锟. 工具理性和价值理性——理解韦伯的社会学思想[J]. 甘肃社会科学，2005(1)：120-122.

⑥ 李克强总理在记者会上回应经济问题时说：“可以说运用政策的回旋余地还比较大，‘工具箱’里的工具还比较多”。李克强. 中国“被通缩”调控“工具箱”里工具多[EB/OL]. [2015-03-20]. http://news.xinhuanet.com/finance/2015-03/16/c_127584271.htm.

以政策工具是实现政策目标的手段为标准，国外学者对政策工具进行了分类。McDonell和Elmo将政策工具分为四类：指挥工具、能力建设工具、说服工具和机构变更工具。① Schneider和Ingram将政策工具分为激励工具、提高能力工具、建议工具和学习工具四类。②

以政策工具的适用对象为标准，Van der Doelen将政策工具分类为适用经济工具、适用法律工具和适用沟通工具三种，每组工具都可以细化，从而扩展影响适用主体的具体行为。③ Stewart等人采用的分类法是将政策工具分为财政激励工具、信息转移工具和管制型工具。④ 中国学者陈振明则将政策工具分为市场化工具、社会化手段和工商管理技术三种。⑤ 发挥市场在资源配置中的决定性作用，是中共中央十八届三中全会提出的重大理论突破。这对于明确改革的市场取向，发挥市场作用、激发市场活力具有重大意义。⑥ 这是市场化政策工具分类的现实背景。

以政府的强制性程度为标准，加拿大公共政策学者Howlett和Ramesh将政策工具分类为强制型工具、自愿型工具和混合型工具。⑦ 中国学者张成福将政策工具划分为：政府或其委托机构提供财政与服

① McDonnell L M, Elmore R F. Getting the job done: alternative policy instruments[J]. Educational Evaluation and Policy Analysis, 1987, 9(2): 133-152.

② Schneider A, Ingram S H. Behavioural assumptions of policy tools[J]. The Journal of Politics, 1990, 52(2): 510-529.

③ Van der Doelen F C. The "give and take" packaging of policy instruments: optimizing legitimacy and effectiveness [M]//Carrots, Sticks and Sermons—Policy Instruments and Their Evaluation. NJ: Transaction Publishers, 2003: 129-146.

④ Stewart J, Hedge D M, Lester J P. Public policy: an evolutionary approach[M]. Belmont, CA: Wadsworth Publishing Company, 2007.

⑤ 陈振明. 政策科学——公共政策分析导论[M]. 北京：中国人民大学出版社，2003：244.

⑥ 王天义. 发挥市场在资源配置中的决定性作用[J]. 理论参考，2013(12)：46-48.

⑦ Howlett M, Ramesh M, Perl A. Studying public policy: policy cycles and policy subsystems (Vol. 82)[M]. Canada: Oxford University Press, 1995.

务、补助或补贴、抵用券、签约外包、经营特许权、政府贩售特定服务、志愿服务、自我协助和市场运作。①

中外学者根据各自研究领域特征也对政策工具进行了分类。Rothwell 和 Zegveld 在技术创新系统研究领域，将技术创新政策工具分为供给面政策工具、需求面政策工具和环境面政策工具。② 为了研究环境政策的实施效果，杨洪刚将环境政策分为命令控制型工具、经济激励型工具和公众参与型工具。③

从上述各种分类形式可以看出，中外学者们依据不同标准、不同视角对政策工具进行了多种分类，分类方法本身并无孰优孰劣之分。正如学者陈振明所言，关于政策工具的分类方式是无穷尽的，研究中存在着重合的领域，统一的分类标准并不存在。以上政策工具分类的研究可以为学者在自己关注的领域展开研究提供参考。④

1.2.2 关于法律规制的研究综述

规制是经济学和法学的共同研究对象，两个学科从不同角度研究这一概念。⑤ 鉴于本课题研究侧重于与经济学紧密相关的产业政策，经济学和法学领域内的规制概念是有必要回顾的。经济学最普遍的分类是根据规制的性质不同，把规制分为经济性规制和社会性规制。⑥ 经济性规制主要关注政府在约束企业的定价、进入与退出等方面的作用，一般针

① 张成福，党秀云. 公共管理学[M]. 北京：中国人民大学出版社，2001：62.

② Rothwell R. Reindustrialization and technology：towards a national policy framework[J]. Science and Public Policy，1985，12(3)：113-130.

③ 杨洪刚. 中国环境政策工具的实施效果及其选择研究[D]. 上海：复旦大学，2009：37

④ 陈振明. 政策科学——公共政策分析导论[M]. 北京：中国人民大学出版社，2003：173

⑤ 于立，肖兴志. 规制理论发展综述[J]. 财经问题研究，2001(1)：17-24.

⑥ 钟庭军，刘长全. 论规制、经济性规制和社会性规制的逻辑关系与范围[J]. 经济评论，2006(2)：146-151.

对某种行业的“存在信息偏在的领域”。① 这些领域是指因为规模经济、范围经济、资源稀缺性等原因，只有少数几家公司垄断的产业，包括电力、电信、铁路、能源、金融、保险等领域。经济性规制的方式主要包括：一是控制进入某一产业的企业数量，制定严格的准入门槛；二是控制准入企业的产品质量和定价标准；三是控制企业的产量，平衡消费者与生产者的利益；四是平衡规制主体与企业的信息对称，提高监督效率。② 对于中国光伏产业而言，该领域尚未出现被少数几家公司垄断的局面。相反，正是由于中国光伏产业现有的技术创新水平较低，大量企业涌入该产业，甚至造成光伏组件生产的产能过剩的局面。因此，经济性规制并不能对该产业的发展产生积极有效的作用。从 18 世纪 90 年代开始，政府对于微观经济的干预不断增强，而社会性规制是在 20 世纪 60 年代末逐步开始实施的。③ 近年来，规制出现的趋势是对于公共卫生、居民安全和环境保护方面的规制出现高涨的局面，而在航空、铁路、金融、能源和电信领域出现放松经济性规制的趋势。④ 社会性规制主要是以保障居民生命健康安全、防止公害和保护环境为目的而进行的规制，主要通过与经济活动中发生的外部性政策进行规制。⑤ 社会性规制是指环境卫生、消费者安全和生产者安全等领域。各个行业都存在类似问题，其严重性因行业而异。例如建筑业中存在灰尘污染等环境卫生问题，高空坠落等生产者安全问题，房屋倒塌等消费者

---

① ［日］植草益. 微观规制经济学［M］. 朱绍文，等，译. 北京：中国发展出版社，1992：27

② 刘畅，赵心锐. 论我国食品安全的经济性规制［J］. 理论探讨，2012(5)：98-101.

③ 史铭鑫. 经济性规制的放松与社会性规制的加强［J］. 北方经济，2005(9)：54-55.

④ ［美］费尔德斯坦. 20 世纪 80 年代美国经济政策［M］. 王健，等，译. 北京：经济科学出版社，2000：321.

⑤ ［日］植草益. 微观规制经济学［M］. 朱绍文，等，译. 北京：中国发展出版社，1992：284.

安全问题。① 对于中国光伏产业而言，该产业的发展尚未涉及居民生命健康安全、防止公害等领域，因此社会性规制对于光伏产业发展中的政策工具而言也不能适用。在我国，存在着经济性规制的不到位以及规制越位并存的现象，主要表现在进入管制过严和竞争性管制不到位，需要规制的领域没有规制到位，造成企业存在恶性竞争的现象，不需要规制的领域又规制过多，限制企业竞争的同时造成垄断权力的滥用。② 社会性规制不能全面实现克服市场失灵的问题，特别是在市场机制无法发挥作用的领域，不能给企业创造公平的竞争环境。③

法律规制是从法学研究的角度重点研究规制的行政程序、执法程序和对规制机构行为的司法控制。④ 法律规制相较于灵活的产业政策而言，能够为产业政策的制定提供法律制度的约束。如果没有法律制度作为保障，政策制定的任意性可能会偏离原来的政策目的。换句话说，如果不对公共行政权力加以限制，产业政策可能会被政府官员认为是达成某种目的的便利手段。⑤ 在中国光伏产业发展过程中，经济性规制和社会性规制的不足，可以通过法律规制予以弥补。

从检索到的文献中发现，法律规制这一概念被广泛运用于多种研究领域，按照法律规制对象的性质为标准可以分为抽象层面和具体层面。在抽象层面，法律规制的对象是较为抽象的权力。相关文献研究的主题包括警察权力的法律规制、行政裁量权的法律规制、行政权力社会化的

---

① 李时敏，肖兴志，李健军. 西方国家市场失灵与社会性规制[J]. 世界经济与政治论坛，2004(1)：83-86.

② 史铭鑫. 经济性规制的放松与社会性规制的加强[J]. 北方经济，2005(9)：54-55.

③ 李时敏，肖兴志，李健军. 西方国家市场失灵与社会性规制[J]. 世界经济与政治论坛，2004(1)：83-86.

④ 钟庭军，刘长全. 论规制、经济性规制和社会性规制的逻辑关系与范围[J]. 经济评论，2006(2)：146-151.

⑤ [美]E. 博登海默. 法理学——法律哲学与法律方法[M]. 邓正来，译. 北京：中国政法大学出版社，1999：367.

法律规制等。在具体层面，法律规制的对象是具体的某种行为，包括市场化政府经济行为的法律规制、虚拟性行为的法律规制、产品质量的法律规制、公用事业改革与监管的法律规制、酒后代驾行为的法律规制、私募证券的法律规制等方面。

通过比较分析，由于具体层面的文献都与其具体研究对象联系紧密，不具有普遍性的特点。与本课题研究重点最为相关的是抽象层面对于权力的法律规制。在市场化政策工具与法律规制建立理论联系方面，首先需要对政策和法律的关系作出厘清。肖金明认为现有法学界对政策存在着误读，甚至将政策作为法律的对立面来看待，应当注意法律和政策的一体性。他认为政策与法律的关系主要有三个层面：一是政策走向立法，最终实现政策向法律的转化；二是政策制定、实施和修订过程依照法律进行，即政策过程的法治化；三是政策与法律相辅相成，即法律框架内的政策促进法律的实施。① 叶卫平从产业政策法治化的角度论述了产业政策在制定过程中缺乏法律制度的规范，认为产业政策需要立法体制予以支持。② 陈新从公共政策与行政裁量关系入手，分析公共政策在行政裁量活动中发挥的功效，认为应当制定行政裁量基准，控制和规范行政裁量权，从而规范公共政策的运用。③ 胡泓对于行政自由裁量权的边界、规范方式和监控制度的建立做出论述，认为行政自由裁量权与政策工具存在联系。④ 但只是初步的理论探讨，对两者之间的关系没有做出深入的分析。对行政自由裁量权的规制，姜明安探讨行政裁量权规制的必要性和原因，并提出了规范和控制的思路。他认为行政裁量权的行使会出现滥用的情形，包括故意滥用和过失滥用。对行政裁量权控制的方式包括通过法律程序规制、通过立法精神和基本原则规制、通过行

① 肖金明. 为全面法治重构政策与法律关系[J]. 中国行政管理，2013(5)：36-40.

② 叶卫平. 产业政策法治化再思考[J]. 法商研究，2013，30(3)：115-124.

③ 陈新. 论公共政策与行政裁量[J]. 福建法学，2012(1)：10-20.

④ 胡泓. 行政自由裁量权研究[D]. 苏州：苏州大学，2006：85.

政惯例规制等方面。① 王锡锌认为行政自由裁量权的控制模式包括规则的命令控制、原则的指导控制、程序的竞争控制和监督的审查控制，认为行政自由裁量权应从单一控制模式向复合控制模式转变。② 张千帆认为行政自由裁量权的法律控制方式需要注重司法审查方面，明确司法审查的标准和力度。③ 周碧琼从行政监督的角度论述了对于行政自由裁量权的规制，规制方式包括提高行政主体素质、完善行政监察和构建协调监督等。④ 周文茂提出的对于行政权力社会化进行外部法律规制，主要包括立法规制、行政规制和司法规制三项内容。⑤ 该文提出的法律规制方式逻辑严谨，结构全面，清晰地反映出对于抽象权力规制的重点。

上述文献的梳理，为本课题解决研究问题、设计研究思路提供了文献基础。从法学研究层面对光伏产业政策工具体系进行研究，有助于规范政策工具的设计和运用。公共管理学对于政策工具的研究是伴随着公共管理主体多元化发展、公共政策复杂程度的增加而逐步兴起的。传统行政法学偏重于作为行政过程最终结果的行政行为，缺乏对行政过程中各种行为形式之间的关联性分析，也忽视了行政过程中行政主体的政策形成能力。政策工具这一操作性概念可以成为贯通两个学科研究内容的契合点。本课题的研究思路是市场化政策工具是行政自由裁量权的载体，对于市场化政策工具的法律规制的题中之意是对于行政自由裁量权的规制，对于行政自由裁量权的规制可以从立法、行政和司法层面展开。

---

① 姜明安. 论行政裁量权及其法律规制[J]. 湖南社会科学，2009(5)：53-56.

② 王锡锌. 行政自由裁量权控制的四个模型——兼论中国行政自由裁量权控制模式的选择[J]. 北大法律评论，2009，10(2)：311-328.

③ 张千帆. 行政自由裁量权的法律控制——以美国行政法为视角[J]. 法律科学(西北政法学院学报)，2007(3)：105-116.

④ 周碧琼. 行政自由裁量权规制研究[D]. 长沙：湖南师范大学，2012：42.

⑤ 周文茂. 行政权力社会化的法律规制研究[D]. 重庆：西南政法大学，2003：39.

1.3 概念界定

1.3.1 光伏产业

光伏产业是指围绕硅材料的开发应用所形成的产业链条。在目前技术条件下，太阳能主要通过硅材料这种半导体转化为电能。一般而言，太阳能发电指的是太阳能光伏发电。① 太阳能光伏发电的原理是利用特定半导体的"光生伏特效应"，而将光能转变为电能的一种科学技术。所谓"光生伏特效应"，指的是半导体在受到太阳光照射时产生电动势的物理现象，也就是在特定半导体上产生电位差的效应。这种技术的核心元件是太阳能电池。太阳能电池经过串联之后进行封装可以形成大面积的太阳电池组件，这些组件再配合功率控制器等配套部件就组装成了太阳能光伏发电装置。② 目前在光伏产业中广泛应用的硅材料主要包括高纯度的单晶硅和多晶硅。完整的产业链条包括原材料的生产、太阳能电池的生产、太阳能电池组件的生产，最后到光伏发电系统的组装、应用在大规模光伏电站和分布式光伏电站，等等。③

太阳能作为可再生能源的重要一类，其开发和利用是发展可再生新能源的重要内容。相对于其他可再生能源而言，太阳能资源取之不尽、用之不竭，无需开采和运输，处处均可开发利用，不会污染环境，不会破坏生态平衡。相应的，太阳能的开发利用会带来很好的社会效益和生态效益，同时还有经济效益。④ 目前，太阳能的利用方式可以分为两

---

① 于静，车俊铁，张吉月. 太阳能发电技术综述[J]. 世界科技研究与发展，2008(1)：56-59.

② Sarti D, Einhaus R. Silicon feedstock for the multi-crystalline photovoltaic industry[J]. Solar Energy Materials and Solar Cells, 2002, 72(1-4): 27-40.

③ 具体的光伏产业链分析在第2章中进一步探讨。

④ 罗运俊，何梓年，王长贵. 太阳能利用技术[M]. 北京：化学工业出版社，2005：5

种技术，一种是太阳能光热转换，另一种是太阳能光电转换。相应的也形成了两类太阳能产业，分别是太阳能光热产业和太阳能光伏产业。本书的研究范围限定于太阳能光伏产业。20世纪90年代以来，世界各国都面临着能源短缺问题与环境污染压力，通过科学技术进步及利用法规政策推动等方式，推动世界范围内太阳能光伏产业和市场进入高速发展时期，20世纪90年代期间，世界范围内的太阳能电池产量的年均增长率达到了41.3%。① 光伏产业链各环节的科学技术水平快速发展，从而使得光伏产品的成本也持续下降，根据欧洲光伏产业联盟(EPIA)的预测，在2020年以前光伏发电的成本就会与常规发电成本接近。按目前的发展趋势来看，煤炭、石油、天然气等传统化石能源，以及核电站所用的铀材料将会在200年内消耗殆尽，而2030年光伏发电预测将占到世界能源供给总量的10%左右，在2050年预测会达到25%，甚至在2050年以后太阳能将逐步由补充能源转变为主力能源。②

1.3.2　市场化政策工具

市场化政策工具是指政府为了实现预定的政策目标而设计和运用的，具有明显市场化特征(例如规划市场份额、引入市场价格机制、鼓励市场竞争、实施经济激励等)的方法、技术和手段。发挥市场在资源配置中的决定性作用，是中共中央十八届三中全会提出的重大理论突破。这对于明确改革的市场取向，发挥市场作用，激发市场活力具有重大意义。③ “新公共管理”理论主张采用市场化工具提升政府的治理效

① 赵玉文. 我国光伏产业发展概况及思考[C]//中国可再生能源学会，江苏省常州市人民政府，中国可再生能源学会太阳能光伏专委会. 第十届中国太阳能光伏会议论文集：迎接光伏发电新时代. 2008：15.

② 赵玉文，李河君. 2008中国光伏产业发展报告[R]. 2008.

③ 王天义. 发挥市场在资源配置中的决定性作用[J]. 理论参考，2013(12)：46-48.

能，从而实现对政府功能的再造。① 美国学者盖伊彼得斯认为政府可以引入市场竞争机制改善公共管理的绩效，提高政府的治理水平。市场化的管理模式已经在许多国家得到应用。②

结合中国光伏产业发展的具体情况，本书将中国光伏产业发展中的现行政策工具分为以下几种：

总量目标规划：政府采用法律或政策形式对可再生能源的市场份额做出具体规定，具体表现在可再生能源及其生产的电力在国家整体能源消费结构和用电来源结构中占据一定的比例。③

强制上网电价补贴：政府为鼓励发展光伏产业而强制要求电网企业对于光伏电力以规定价格进行收购的制度。④

费用分摊：为了解决太阳能光伏发电电力的较高价格与常规能源发电电力较低价格的差距问题，将价格差额附加在销售电价中分摊的制度。⑤

税收优惠：对于中国太阳能光伏产业而言，税收优惠体现在关税、增值税和企业所得税方面，具体形式是减税和免除税收。⑥

1.3.3 市场化政策工具的法律规制

市场化政策工具的法律规制是指为了保障依法设定的政策目标实

① 周晓丽. 新公共管理：反思、批判与超越——兼评新公共服务理论[J]. 公共管理学报，2005(1)：43-48，90-93.

② [美]B. 盖伊彼得斯. 政府未来治理模式[M]. 吴爱明，夏宏图，译. 北京：中国人民大学出版社，2001：54.

③ 李俊峰，王仲颖. 中华人民共和国可再生能源法解读[M]. 北京：化学工业出版社，2005：16.

④ Zhi Q, Sun H, Li Y, et al. China's solar photovoltaic policy: an analysis based on policy instruments[J]. Applied Energy, 2014, 129: 308-319.

⑤ Liu D, Shiroyama H. Development of photovoltaic power generation in China: a transition perspective[J]. Renewable and Sustainable Energy Reviews, 2013, 25: 782-792.

⑥ 杨解君，赖超超. 我国太阳能开发利用的现状及其立法诉求[J]. 甘肃政法学院学报，2008(2)：63-69.

现，防止行政自由裁量权的滥用，从立法、行政和司法等层面对市场化政策工具的内容设计和运用过程进行的控制。在这里，作为法律规制对象的政策工具并非单指政策文本，而且包括政策工具的制定和运用的过程。

1.4 研究方法

根据研究问题和研究目标，本书主要采用定性的研究方法，以政策工具理论、行政自由裁量权理论和产业创新系统理论为基础，以光伏产业发展的历史事实为素材，阐释光伏产业发展中市场化政策工具存在的问题以及法律规制的必要性和可行性。具体方法包括：

(1)文献分析。本研究首先通过文献阅读确定光伏产业发展中的政策工具研究的重点，设计研究思路和方向，选择文献中可以借鉴的相关理论，构建本课题研究的分析框架。其次以研究的主要关键词在中外期刊数据库检索出相关研究论文和电子资源，以掌握光伏产业发展、光伏产业政策、公共政策工具等领域的研究现状。最后选择中国关于光伏产业发展中的市场化政策工具作为分析样本，再以政策工具理论为基础构建政策工具分析框架，分析中国光伏产业发展中的政策工具发展历程、现状、存在的问题和未来发展趋势。

(2)访谈法。本书采用访谈法了解光伏产业发展的最新信息和国家政策工具对不同产业创新系统的主体的影响，访谈对象包括光伏产业链中关键企业的领导层和技术管理层，电网企业的管理层以及光伏技术科研机构和院校的学者。① 本研究将就研究题目的可行性、研究内容的合理性、行业知识信息、政策工具对于产业创新系统主体的影响等方面的

① 关于具体的访谈对象，企业类的包括汉能集团的副总裁、英利集团深圳新能源公司总经理、丰盛装备股份有限公司总经理等。电网企业类的有中国南方电网深圳供电局主管等。科研院所类的有华中科技大学中欧清洁与可再生能源学院的教授、中山大学太阳能系统研究所的教授等。

问题进行访谈。

(3)比较研究法。从国内外结合的视角分析国际上为推动光伏产业发展而实施的政策工具的法律规制，主要关注的是光伏产业发展中具有典型性的经济体代表，包括德国、西班牙、美国、日本和中国台湾地区。

1.5 研究重点、难点与创新点

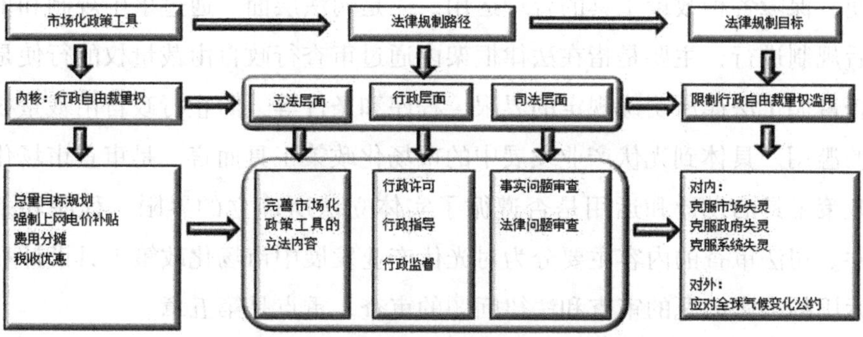

图 1-1 中国光伏产业发展中市场化政策工具的法律规制路线图

1.5.1 重点

本书重点论述中国在应对全球气候变化的国际公约框架的影响下所应对的问题，强调了信守法治原则的必要性和全球减缓人为温室气体排放的正义内涵。在这一国际背景下分析了中国光伏产业发展中市场化政策工具的发展历程和主要的市场化政策工具类型。论述了中国光伏产业创新系统发展的障碍，主要包括市场失灵、系统失灵和政府失灵，明确了中国光伏产业发展中市场化政策工具的法律规制目标是克服市场失灵、系统失灵以及政府失灵。在此基础之上对与中国光伏产业相关的立法现状及问题做出梳理。重点是第 4 章。

中国光伏产业发展中市场化政策工具的法律规制，就其实质而言是对负载于市场化政策工具之上的行政自由裁量权的规制。中国光伏产业发展中市场化政策工具的法律规制主要从三个层面展开：一是立法层面。通过规定市场化政策工具的授权依据、使用边界、适用条件等内容来规制行政自由裁量权，从而保障市场化政策工具的合法性。立法规制对于行政自由裁量权的规制起到决定性作用，明文的立法可以划定行政主体设计和运用市场化政策工具的范围，为行政自由裁量权的行使设定权力边界。二是行政层面。指在市场化政策工具的运用过程中，可以通过行政许可、行政监管、行政指导等方式来规范行政自由裁量权的行使，保障各种政策工具的合理运用。三是司法层面。通过事中规制和事后规制进行，主要是指在法律框架内通过审查行政自由裁量权的行使是否遵循了法律所明确规定的界限、程序和条件等，防止行政自由裁量权的滥用。具体到光伏产业发展中的市场化政策工具而言，是审查市场化政策工具的设计和运用是否遵循了实体立法所确立的界限、程序和条件。司法审查的内容主要分为对光伏产业发展中市场化政策工具设计和运用的事实问题的审查和法律问题的审查。重点是第五章。

1.5.2　难点

本研究的难点在于政策文本的收集整理。本研究的开展需要对中国政府制定的关于太阳能光伏产业发展的政策文本进行收集，由于政策文本的数量庞大，收集过程较为繁琐。

实证研究的调研访谈方面。由于调研访谈工作的困难，本研究的实证分析很难成为真正意义上的大范围调查研究。同时在选择调研对象上采取方便原则，并且调研访谈对象的选择主要局限于某个地区，可能由于地理局限性而影响研究成果的广泛代表性。

1.5.3　创新点

第一，本书认为，市场化政策工具是行政自由裁量权的载体，对行政自由裁量权的规制是市场化政策工具的法律规制的题中之意。

公共管理学科对于政策工具的研究是伴随着公共管理主体多元化发展、公共政策复杂程度的增加而逐步兴起的。传统行政法学的研究范围偏重于作为行政过程最终结果的行政行为，缺乏对行政过程中行政主体所设计和运用的政策工具的分析。政策工具这一操作性概念可以成为贯通两个学科研究内容的契合点。本书以光伏产业发展中的市场化政策工具为研究对象，探讨对市场化政策工具的法律规制路径。市场化政策工具作为行政自由裁量权的载体，主要体现在以下几个方面：(1)市场化政策工具是行政自由裁量权实现的关键步骤；(2)市场化政策工具设计和运用的主体与行政自由裁量权的主体都具有一致性和法定性；(3)市场化政策工具充分体现了行政自由裁量权内容的广泛性；(4)市场化政策工具充分体现了行政自由裁量权行使结果的权威性。市场化政策工具并非行政自由裁量权的唯一载体，但行政自由裁量权是市场化政策工具的实质内核。市场化政策工具在运用中出现的消极样态，也是行政自由裁量权异化的体现，具体表现在行政主体权力的约束性不强，行政主体利益的诱导性强烈和公民权利保护的薄弱。本书认为市场化政策工具的法律规制是指为了保障依法设定的政策目标实现，防止行政自由裁量权的滥用，从立法、行政和司法等层面对市场化政策工具的内容设计和运用过程进行的控制。

第二，中国光伏产业发展中主要市场化政策工具在实际运用中存在着问题，究其实质可归因于多种情形的行政自由裁量权滥用，因此需要引入法律规制。

本书研究尝试整合公共管理学科的政策工具理论、行政法学的行政自由裁量权理论和制度经济学的产业创新系统理论的相关论点。对中国光伏产业市场化政策工具进行类型化研究可知，行政主体设计和运用的市场化政策工具主要包括总量目标规划、强制上网电价补贴、费用分摊和税收优惠等。行政法学界普遍认为行政自由裁量权滥用的表现包括非正当考虑、对弹性法律条文做扩张或限制性解释、反复无常、故意拖延等。具体而言：(1)总量目标规划政策工具存在的问题，是由于缺乏科学调研从而导致目标频繁修改，缺乏稳定性和权威性，并且规划目标的现行衡量标准是装机容量，而非更能够反映产业发展效果的实际发电量。这属于行政自由裁量权滥用的非正当考虑情形和反复无常情形。(2)强制上网电价补贴政策工具的问题，是未能考虑电网企业承担高昂的并网费用和输送电成本，从而导致电网企业收购光伏电力的积极性不足。这也属于行政自由裁量权滥用的非正当考虑情形。(3)费用分摊政策工具的主要问题，是资金来源仅限于电价附加从而引致资金不足，不能实现对于强制上网电价补贴的资金支持。虽然《可再生能源法》规定电网企业收购可再生能源电力的成本可以采用电费附加的方式分担，但是对于具体操作方式没有具体规定，实际中电费附加的标准由发改委等部门确定。这种单一的资金来源方式不能缩小光伏发电成本与传统能源发电成本之间的差距。全网分摊的方式不能有效激励发电企业和消费者使用清洁能源。上述问题属于行政自由裁量权滥用的非正当考虑情形和对于弹性法律条文的限制性解释情形。(4)税收优惠政策工具的问题，在于税收优惠政策的制定主体随意性较高，政策内容优惠幅度不大，税收形式单一，缺乏稳定性，从而导致光伏产业中的市场主体无法享受应有的税收优惠。这属于行政自由裁量权滥用的非正当考虑、反复无常和故意拖延情形。市场化政策工具存在的问题映射出行政自由裁量权滥用的诸多情形，反映出行政主体在行使行政自由裁量权时缺乏有效的约束。

第三，中国光伏产业发展中市场化政策工具的法律规制途径，应从立法层面、行政层面和司法层面展开，为其他领域的可再生能源产业的发展提供借鉴。

市场化政策工具的立法规制是通过规定市场化政策工具的授权依据、使用边界、适用条件等内容来规制行政自由裁量权，从而保障市场化政策工具的合法性。立法规制对于行政自由裁量权的规制起到决定性作用，明文的立法可以划定行政主体设计和运用市场化政策工具的范围，为行政自由裁量权的行使设定权力边界。本书着重研究从立法规制层面展开对四种具体市场化政策工具的分析。第一，对于总量目标规划政策工具的立法规制包括：(1)衡量总量目标的标准实现从装机容量到上网电量的转变；(2)设定具体而明确的数值目标，明确责任主体；(3)通过立法授权的方式赋予国务院能源主管部门制定分阶段实施规则的职责，明确法律义务、法律责任以及法律权利；(4)根据太阳能资源的特殊性以及各地经济水平差异设定各地区规划目标。第二，对于强制上网电价补贴政策工具的立法规制包括：(1)充分考虑电网企业收购光伏发电电力支出的成本；(2)采用电力收购价格递减的全额收购方式；(3)建立光伏发电企业、电网企业和科研机构组成的产学研联盟。第三，对于费用分摊政策工具的立法规制包括：(1)拓宽费用分摊的资金来源渠道；(2)制定可再生能源发展基金的实施细则；(3)电价附加的征收在采取全网均摊方式的同时应当对传统能源发电企业征收化石燃料消费税、碳税等环境税。第四，对于税收优惠政策工具的立法规制包括：(1)税收调控种类应建立在整个光伏产业环境的成本效益分析的基础之上；(2)应考虑将税收优惠与其他手段配合使用；(3)应根据光伏产业发展中各关键环节的技术经济特点来科学配置与之相适应的资金补贴，同时提高税收优惠政策之间的协调性。行政层面的法律规制指在市场化政策工具的运用过程中，可以通过行政许可、行政监管、行政指导等方式来规范行政自由裁量权的行使，保障各种政策工具的合理运用。司法层面的法律规制是指在司法过程中通过审查行政自由裁量权的行使是否遵循了法律所明确规定的界限、程序和条件等，防止行政自由裁量权的滥用，属于事中规制和事后规制。具体到光伏产业发展中的市场化政策工具而言，是审查市场化政策工具的设计和运用是否遵循了立法所确立的界限、程序和条件。对市场化政策工具设计和运用的事实问题的审查和法律问题的审查，是司法审查的主要内容。

第2章 光伏产业发展与市场化政策工具

2.1 光伏产业及其发展现状

2.1.1 光伏产业概述

光伏产业是指围绕硅材料的开发应用所形成的产业链条。在目前技术条件下，太阳能主要通过硅材料这种半导体转化为电能。一般而言，太阳能发电指的是光伏发电，这与太阳能光热利用有明显的区分。① 太阳能光伏发电的原理是利用特定半导体的“光生伏特效应”而将光能转变为电能的一种科学技术。所谓“光生伏特效应”，指的是半导体在受到太阳光照射时产生电动势的物理现象，也就是在特定半导体上产生电位差的效应。这种技术的核心元件是太阳能电池。太阳能电池经过串联之后进行封装可以形成大面积的太阳电池组件，这些组件再配合功率控制器等配套部件就组装成了太阳能光伏发电装置。②

---

① 于静，车俊铁，张吉月. 太阳能发电技术综述[J]. 世界科技研究与发展，2008(1)：56-59.

② Sarti D, Einhaus R. Silicon feedstock for the multi-crystalline photovoltaic industry[J]. Solar Energy Materials and Solar Cells, 2002, 72(1-4): 27-40.

中国的太阳能资源非常丰富，年太阳辐射总量大于每平方米5000兆焦(相当于170千克标准煤)，陆地表面每年接收到的太阳辐射相当于17000亿吨标准煤，这是中国发展光伏产业所具有的有利自然地理条件。中国中西部地区以及南部地区太阳辐射能量较大，尤其是青藏高原地区太阳能资源最为丰富，日辐射量最高达每平方米2333千瓦时，居世界第二。总体上看，中国太阳能资源总量丰富，但资源分布不均。一方面，总量丰富为中国发展太阳能提供了良好的基础，另一方面，分布不均也对太阳能的发展提出了因地制宜的要求。

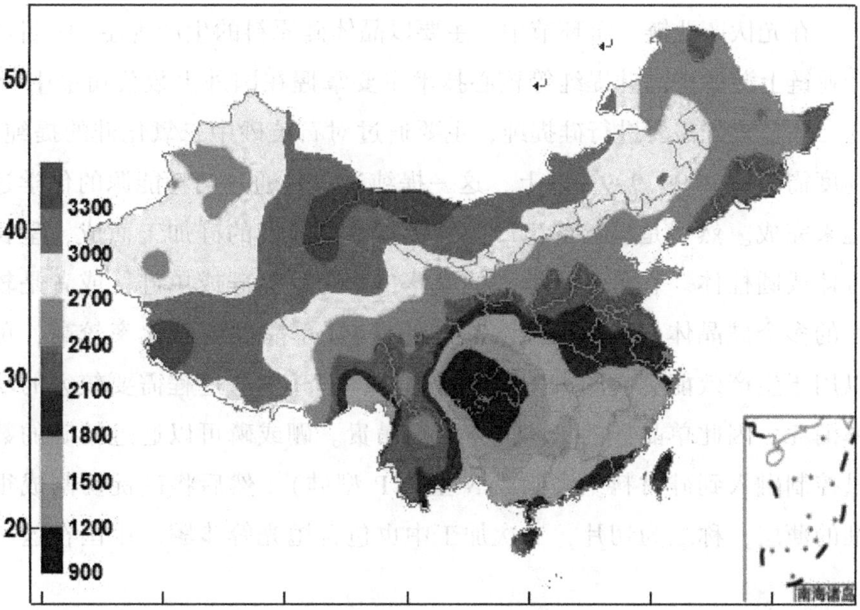

图2-1 中国1978—2007年平均年总日照时数空间分布图(单位：h)①

一个完整的光伏产业链包括晶体硅原料、硅锭、电池组件和发电

① 中国气象局. 中国1978—2007年平均的年总日照时数空间分布[EB/OL]. [2014-07-01]. http://cwera.cma.gov.cn/Website/index.php?ChannelID=121&NewsID=1985.

应用系统等环节。上游环节包括晶体硅原料和硅锭生产环节，中游环节包括太阳能电池组件生产环节，下游环节为光伏发电应用系统环节。

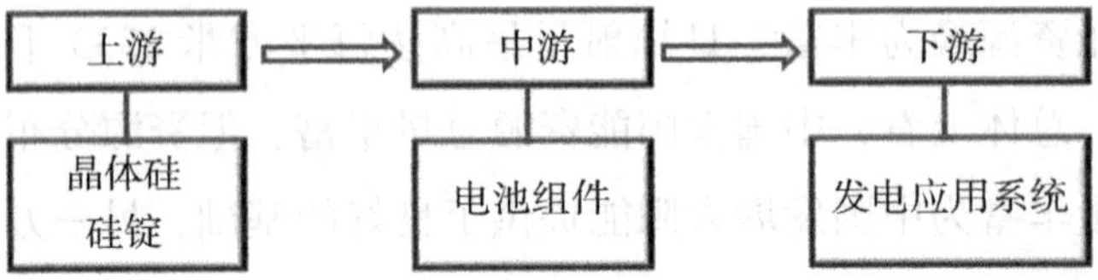

图 2-2　光伏产业链结构图

在光伏产业链上游环节中，主要以晶体硅原料的生产为主,① 目前产业链上游的多晶硅提纯等核心技术主要掌握在国外少数公司手中。② 这一环节首先需要进行硅提纯，主要通过对石英砂中二氧化硅的提纯，纯度需要达到 99. 999%以上，这一提纯过程是通过消耗能源的化学过程来完成。然后是硅锭的生产，硅锭是由高纯度的硅加工而成，呈长方体或圆柱体。它可以是单一的晶体，称为单晶硅或单硅，或者是较小的多个硅晶体；一种称为多晶硅的材料(单晶硅的转化率较高，可以用于生产效能更高的太阳能光伏电池，但其生产过程需要较大的功率消耗，因此单晶硅的工艺成本更加昂贵。硼或磷可以通过精确的数量控制融入到硅材料中去制成 N 型或 P 型硅)。然后将硅锭切割成很细的薄层，称之为切片，二次加工中也包含抛光等步骤。中国在这一

① 晶体硅原料尤其是高纯度晶体硅原料的毛利率很高。近年来世界范围内的光伏产业快速发展，晶体硅原料出现了供不应求的状况，晶体硅原料的价格也是节节攀升。

② 该环节技术门槛很高(尤其是多晶硅)，该技术具有垄断性，只有 Hemlock、Wacker、Tokuyama、REC、MEMC、Misubishi 和 Sumitomo 等公司掌握了晶硅制备技术，这几家公司的多晶硅产量占据了全球太阳能多晶硅总产量的 95%以上。参见周旗钢. 中国硅材料生产和开发情况[J]. 中国集成电路，2006(3)：27-31.

环节的生产技术主要是引进俄罗斯的“改良西门子法”，这种技术相对于上述公司的垄断技术具有较大差距，能耗成本较高，但产能相对较少。①

在中游环节的光伏组件生产包括以下步骤：首先是元件生产。为了制造该元件，两种不同的混合晶片被组装在一起形成 P-N 型硅片，以提高光伏效应的转化率。除此之外，还有多种提高光伏效应效率的加工方式。其次是电池板组装。元件被焊接在一起后，电路连接通过手工或者机械完成，元件在层压机的作用下被封装在透明玻璃板中，从而完成电池板的制造。

在下游环节的发电应用系统通过引入完整的生产线设备即可进行生产，这一环节投资少、技术和资金门槛低、建设周期短。②

2.1.2 世界光伏产业市场发展状况

从世界范围来看，全球的光伏发电装机容量在飞速发展。2013 年全球的太阳能光伏装机容量达到了 38.4GW。从 2009 年的 7.3GW 到 2013 年的 38.4GW，增长了 5.2 倍，装机容量的平均年增长率达到了 50%。亚洲的光伏发电装机容量的增长最为迅速，其中中国生产的多晶硅电池组件产量连续数年占据世界第一。

相应的，全球光伏发电的累计装机容量达到了新高，在 2012 年突破了 100GW 的里程碑，在 2013 年年末达到了 139.8GW。总的装机容量增长主要来自三个方面，一是大规模电站的发展，二是居民屋顶的分布式光伏发电装备的发展，三是光伏应用建筑的光伏发电设备的发展。

---

① 魏奎先，戴永年，马文会，杨斌，于站良. 太阳能电池硅转换材料现状及发展趋势[J]. 轻金属，2006(2)：52-56.

② 光伏产业链的下游吸引了大批生产企业参与，这也是光伏产业链中发展最快的环节之一。

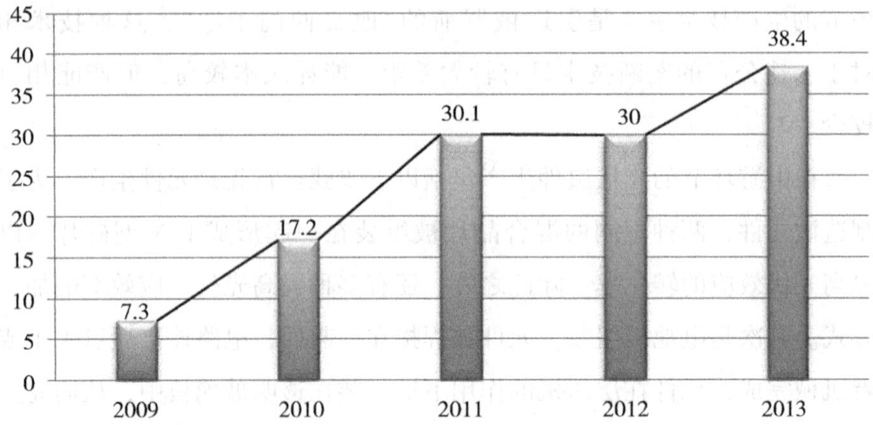

图 2-3　2009—2013 年全球光伏发电装机容量增长示意图(单位：GW)①

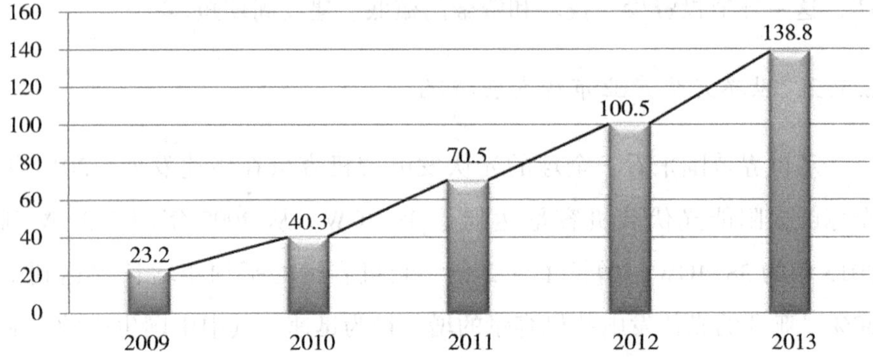

图 2-4　2009—2013 年全球光伏发电的累计装机容量发展示意图(单位：GW)②

目前，世界上主要的光伏产品市场是中国、日本、美国、德国和英国。这五个国家作为排名前五的光伏市场，在 2013 年占据了全球光伏产品市场的 75%。中国在 2013 年的年度装机容量达到了 11.8GW，位居世界第一。日本在 2013 年的年度装机容量是 6.9GW，美国是

① EPIA. Global Market Outlook for Photovoltaics 2014—2018 [R]. European Photovoltaic Industry Association, 2014.

② EPIA. Global Market Outlook for Photovoltaics 2014—2018 [R]. European Photovoltaic Industry Association, 2014.

4.8GW，欧洲国家总体达到了 11GW。

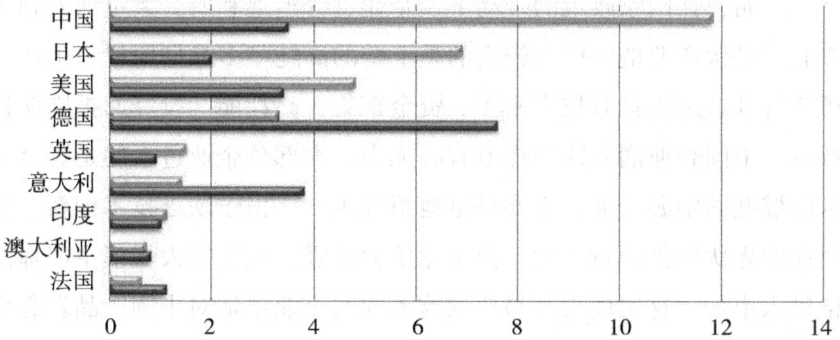

	法国	澳大利亚	印度	意大利	英国	德国	美国	日本	中国
2013	0.6	0.7	1.1	1.4	1.5	3.3	4.8	6.9	11.8
2012	1.1	0.8	1	3.8	0.9	7.6	3.4	2	3.5

图 2-5　2012—2013 年世界主要光伏产品市场(单位：GW)①

2.1.3　中国光伏产业的发展现状

总体来看，中国光伏产业的过程是从缓慢到快速，再到爆炸式发展的过程。② 总体产业规模在不断扩大，在光伏产品制造方面取得了一定的成果，并且在国际市场上占据了重要地位。到目前为止，全球光伏电池组件生产商的十强中有四家是中国企业。③ 国内也有许多光伏企业注

① EPIA. Global Market Outlook for Photovoltaics 2014—2018 [R]. European Photovoltaic Industry Association, 2014.

② 中国光伏产业的起源可以追溯到 20 世纪 70 年代，在“七五”规划期间，关于非晶硅半导体的研究已经被列入国家重大课题；“八五”和“九五”规划期间，研究开发的重点转移到了大面积的太阳能电池方面。90 年代中期中国光伏产业进入了稳步发展的时期，太阳能电池及组件的产量逐年增加。21 世纪以来，中国光伏产业迎来快速发展阶段。在“光明工程”项目和“送电到乡”工程等国家示范项目以及世界光伏市场的拉动下，中国光伏产业发展迅猛。

③ Sun H, Zhi Q, Wang Y, Yao Q, Su J. China's solar photovoltaic industry development: the status quo, problems and approaches [J]. Applied Energy, 2014, 118: 221-230.

重国际化发展，陆续在美国、加拿大等地建立工厂，从而生产更质优价廉的产品抢占国际市场。①

然而，在国家政策的带动下，企业过分追逐利润，大量涌入到光伏产业。光伏产业链中壁垒较高的是上游的高纯度多晶硅原材料生产，该环节的制造过程具有技术密集、资金密集、高耗能、投资回报周期长等特点。中国企业涌入这个环节有心无力，大部分企业进入的是资金和技术门槛低的中游产业，主要是电池组件生产。由于缺乏技术创新，中国企业的光伏组件产量虽大，但是竞争力不强，只能靠大规模生产降低价格进入市场。这也就很容易招致欧洲同类企业申请对中国产品发起反倾销和反补贴调查，最终导致海外市场的丢失。②

随着 2011 年的欧债危机爆发，欧盟对中国光伏组件产品的反倾销和反补贴调查，以及国内企业盲目上马光伏项目导致的产能过剩把曾经如火如荼的光伏产业拖入困难的境地。美国商务部在 2012 年 3 月也对中国太阳能电池产品作出反补贴调查的裁决，裁定征收中国企业重税，对于在艰难处境中发展的光伏企业而言，这无疑是更沉重的打击。③

中国光伏产业上游产业主要包括晶体硅原材料和硅锭生产环节。从技术层面来看，产业上游的晶硅提纯技术被外国少数公司控制，中国在这一环节缺乏自主创新能力。中国光伏产业中应用较为广泛的多晶硅提纯技术主要是引进俄罗斯的“改良西门子法”。④ 这种方法能耗成本高，产能却较少，远远不能满足国内市场也就是中游企业的需求。

---

① Lo K. A critical review of China's rapidly developing renewable energy and energy efficiency policies[J]. Renewable & Sustainable Energy Reviews, 2014, 29(C): 508-516.

② Lo K. A critical review of China's rapidly developing renewable energy and energy efficiency policies[J]. Renewable & Sustainable Energy Reviews, 2014, 29(C): 508-516.

③ Zhang S, He Y. Analysis on the development and policy of solar PV power in China[J]. Renewable & Sustainable Energy Reviews, 2013, 21(5): 393-401.

④ 魏奎先，戴永年，马文会，杨斌，于站良. 太阳能电池硅转换材料现状及发展趋势[J]. 轻金属，2006(2): 52-56.

即使是使用较为落后的生产技术，中国的晶体硅产量在世界市场需求的拉动和国家政策的推动下，仍旧发展迅速。2013 年中国多晶硅的年产量达到了 8 万吨，2014 年达到了 10 万吨。过去五年的平均年增长率达到了 12.7%。

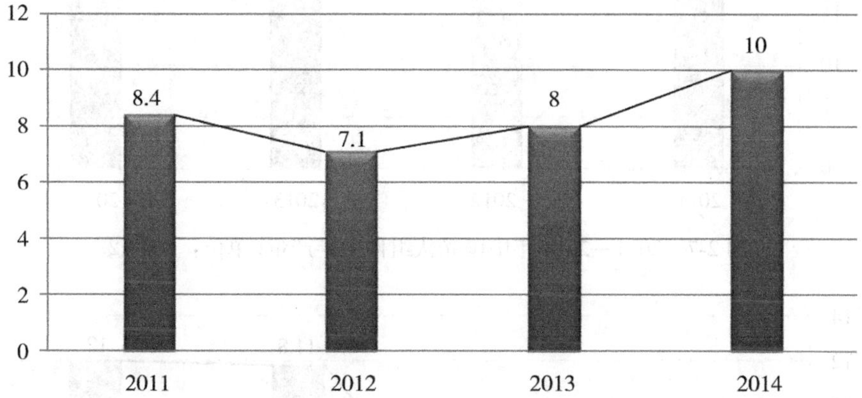

图 2-6　2011—2014 年中国多晶硅年产量变化示意图(单位：万吨)①

中国光伏产业链中游的光伏电池和组件生产技术是大部分光伏企业集中发展的重点领域。受到海外市场和国内市场的拉动作用，中国的太阳能光伏组件产量在 2013 年达到 26GW，在 2014 年达到了 28GW，其中有 16GW 的产能是出口到海外市场，产值大约 100 亿美元。②

中国光伏产业的下游，即光伏发电应用系统的市场推广，在近些年来也得到了较快的发展。在 2013 年，中国光伏发电应用系统的年度新增装机容量达到了 11.8GW，其中大规模电站占 8GW，分布式发电系统占 3.8GW。光伏发电应用系统的年度新增容量在 2014 年达到了 12GW，

① 中华人民共和国工业与信息化部. Prospect of China PV industry development in 2014[R]. 2014.

② 中华人民共和国工业与信息化部. Prospect of China PV industry development in 2014[R]. 2014.

大规模电站和分布式发电系统各占 6GW。①

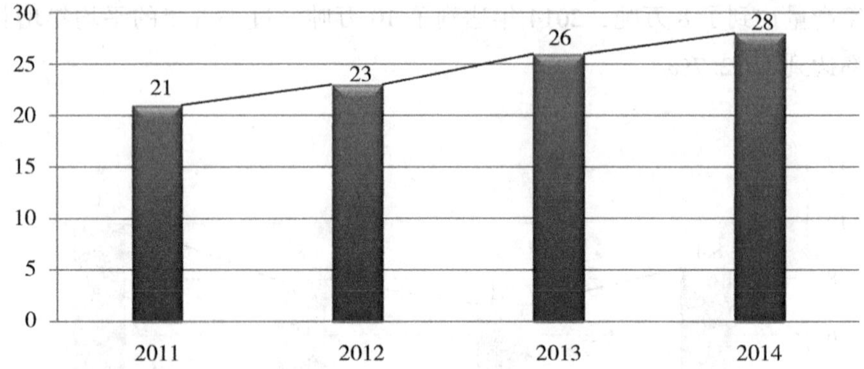

图 2-7　2011—2014 年中国光伏组件的年产量(单位：GW)②

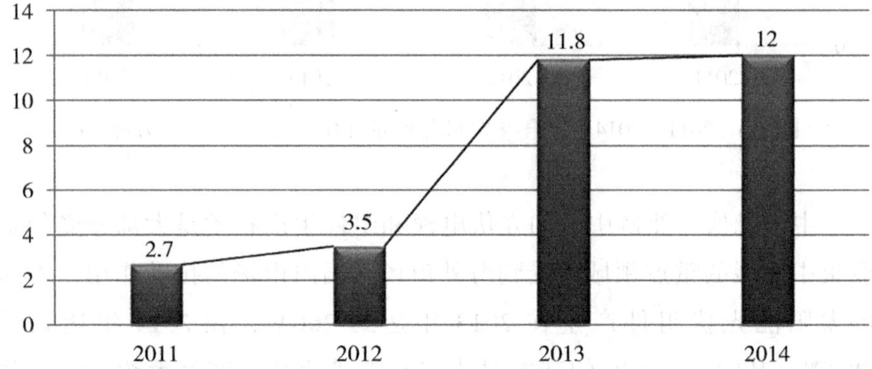

图 2-8　2011—2014 年中国光伏发电应用系统年度新增装机容量(单位：GW)③

2.1.4　中国光伏产业发展的困境

中国最早利用太阳能光伏发电可以追溯到 20 世纪七八十年代初。

---

① 中华人民共和国工业与信息化部. Prospect of China PV industry development in 2014[R]. 2014.

② 中华人民共和国工业与信息化部. Prospect of China PV industry development in 2014[R]. 2014.

③ 中华人民共和国工业与信息化部. Prospect of China PV industry development in 2014[R]. 2014.

据统计，1980年全国光伏发电累计装机容量为16.5千瓦。经过二十多年的发展，中国光伏发电突飞猛进。① 然而，通过上文对中国光伏产业数据的分析，中国光伏产业的发展仍旧存在以下困境。

1. 核心技术的薄弱性明显、产业链发展的协调性不足

从上文的数据可以看出，中国光伏产业在上游、中游和下游的发展都呈现出大规模产量的特点，然而关键的核心技术，例如晶硅提纯技术被外国少数公司控制，中国在这一环节缺乏自主创新能力。中国光伏产业中应用较为广泛的多晶硅提纯技术主要是引进俄罗斯的"改良西门子法"。这种方法能耗成本高，产能却较少，远远不能满足国内市场也就是中游企业的需求。受核心技术的制约，中国光伏产业中的多晶硅产量虽然有了大幅度增长，但是仍旧不能满足中下游生产的需求。中国是太阳能电池制造大国。国内太阳能电池龙头厂无锡尚德2008年产量约为500兆瓦，排名全球第三，而天威英利产出281.5兆瓦，天合光能产出约200兆瓦。② 到2010年中国太阳能电池产量激增到8000兆瓦，占世界太阳能电池产量的50%。③

2. 生产设备进口的依赖性强、产品销售出口依赖性强

一直以来，制约中国太阳能光伏产业发展的瓶颈主要是原材料进口在外和产品市场出口在外，以及融资困难。长期制约中国光伏产业发展

---

① 截至2010年6月底，全国光伏并网发电装机容量为13.3万千瓦，未并网容量为0.16万千瓦。另外，光伏发电在建规模为21.03万千瓦。从分区域并网装机容量来看，其中，西北区域光伏发电并网容量最大，为7.13万千瓦，占全国光伏发电并网容量的53.61%；华东区域其次，为3.72万千瓦，占全国光伏发电并网容量的27.97%；东北区域目前没有光伏发电并网装机容量。参见国家电监会. 风电、光伏发电情况监管报告(上)[J]. 太阳能，2011(6)：40-45.

② 2008年全世界太阳能电池总产量达6850兆瓦，中国太阳能电池总产量达1780兆瓦，占全球总量的26%。

③ 从市场占有率来看，中国太阳能电池厂商(包括台湾地区)的市场占有率逐年提升，2007年中国太阳能电池厂商市场占有率由2006年的20%提升至35%，2008年则更进一步，大幅提升至44%，连续两年成为世界第一。参见Song D，Jiao H，Fan C T. Overview of the photovoltaic technology status and perspective in China[J]. Renewable & Sustainable Energy Reviews，2015，48：848-856.

的瓶颈，是原材料进口在外和产品市场出口在外的产业链结构，也就是原材料进口和主要的光伏产品的市场均在海外。随着 2011 年的欧债危机爆发，欧盟对中国光伏组件产品的反倾销、反补贴调查和国内企业盲目上马光伏项目导致的产能过剩，把曾经如火如荼的光伏产业拖入困难境地。产业发展畸形，“两头在外”。中国太阳能电池的终端市场主要在国外，统计数据显示，中国生产的光伏电池，超过 9 成出口海外，其中在欧洲又以德国、西班牙两国为主。国内市场方面，中国 2010 年光伏发电市场装机量约 380 兆瓦，在全球总装机量中占 3%，市场启动力度较小，发展依然十分缓慢，与需求不太适应。当前，美国、欧盟对中国太阳能电池提出了反倾销、反补贴的“双反”调查，中国太阳能企业的出口更是岌岌可危。① 在 2012 年美国商务部发起的对中国光伏产品反倾销和反补贴调查中，认定中国向其出口的光伏电池及组件存在着倾销和补贴行为，并且决定对这些商品征收高额的惩罚性关税。这无疑会阻止中国太阳能光伏电池向美国出口，也昭示着中国应该扩大国内太阳能光伏电池市场及需求。②

3. 国内企业间的市场竞争性恶化

在国家政策的带动下，企业过分追逐利润，大量涌入到光伏产业。光伏产业链中壁垒较高的是上游的高纯度多晶硅原材料生产，该环节的制造过程具有技术密集、资金密集、高耗能、投资回报周期长等特点。中国企业涌入这个环节有心无力，大部分企业进入的是资金和技术门槛低的中游产业，主要是电池组件生产，中国企业之间在这个领域的竞争激烈。由于缺乏技术创新，中国企业的光伏组件产量虽大，但是竞争力不强，只能靠大规模生产降低价格进入市场。

中国光伏产业发展的困境，是本课题研究的现实起点。这实质上是

① 张兴科. 美国对华光伏企业的“双反”调查对中国的影响及对策[J]. 中国高新技术企业，2012(3)：5-8.

② 徐艳. 新形势下美国对中国出口产品双反的现状及对策研究[J]. 未来与发展，2013，36(12)：24-30

产业发展中的市场化政策工具设计和运用的消极样态所导致的，这也是对市场化政策工具进行法律规制的现实背景。

2.2 市场化政策工具的含义与类型

政策，通常又被称为公共政策。公共政策学者将政策界定为：对一项行动的政治上的决议，目的在于解决政治日程上的包括经济、社会、环境等方面的问题，公共政策的形成可以通过政治辩论或者正式投票的方式来形成，都涉及要实现的目标以及实现目标的手段两个方面内容。①

政策工具是政府为了达成既定的政策目标而采用的方法、技术和手段。政策工具对政府实现预定的政策目标发挥着重要作用。政策工具的特征是：(1)政策工具承载着政府行为的工具理性；②(2)政策工具是对于政策体系构成单元的描述，是研究政策体系构成的一个分析单元；(3)政策工具本身具有明确的目标。③

市场化政策工具是指政府为了实现预定的政策目标而设计和运用的，具有明显市场化特征(例如规划市场份额、引入市场价格机制、鼓励市场竞争、实施经济激励等)的方法、技术和手段。发挥市场在资源配置中的决定性作用，是中共中央十八届三中全会提出的重大理论突破。这对于明确改革的市场取向，发挥市场作用、激发市场活力具有重大意义。④"新公共管理"理论主张采用市场化工具提升政府的治理效

---

① 王绍光. 中国公共政策议程设置的模式[J]. 开放时代，2008(2)：42-56.

② 王锟. 工具理性和价值理性——理解韦伯的社会学思想[J]. 甘肃社会科学，2005(1)：120-122.

③ 李克强总理在记者会上回应经济问题时说："可以说运用政策的回旋余地还比较大，'工具箱'里的工具还比较多"。李克强. 中国"被通缩"调控"工具箱"里工具多[EB/OL]. [2015-03-20]. http：//news. xinhuanet. com/finance/2015-03/16/c_ 127584271. htm.

④ 王天义. 发挥市场在资源配置中的决定性作用[J]. 理论参考，2013(12)：46-48.

能，从而实现对政府功能的再造。① 美国学者盖伊彼得斯认为政府可以引入市场竞争机制改善公共管理的绩效，提高政府的治理水平。市场化的管理模式已经在许多国家得到应用。②

在光伏产业发展的过程中，市场化政策工具的主要目标是培养光伏能源的应用市场，因此又可以称之为市场拉动型政策工具，或者需求端政策工具。③ 从国际视角来看，关于光伏产业的市场化政策工具包含着很丰富的类型。④ 光伏产业的市场化政策工具主要有强制上网电价补贴、补贴、电力回购、配额、可再生能源组合标准、财政支持、费用分摊、税收优惠、政府目标规划等。⑤

中国运用市场化政策工具促进光伏产业发展的历史相较于发达国家和地区仍然较短，已经运用的市场化政策工具可以称为现行市场化政策工具，主要包括：总量目标规划政策工具、强制上网电价补贴政策工具、费用分摊政策工具和税收优惠政策工具。发达国家已经在运用而我国尚未运用的市场化政策工具，本课题将其分类为新兴的市场化政策工具，主要包括：碳交易市场政策工具、绿色能源交易证书政策工具、净计量电价政策工具和可再生能源义务政策工具。

总量目标规划是指政府采用法律或政策形式对可再生能源的市场份额做出具体规定，具体表现在可再生能源及其生产的电力在国家整体能

---

① 周晓丽. 新公共管理：反思、批判与超越——兼评新公共服务理论[J]. 公共管理学报，2005(1)：43-48，90-93.

② [美]B. 盖伊彼得斯. 政府未来治理模式[M]. 吴爱明，夏宏图，译. 北京：中国人民大学出版社，2001：54.

③ 朱伯玉，张福德，等. 低碳经济的政策法律规制[M]. 北京：中国社会科学出版社，2013：75.

④ Jacobs D, Sovacool B K. Feed-in tariffs and other support mechanisms for solar PV promotion[J]. Comprehensive Renewable Energy, 2012：73-109.

⑤ Timilsina G R, Kurdgelashvili L, Narbel P A. Solar energy：markets, economics and policies[J]. Renewable and Sustainable Energy Reviews, 2012, 16(1)：449-465.

源消费结构和用电来源结构中占据一定的比例。①

强制上网电价补贴(FIT, feed-in tariff 或 standard offer contract), 也被称为上网电价补贴、可再生能源回购电价、保护性分类电价、政府电力收购、上网标杆电价等, 该政策工具的目的是加速推进可再生能源的广泛应用。强制上网电价补贴政策工具在世界范围内已有逾 75 个国家和地区应用。② 强制上网电价补贴政策工具对于投资者提供长期稳定的财政支持, 主要内容是政府为鼓励发展可再生能源发电产业而强制要求电网企业对于可再生能源电力以一定标准的规定价格进行收购, 电网企业需要将收购的电力连接上电网系统。③ 由于技术类型和规模的不同, 关于收购价格的规定每个国家都不一致, 但是这些国家都认为强制上网政策工具是加快光伏市场形成和应用的最有效的方法。④⑤⑥ 特别是政府在成本控制、宏观调控和中央地方关系协调方面处理好的情况下, 该政策工具会显示出极大的优越性。⑦ 具体形式是政府与使用可再生能源

---

① 李俊峰, 王仲颖. 中华人民共和国可再生能源法解读[M]. 北京: 化学工业出版社, 2005: 16.

② 这些国家和地区包括阿尔及利亚, 澳大利亚, 加拿大, 中国, 捷克共和国, 法国, 德国, 希腊, 印度, 印度尼西亚, 伊朗, 爱尔兰, 以色列, 意大利, 日本, 荷兰, 南非, 西班牙, 瑞士, 泰国, 乌干达, 乌克兰, 英国, 美国和波多黎各等。参见 Timilsina G R, Zilberman D. The impacts of biofuels on the economy, environment, and poverty ‖: An overview of global markets and policies[M]. Springer, 2014: 1-14.

③ Energy Research Center for Netherlands. The performance of feed-in tariffs to promote renewable electricity in european countries[J]. Maris Bv, 2002, 2.

④ Hsu C W. Using a system dynamics model to assess the effects of capital subsidies and feed-in tariffs on solar PV installations[J]. Applied Energy, 2012, 100(4): 205-217.

⑤ Ming Z, Ximei L, Na L, et al. Overall review of renewable energy tariff policy in China: Evolution, implementation, problems and countermeasures [J]. Renewable and Sustainable Energy Reviews, 2013, 25(5): 260-271.

⑥ Solangi K H, Islam M R, Saidur R, et al. A review on global solar energy policy[J]. Renewable & Sustainable Energy Reviews, 2011, 15(4): 2149-2163.

⑦ Martin N, Rice J. The solar photovoltaic feed-in tariff scheme in New South Wales, Australia[J]. Energy Policy, 2013, 61(10): 697-706.

发电的个人或企业签订一份固定期限(例如 20 年)的长期合约，合约期间发电者每向公共电网输送一度电，除了获得原本的正常电价以外，还可以赚取若干补贴。这种补贴的金额一般由政府公布，通常取决于当时此种能源发电设施的造价及安装费用等因素。造价高的能源相应的补助也高，例如，对风能的补贴相对于太阳能光伏和潮汐能来说就要少，原因是风能发电的成本要低于太阳能光伏发电和潮汐能发电。上网电价补贴的金额也会随着时间的流逝、各种能源技术的不断提高、生产成本的不断下降而逐年减少。上网电价补贴政策工具最早实施成功，最为著名的案例是丹麦对风力发电的鼓励政策。丹麦可以称为现代风电的始祖，该国采取的方式是强制性地设定一个固定电价，要求电网企业按照这个标准收购风能发电。随后不久，在 1991 年德国也采用类似的方式，从此德国风能发电风起云涌，成功发展。鉴于德国风电的成功经验，世界上其他国家都纷纷向德国学习，采用此种固定电价收购再生能源发电的政策工具，这些国家和地区有西班牙、法国、中国、奥地利、加拿大安大略省等。甚至连作为自由市场的捍卫者的英国，本来是坚持“固定电价与资本主义的精神相悖”的原则，但是因为国内的再生能源发展局面一蹶不振，也只好于 2010 年采取强制上网电价补贴政策工具发展本国可再生能源市场。在风能发电异军突起的中国，也是因为过去使用落后的招标制度使得风电的发展非常缓慢，在 2008 年采用强制上网电价补贴政策工具之后，整个风能发电的装机容量才有了大幅度的发展。① 总的来说，强制上网电价补贴政策工具的目标就是要积极地鼓励可再生能源的应用，保障使用可再生能源发电的个人和电力企业的投资者的信心，并获得稳定的收益。

财政补贴(subsidies)是另一种被广泛使用的促进光伏能源应用的政策工具。市场化的财政补贴包括直接补贴和间接补贴，用来进行光伏能

① Hsu C W. Using a system dynamics model to assess the effects of capital subsidies and feed-in tariffs on solar PV installations[J]. Applied Energy, 2012, 100(4): 205-217.

源硬件的安装。例如：投资补贴、光伏发电电力购买补贴、产出或者生产补贴以及优惠低息贷款。①②

绿色能源交易证书(green tags)和净计量电价政策(net metering)是两种以可再生能源交易为基础的政策工具，其主要目标是通过激励能源市场来促进光伏电力的应用。绿色能源交易证书政策工具又被称为可再生能源证书(renewable energy certificates)，在全球许多国家被广泛应用。这一证书是可交易的，用来证明所购买的电力是可再生能源发电所生产的。绿色能源交易证书的持有者可以被认定为已经购买了可再生能源发电生产的电力，从而可以享受政府规定的各项优惠政策或者满足政府强制规定的要求。其形成机制是由政府制定可再生能源电力的价格，由消费者按照规定价格实施自愿认购并获得证书。

净计量电价(net metering)是指装置有光伏发电设备的居民和商业用户根据其向电网输送的电量，从电费账单上扣除相应输送出去电量部分的价格。③ 该政策允许拥有小型发电设备的用户在一定时间段内将所生产的电力上网并出售给电力公司。④

可再生能源义务(renewable obligation)，在英国被称作可再生能源比例标准(renewable portfolio standard)，是指政府给予电力公司指标，要求电力公司所购买和销售的电力有一定的比例来自于可再生能源。这

① Timilsina G R, Kurdgelashvili L, Narbel P A. Solar energy: markets, economics and policies[J]. Renewable and Sustainable Energy Reviews, 2012, 16(1): 449-465.

② Burns J E, Kang J S. Comparative economic analysis of supporting policies for residential solar PV in the United States: Solar Renewable Energy Credit (SREC) potential[J]. Energy Policy, 2012, 44(5): 217-225.

③ Timilsina G R, Kurdgelashvili L, Narbel P A. Solar energy: markets, economics and policies[J]. Renewable and Sustainable Energy Reviews, 2012, 16(1): 449-465.

④ 净计量电价政策工具一般应用在用户端的小型发电设施上，如风能、太阳能光伏、家用燃料电池等。目前全球有 37 个国家实施净计量电价制度，其中包括加拿大、美国、丹麦、英国、意大利、巴西、智利等国。参见 Burns J E, Kang J S. Comparative economic analysis of supporting policies for residential solar PV in the United States: Solar Renewable Energy Credit (SREC) potential[J]. Energy Policy, 2012, 44(5): 217-225.

个比例由政府确定，并且通常会逐年上升。这些可再生能源主要来自太阳能、风能、生物质能或地热能等。实行可再生能源比例标准的区域，使用可再生能源每向电网输送1000千瓦时的电力，可以获得一定单位的可再生能源证书。电力公司为满足政府规定的指标，就需要购买可再生能源证书，直到积累了足够的证书，方可向监察机构证明其达到了指标。①

通过引入市场机制，可再生能源比例标准与强制上网电价补贴政策并不相同，并不能保证所有可再生能源获得固定价格的政府补贴，而主要是依赖市场上可再生能源证书的自由定价。支持可再生能源比例标准的学者们认为，这种市场机制可以带来良性的竞争，从而推进能源效率提高，鼓励创新，最终使可再生能源的成本可以与传统化石燃料抗衡。②

世界范围内，可再生能源比例标准政策工具已经被许多国家采用，包括美国、英国、波兰、意大利、瑞典、比利时、智利等。应用最为广泛的是在美国，联邦政府虽然没有统一的政策，但是在美国50个州中已经有30个州采用了可再生能源比例标准政策工具。这些政策工具与多个联邦税扣除项目构成了有效的政策工具组合，有效地推动了美国可再生能源的应用。③

与市场化政策工具相比而言，对市场化政策工具，或者称作技术推动型政策工具的研究相对较少，没有太多的学术文献予以关注，④

---

① Moosavian S M, Rahim N A, Selvaraj J, et al. Energy policy to promote photovoltaic generation[J]. Renewable and Sustainable Energy Reviews, 2013, 25(5): 44-58.

② Solangi K H, Islam M R, Saidur R, et al. A review on global solar energy policy[J]. Renewable & Sustainable Energy Reviews, 2011, 15(4): 2149-2163.

③ Davies L L. Reconciling renewable portfolio standards and feed-in tariffs[J]. Social Science Electronic Publishing, 2012, 32(2).

④ Taylor M. Beyond technology-push and demand-pull: lessons from California's solar policy[J]. Energy Economics, 2008, 30(6): 2829-2854.

该类政策工具不在本课题的研究范围之内。技术推动型政策工具往往是直接支持光伏产业链中的各个环节，特别是组件生产环节。这些政策工具的形式是研究与发展基金，为组件生产环节提供低息贷款，基础设施建设的资金资助。其中应用较为广泛的政策工具是技术创新激励政策工具、技术研发政策工具、可再生能源信贷政策工具。一项印度的实证研究说明半导体技术的研发支持计划推动了太阳能光伏生产商和初创企业的孵化。① 技术研发投资和示范项目促进了光伏产业创新系统中主体的学习能力，并且降低了太阳能光伏能源的生产成本。基于全球化背景下的实证研究表明，经济规模、“干中学”效应、技术研发和示范项目以及市场结构是降低能源供给成本的关键因素。②

2.3　中国光伏产业发展中的市场化政策工具

在光伏产业领域，市场化政策工具的主要目标是培养光伏能源的应用市场，因此又可以被称为市场拉动型政策工具，或者需求端政策工具。③ 从国际视角来看，关于光伏产业的市场化政策工具包含着很丰富的类型。④ 光伏产业的市场化政策工具主要有强制上网电价补贴、补贴、电力回购、配额、可再生能源组合标准、财政支持、费用分摊、税

① Sharma N K, Tiwari P K, Sood Y R. Solar energy in India: strategies, policies, perspectives and future potential [J]. Renewable and Sustainable Energy Reviews, 2012, 16(1): 933-941.

② Deshmukh R, Bharvirkar R, Gambhir A, et al. Changing sunshine: analyzing the dynamics of solar electricity policies in the global context[J]. Renewable & Sustainable Energy Reviews, 2012, 16(7): 5188-5198.

③ 朱伯玉，张福德，等. 低碳经济的政策法律规制[M]. 北京：中国社会科学出版社，2013：75.

④ Jacobs D, Sovacool B K. Feed-in tariffs and other support mechanisms for solar PV promotion[J]. Comprehensive Renewable Energy, 2012: 73-109.

收优惠、政府目标规划等。①

中国运用市场化政策工具促进光伏产业发展的历史相较于发达国家和地区仍然较短，已经运用的市场化政策工具可以称为现行市场化政策工具，主要包括：总量目标规划政策工具、强制上网电价补贴政策工具、费用分摊政策工具和税收优惠政策工具。发达国家已经在运用而我国尚未运用的市场化政策工具，本书将其分类为新兴的市场化政策工具，主要包括：碳交易市场政策工具、绿色能源交易证书政策工具、净计量电价政策工具和可再生能源义务政策工具。

2.3.1　中国光伏产业发展中市场化政策工具的发展历程

从 1980 年以来，中国重要的光伏产业政策列举在表 2-1 中。为了更清晰地分析产业政策的发展历史，表格中政策列举的时间段采用历次国家发布的五年规划的时间顺序来描述。

表 2-1　中国光伏产业重要政策及政策工具②

时间	重要政策	重要政策工具和内容
1980—1995 年	新能源与可再生能源发展规划	规划：鼓励在全国范围内发展能源节约型太阳能建筑、太阳能热水器和太阳能发电系统
		研发支持：486 万元支持可再生能源技术
		投资补贴：补贴投资光伏元件生产线 50%的商业贷款利息
1996—2000 年	2000—2015 新能源和可再生能源产业重点发展规划	规划：建设太阳能光伏元件和应用系统生产线；将装机容量目标扩大到 2MW；鼓励光伏产业生产的商业化

① Timilsina G R, Kurdgelashvili L, Narbel P A. Solar energy: markets, economics and policies[J]. Renewable & Sustainable Energy Reviews, 2012, 16(1): 449-465.

② 该表格是作者根据文献整理制作。

续表

时间	重要政策	重要政策工具和内容
1996—2000 年	新能源投资建设项目管理暂行规定	示范项目：100kW 的装机容量；控制外国投资
	关于调整进口设备税收政策的通知	免除设备进口税：免除设备的进口税和增值税
2001—2005 年	发展新能源和可再生能源的“十二五”规划	规划：推广太阳能光伏发电系统；促进西部地区市场的发展；提高技术和装备水平；组织示范项目；培育市场
	中华人民共和国可再生能源法	可再生能源投资组合标准：建立可再生能源的总量目标制度
		强制上网电价补贴制度：建立强制上网电价补贴制度和费用分摊制度
		费用分摊：建立可再生能源发展基金，资金来源于用户缴纳的电费价格附加
	鼓励外商投资的高新技术产品目录	税收优惠：鼓励外商投资
	“送电下乡”工程	费用分摊：投资 260 万元人民币，光伏组件装机容量 19.6MW
2006—2010 年	可再生能源发展专项资金管理办法	费用分摊：将用户终端用电部分收入用于发展可再生能源
	可再生能源发电价格和费用分摊管理试行办法	强制上网电价补贴制度：确定可再生能源发展基金的补贴基准
	关于加快推进太阳能光电建筑应用的实施意见	费用分摊/示范工程：太阳能光伏建筑投资
	大型光伏电站特许权招标	示范项目：在 2009—2012 年安装 4.3kW 的大型太阳能发电站
	关于实施金太阳示范工程通知	示范项目：装机容量达到 5.8GW

续表

时间	重要政策	重要政策工具和内容
2011 年至今	可再生能源发展“十二五”规划	总量目标规划：太阳能发电组装机容量在 2015 年达到 21GW，在 2020 年达到 50GW。
	关于完善太阳能光伏发电上网电价政策的通知	强制上网电价补贴制度：确立全国范围内的上网电价，鼓励发展光伏分布式发电项目
	中国和欧洲合作研发节能减排资金项目	研发资助：提供 3000 万元资金预算支持中小企业发展光伏项目
	光伏建筑一体化系统运行与维护规范	技术标准：建筑业配合中国光伏企业制定技术标准

总体而言，中国的光伏产业发展中的政策工具体系随着五个五年计划而不断发展、健全。在 1980—1995 年，政策工具主要的功能是促进基础技术研发和安装，处于初级阶段；1996—2000 年，政策工具随着光伏产业的发展而逐步健全，但是仍旧没有利用市场的资源配置功能发挥很大作用；在 2001—2005 年，政策工具的类型由以往的单一补贴型转化成利用市场功能的组合型体系；在 2006—2010 年，体系化的市场化政策工具逐步确立起来；在 2011 年之后，中国政府更合理地利用市场化政策工具体系来引导光伏产业的健康发展。

中国光伏产业政策工具体系从十五计划开始逐步开始完善，在总体规划方面，政策工具开始应用于技术研发和市场应用，极大地促进了中国光伏产业市场的规模化发展。

政策工具所作用的对象具体包括政府部门、研发机构、光伏产品生产企业和电子生产企业。在 2006 年以前，政策工具主要是作用于地方政府，通过指导下一级的政府或者部门去达到规划的目标，设计具体的规则，具体地完成一些示范工程的生产条件，并且对这些示范工程的进展情况进行组织、管理和监督。在 2006 年，针对光伏产业研发和生产企业的政策工具开始实施，具体的体现形式是对技术研发和产品的生产企业进行财政补贴和税收优惠。采用高新技术的企业会得到政府的税收优惠，与光伏企业合作的国家重点实验室会得到政府的研发支持。从2007年开始，政策工具的作用对象开始包含电力企业，通过推动产业链末端生产电力的收购入手，推动光伏产业的发展。开始对光伏电力实施强制上网电价补贴政策工具，具体包括对光伏电力强制上网电价的补贴和交易，统一定价，保证可再生能源发电站的电力能够获得全额收购的保障机制。

1. 第一阶段：初期的安装和技术研发政策导向(1980—1995年)

在20世纪80年代，随着中国对于能源的需求不断增长，中国政府开始重视发展可再生能源并发布了相关的文件，从而关注能源节约型的太阳能建筑和光伏发电系统，在这一时期，光伏发电的成本相对于传统的化石能源而言仍然较高，并且国家对于环境问题还没有足够的重视。所以，对于光伏发电产业的发展，国家的政策并没有太多关注。唯一的政策工具是技术推动型政策工具，即推动太阳能技术的研发。对于市场化政策工具而言，只是存在对于光伏发电的规划，主要用于解决没有电力供应的偏远山区的用电问题。例如，政府对西藏的九个县实施了独立太阳能光伏发电站建设的项目。

与此同时，政府的主要行动是实施光伏技术的研究与开发，在1980—1989年，前中国国家科学和技术委员会对研发可再生能源的科学与技术的投入达到了486万元人民币。在1987年，国务院决定建立专门针对农村电力供应的专项低息贷款，这些贷款主要用于可再生能源的示范工程，例如研发光伏组件生产线，贷款的利率相当于银行商业贷款利率的50%。①

2. 第二阶段：缓慢发展和技术转移(1996—2000年)

在这一时期，可再生能源中的风能被作为国家重点发展的方面被予

① 李丹. 可再生能源法律问题研究[C]//资源节约型、环境友好型社会建设与环境资源法的热点问题研究——2006年全国环境资源法学研讨会论文集(二). 2006：5

以重点关注，相比之下，太阳能光伏产业并没有被重点发展。直到 2000 年 8 月，政府开始关注太阳能光伏产业，并且发布了《2000—2015 新能源和可再生能源产业重点发展规划》，规划强调建设太阳能光伏组件和应用系统生产线，从而增加光伏产品的年度产量。在这一时期，尽管可再生能源成为政府发展的重点，并且投入了很大的成本来发展太阳能光伏技术，但是政府仍旧选择风能作为国家发展可再生能源的重要方向。这也是这一时期关于光伏产业政策的重点，放在了小规模的示范工程和技术研发方面。

3. 第三阶段：技术推动商业化和初期的市场化(2001—2005 年)

在这一时期，中国政府开始把注意力转向通过市场化的政策工具来建立太阳能光伏电力市场。中国颁布了“十五”计划，提出了发展强制上网电价补贴的建议。在 2005 年，中国制定了《中华人民共和国可再生能源法》(简称《可再生能源法》)来加速太阳能产业的发展。该项法律确立了五项重点措施：第一，设立总体目标规划制度；第二，确立了可再生能源发电上网制度和全额收购制度；第三，初步设立强制上网电价补贴制度和费用均摊制度；第四，支持农村地区的可再生能源发展；第五，实施财政税收激励措施。具体包括设置可再生能源发展专项基金，提供财政贴息贷款给可再生省能源发展和应用工程。

在这一时期，政府实施了一些国家示范工程来推动光伏产业的发展。在 2003 年，科技部和商业部发布文件《鼓励外商投资的高新技术产品目录》，支持外国投资于光伏产品制造业，包括光伏产品的组件、发电逆变器、控制器和其他光伏产品。在 2005 年，国家发展和改革委员会实施专项工程支持光伏硅片制造、高能低耗的组件生产和系统控制元件的生产。与此同时，政府开始制定大规模政策计划来支持研发、示范工程、财政税收、产品价格和市场营销。在 2002 年，中国启动了“送电下乡”工程，投资 26 亿元人民币来促进太阳能光伏产品撞击容量达到 19. 6MW，极大地拉动了光伏产品市场的发展，这一工程被认为是第一个大规模吸引海外投资来发展中国的太阳能光伏产业的示范工程。

在这一时期，最重要的国际背景是德国颁布了可再生能源法的修正案，该修正案规定建立德国的强制上网电价补贴制度，在颁布该法律的同一年，太阳能光伏设备的新增装机容量达到了300%的增长率。这一巨大的市场需求间接带动了中国光伏产品制造业的发展，中国政府也开始学习德国的光伏产业政策并应用于中国。

4. 第四阶段：市场化政策工具的形成(2006—2010年)

在2006年之后形成的政策体系，逐渐开始关注通过扩大太阳能光伏电力市场的方法促进整体光伏产业的市场化进程。例如，通过设置可再生能源专项资金、强制上网电价补贴、优惠的增值税、财政资助光伏产品应用、竞标制度、设置政府购买电力价格和示范工程等政策工具来促进光伏产业的市场发展。在欧洲市场广泛应用的太阳能光伏电力对中国产生了两方面的影响：一方面，中国政府越来越关注通过发展可再生能源市场来推动中国光伏制造业的发展，通过免税和技术补贴的方式来促进光伏产业发展。另一方面，在欧洲各国实施的各种市场化政策工具开始影响中国进行学习。例如，费用分摊的试验，强制上网电价补贴，等等。这两方面的影响以及中国光伏产业的原材料和市场“两头在外”的现状，促使中国开始实施面向市场的政策工具。

(1)可再生能源发展基金。在2006年，财政部颁布了《可再生能源发展专项资金管理办法》，强调终端用户需要在正常的电价中附加支付一定的价格来发展可再生能源。电费附加的价格在2006年是0.002元/度，在2009年11月增加到0.004元/度，在2011年增加到0.008元/度，在2013年增加到0.015元/度。这也意味着可再生能源发展基金从2012年的280亿元人民币增加到2013年的500亿元人民币。在2012年，20亿元人民币被用来发展太阳能，同时有500亿元人民币被用来发展风能。在2013年之后，用于发展太阳能的可再生能源基金增加到220亿元人民币。

(2)强制上网电价补贴。在2006年，国家发展和改革委员会发布了《可再生能源发电价格和费用分摊管理试行办法》，开始启动初步的强制上网电价补贴政策工具，这一政策工具极大地开发了中国光伏产业的国内市场。正如修订后的《可再生能源法》规定，在2009年之后，凡是可再生能源发电的电力必须被全额收购。

(3)光伏建筑。在2009年，政府颁布了《关于加快推进太阳能光电建筑应用的实施意见》，该文件规定采用可再生能源发展基金来支持光伏建筑的示范项目。

(4)示范项目。在2009年，财政部、科技部、国家能源局等部门启动了大型光伏电站特许权招标和金太阳示范工程。从2009年到2012年，大规模的电站装机容量达到了4.3GW，主要分布在太阳能资源丰富的中国西北地区。随后又实施了分布式光伏发电项目。金太阳工程最终设计目标是达到装机5.8GW，这一工程开发了中国的国内光伏市场，推动了光伏技术进步和发电上网政策的完善。

(5)消费者补贴。中国政府对于电力的消费者提供一定的补助。在2009年，财政部和住建部发布了《关于加快推进太阳能光电建筑应用的实施意见》，该文件规定对于建造太阳能光电建筑的用户补贴其建筑投资成本的50%。

(6)研究和开发资助。关于光伏产业的技术研发，政府通过国家科技攻关工程如863计划等支持相关技术的研发。在2006年，国务院颁布了国家中长期科技发展规划(2006—2020)，大力支持光伏组件和应用技术的开发与研究，同时颁布了相关文件来支持光伏电力发电系统、光伏组件、控制器、逆变器等技术的研发。在2009年，科技部将光伏制造业作为国家重点实验室与企业合作关注的重点，包括英利集团和天河光能在内的企业建立起了国家重点实验室，政府对于国家重点实验室的资助力度很大，这两家企业在2009年到2012年之间的年度研发投入分别达到了59.2亿元和61亿元人民币。①

① Sun H, Zhi Q, Wang Y, Yao Q, Su J. China's solar photovoltaic industry development: the status quo, problems and approaches[J]. Applied Energy, 2014, 118(C): 221-230.

5. 第五阶段：建立现有的市场化政策工具体系(2011 年之后)

在这一时期，光伏产业被列为国家战略性新兴产业之一。在 2011 年，国家能源局发布了可再生能源发展“十二五”规划，强调光伏电力的装机容量要在 2015 年达到 21GW，在 2020 年要达到 50GW。2012 年，国家能源局颁布了太阳能发电“十二五”规划，这是第一个专项针对太阳能发电的五年规划。2013 年，国务院发布了能源发展“十二五”规划，强调了太阳能光伏电力的装机容量要在 2015 年达到 21GW，每年的装机容量增长率要达到 89.5%。

在这一时期，市场化的政策工具被不断完善。2011 年 8 月，国家发展和改革委员会发布了《关于完善太阳能光伏发电上网电价政策的通知》，规定了全国范围内不同地区的光伏发电电力收购价格。2013 年，这一电价标准被进一步修改。以 2013 年 9 月为时间节点，全国范围内的电力被分为三个资源类型地区，根据地区的太阳能资源的丰富程度订立不同的电力收购价格，同时对于分布式光伏发电系统的强制上网电价补贴价格为 0.42 元/度。

对于技术研发，科技部颁布了太阳能发电科技发展“十二五”专项规划，强调了关键任务是掌握生产太阳能原材料的设备、生产工艺和核心技术；建设国家重点实验室和产业基地；完善技术标准系统和推动示范工程发展，等等。相应的，一些技术标准也相继被制定。

总的来看，中国政府是较为谨慎地制定和实施光伏产业政策工具的。2004 年对于中国光伏产业和政策工具来讲是较为重要的一个里程碑。在 2004 年以前，高成本的太阳能光伏发电系统主要是用来离网发电，而且中国发展可再生能源的重点放在了风能方面。① 在 2004 年，并网的大规模光伏技术在中国开始进入示范工程，两个在深圳和上海的示范工程开始实施。同时，德国可再生能源法确定了强制上网电价补贴

① Ru P, Zhi Q, Zhang F, Zhong X, Li J, Su J. Behind the development of technology: the transition of innovation modes in china's wind turbine manufacturing industry[J]. Energy Policy, 2012, 43(C): 58-69.

制度，极大地激发了欧洲光伏市场的发展，同时也间接影响中国光伏产业出现了一定的繁荣期。

同时，在德国和欧洲其他国家的政策工具经验也带给中国政府学习的案例，中国政府的政策工具着力点由之前支持光伏产品制造业转向开发光伏市场。市场化的横测工具开始被重视起来，包括开始使用特许权招标等政策，实施金太阳工程和大规模电站项目，同时开始探索实施强制上网电价补贴政策工具。

2008 年和 2009 年是与中国光伏产业政策相关的重要两年。因为 2008 年的世界金融危机和中国光伏产品制造业的迅速崛起，政府开始考虑到光伏产业的原材料和市场“两头在外”的境况，开始实施特许权招标政策。在 2009 年，政府增加了可再生能源基金的数额，从而支持了金太阳工程的顺利实施。

然而，政府发现采用费用分摊的政策工具并没有有效地建立国内市场。2011 年之后，政策工具开始转变为采用强制上网电价补贴代替以往的政府费用分摊，同时开始推动分布式光伏发电设施的应用，市场化的政策工具体系开始形成。

2.3.2　中国光伏产业发展中市场化政策工具的主要类型及问题

根据政策工具理论的分析，结合中国促进光伏产业发展的政策现状，中国光伏产业发展中的主要市场化政策工具可以归纳为以下几个类型。

2.3.2.1　总量目标规划政策工具

总量目标规划是指政府采用法律或政策形式对可再生能源的市场份额做出具体规定，具体表现在可再生能源及其生产的电力在国家整体能源消费结构和用电来源结构中占据一定的比例。①根据《可再生能源法》

① 李俊峰，王仲颖. 中华人民共和国可再生能源法解读[M]. 北京：化学工业出版社，2005：16.

的规定，国务院能源主管部门制定全国可再生能源开发利用的中长期目标，地方政府根据本地区的实际情况制定配套的中长期目标。中国政府在历次的五年规划中，也将发展太阳能光伏产业的目标予以细化，具体规定了装机容量需要达到的目标。地方政府也根据中央规划制定了本地区的具体发展目标。

总体规划是政府推动光伏产业发展的重要手段。政府规划的目的就是提出一个阶段性的产业发展的总量目标，给市场一个明确的信号，以引导市场的需求，达到推动产业发展的目的。同时，国家的总体规划政策工具提供了一个较为明确而稳定的预期，对于投资周期比较长，技术与利润风险都比较大的光伏产业而言，具有重要的激励作用。基于减少环境污染、减缓气候变迁和提高能效的目的，中国较为重视包括太阳能光伏在内的可再生能源产业的发展规划。2007 年，国家发改委发布了《可再生能源中长期发展规划》。2008 年，国家发改委又发布了《可再生能源发展“十一五”规划》。2012 年，科技部等部门开始着手推动新能源并网问题，科技部连续发布了《太阳能发电科技发展“十二五”专项规划》和《智能电网重大科技产业化工程“十二五”专项工程》，还通过了《国家战略性新兴产业发展“十二五”规划》(这些文件加入创新系统中制度方面的政策列表)，对低碳技术的长远发展目标、重大的行动及政策发展等发展路线图进行了规划。

2012 年 7 月，国务院通过了《国家战略性新兴产业发展“十二五”规划》。新能源作为七大战略性新兴产业之一，未来发展重点锁定在太阳能产业等方面，并就其产业发展路线图进行了详细的规划。①

总量目标规划是中国促进可再生能源发展的重要政策工具，太阳能光伏产业的发展也是围绕着这一政策而进行的。中国通过“十一五”规

① 规划指出要掌握太阳能发电关键技术，太阳能源利用设备及其新材料的研发制造能力大幅提高，开展太阳能发电试验示范。2020 年太阳能发电装机容量达到 5000 万千瓦以上，光伏发电系统在发电侧实现平价上网。太阳能光伏装备研发和制造技术达到世界先进水平，太阳能发电实现产业化和规模化发展。

划、“十二五”规划等形式设定太阳能光伏产业发展的总量目标，总量目标规划需要有一定的预见性、连贯性、战略性和强制性等特点。① 但是，中国制定的太阳能发展总量目标缺乏前瞻性，对于光伏产业发展形势估计不足，因此目标经过多次修改，频繁的修改不利于维护总量目标制度的稳定性和权威性。出现这种现象的原因是因为光伏产业市场的科学调查是缺漏的，没有建立在科学调查基础之上的总量目标自然会脱离实际。② 除此之外，中国对于太阳能光伏产业发展的总量目标是以装机容量为衡量标准的，而不是以实际发电量为标准。这样的衡量标准设计容易导致企业盲目生产光伏组件，上马规模巨大的装机容量项目，但是实际发电量却很少，从而导致了资源浪费和企业的恶性竞争。③ 总量目标制度需要在衡量标准上予以优化设计。

2.3.2.2 强制上网电价补贴政策工具

强制上网电价补贴，是政府为鼓励发展可再生能源发电产业，而强制要求电网企业对于可再生能源电力以规定价格进行收购的政策工具。④ 光伏发电由于缺乏稳定性，并且发电成本较高，缺乏与传统能源发电竞争的优势。为了保障太阳能光伏产业的生存，强制上网电价补贴制度和收购制度是必然的选择。

《可再生能源法》规定了电网企业的法定义务，规定电网企业必须全额收购其电网覆盖范围内的可再生能源并网发电项目的电量，并且为

---

① 薛荣婵. 我国风力发电法律促进机制研究[D]. 重庆：西南政法大学，2010：17.

② 马胜红，李斌，陈东兵，陈光明，孙李平，张亚彬，熊燕，刘鑫. 积极应对光伏反倾销调查——加速开拓中国国内光伏市场的必要性和紧迫性[J]. 太阳能，2009(10)：5-13.

③ 黄梅萍，林丽华，朱锐敏，周虹，孙诚毅. 厂商光伏组件的生产计划浅析[J]. 科技与企业，2014(10)：15-16.

④ Zhi Q, Sun H, Li Y, et al. China's solar photovoltaic policy: an analysis based on policy instruments[J]. Applied Energy, 2014, 129: 308-319.

可再生能源提供上网的必要服务。国务院也出台了一系列文件支持强制上网电价补贴制度，并对具体操作细则进行了规定。2006年，国家发展与改革委员会出台了《可再生能源发电价格和费用分摊管理试行办法》，规定了收购电力的价格基准。在2011年又出台了《关于完善太阳能光伏发电上网电价政策的通知》，规定了全国范围内不同地区的光伏发电电力收购价格。具体内容见表2-2。

表2-2 中国光伏电站电价基准① 单位：元/度（含税）

资源区②	光伏电站电价基准	地区名称
一类地区	0.90	宁夏，青海，嘉峪关，武威，张掖，海西，敦煌，甘肃，哈密，塔城，金昌，阿勒泰，克拉玛依地区
二类地区	0.95	北京，天津，黑龙江，吉林，辽宁，四川，云南，赤峰，通辽，内蒙古呼伦贝尔，承德，张家口
三类地区	1.0	除一类、二类地区以外的区域

中国对于太阳能发电等可再生能源电力实施强制上网电价补贴政策工具，规定电网企业必须全额收购电网覆盖内的可再生能源发电电力，并且需要以一定价格购买电力，从而鼓励可再生能源发电的上网和销售盈利。这一制度在一定程度上解决了光伏发电企业上网难、盈利难的问题，但是限于目前较低的技术水平，电网企业为了并网光伏发电的电力，需要承担高昂的连接费用和输送电成本。即使《可再生能源法》规定电网企业为收购可再生能源发电的电力而产生的相关费用可以计入电

① 国家发展与改革委员会. 关于完善太阳能光伏发电上网电价政策的通知[EB/OL]. [2011-08-01]. http://www.gov.cn/zwgk/2011-08/01/content_1917358.htm.

② 资源区的分类标准是该地区的太阳能总辐射量和日照总时数。一类地区的太阳能资源最为丰富，二类次之，三类最不丰富。相应的补贴电价也会倾向于太阳能资源不丰富的地区，以鼓励该地区发展太阳能发电的应用。

网企业输送电成本，可以从销售的电价中回收成本，但是在实际操作中，销售电价的成本回收不足以负担电网企业为并网收购可再生能源电力所支出的费用，由此影响了电网企业并网收购光伏电力的积极性。①

对于太阳能光伏发电所产生的电力，中国目前实施的是分类电价政策工具。中国《可再生能源法》第五章第十九条规定实施分类电价，也就是在法律框架下使得市场主体在不同地区、不同时段，根据其具体的投资成本，规定相应的上网电价，保障其投资回报。② 这一政策工具在一定程度上促进了市场主体在不同地区、不同时间投资光伏发电项目的积极性，但是也限制了企业的良性竞争，并且会随着光伏产业的发展对市场的公平竞争产生制约作用。

2.3.2.3　费用分摊政策工具

费用分摊是指为了解决太阳能光伏发电电力的较高价格与常规能源发电电力较低价格的差距问题，将价格差额附加在销售电价中分摊的政策工具。③ 该制度有利于激励投资主体增加对太阳能光伏产业的投入。

《可再生能源法》规定，电网企业因收购可再生能源发电电量所产生的费用可以在销售电价中分摊，产生的费用包括合理的并网设备安装费用和基础设施建设费。

费用分摊是指采用分摊的形式要求电力消费者承担发展可再生能源所产生的额外费用，从而促进可再生能源大规模发展。④ 这一政策工具

---

① 赵平，严玉廷. 并网光伏发电系统对电网影响的研究[J]. 电气技术，2009(3)：41-44.

② 李俊峰，王仲颖. 中华人民共和国可再生能源法解读[M]. 北京：化学工业出版社，2005：31.

③ Liu D, Shiroyama H. Development of photovoltaic power generation in China：a transition perspective[J]. Renewable and Sustainable Energy Reviews，2013，25(3)：782-792.

④ 李俊峰，王仲颖. 中华人民共和国可再生能源法解读[M]. 北京：化学工业出版社，2005：31.

解决了发展光伏发电项目的额外成本问题，但是也存在着补偿资金来源单一、资金补偿周期长等问题。根据《可再生能源法》的规定，中国费用分摊资金仅仅来源于电价附加，不能缩小太阳能光伏发电成本与传统能源发电成本之间的差距。同时中国实行的全网分摊政策工具不能有效地激励生产者和消费者发展清洁能源。①

可再生能源发展基金是利用公共投资推动光伏产业发展的有力措施，目前在世界各国都有着广泛应用。国家财政设立可再生能源发展基金，支持可再生能源开发利用的科学技术研究、标准制定和示范工程，以及可再生能源的资源勘查、评价和相关信息系统建设。光伏产业作为新兴的能源产业，在发展初期需要有足够的资金支持才能健康发展。《可再生能源法》对设立可再生能源发展基金做了专门规定。国家财政部门通过设立可再生能源发展专项资金，支持科研和示范工程，支持农村、牧区、海岛等地区生活用能的光伏发电项目，也支持可再生能源的勘察、评价系统建设，同时也支持光伏产业设备的本地化生产项目。为配合法律实施，国务院财政部于2006年发布《可再生能源发展专项资金管理暂行办法》，对专项资金的重点扶持对象、资金申报和审批程序，以及资金的使用方式都做了具体规定。② 中国《可再生能源法》对可再生能源基金的规定依旧模糊不清，没有明确资金来源，无法从根本上解决太阳能光伏产业发展中的资金缺乏问题。

2.3.2.4 税收优惠政策工具

对于中国太阳能光伏产业而言，税收优惠体现在关税、增值税和企

① 该意见来自于对南方电网公司的访谈。访谈时间：2014年6月11日。访谈地点：深圳市供电局大楼。访谈对象：南方电网深圳供电局可再生能源应用部门主管。由笔者本人进行访谈。

② 财政部．关于印发《可再生能源发展基金征收使用管理暂行办法》．[EB/OL].[2014-01-05].http://zhs.mof.gov.cn/zhengwuxinxi/zhengcefabu/201112/t20111212_614767.html.

业所得税方面，具体形式是减税和免除税收。中国《可再生能源法》规定国家对列入可再生能源产业发展指导目录的项目给予税收优惠。国家对光伏设备生产企业采取减半征收增值税的优惠政策。①

目前中国可再生能源开发利用方面已有的税收优惠主要包括以下几点：《财政部、国家税务总局关于光伏发电增值税政策的通知》(财税〔2013〕66号)规定，自2013年10月1日至2015年12月31日，对纳税人销售自产的利用太阳能生产的电力产品，实行增值税即征即退50%的政策。

中国对于太阳能光伏产品的税收优惠政策较少，并且大部分税收优惠政策是由国务院各部门制定，形式单一，缺乏稳定性。税收优惠形式也较为单一，优惠额度不高，对于光伏发电项目的投资商、运营商都没有系统的税收优惠规定。

2.4　光伏产业发展中市场化政策工具设计和运用的原则

从国际经验来看，光伏产业发展之初，政府起着主导性作用，通过市场化政策工具来促进产业发展，促进产业技术知识在整个社会经济领域内不断创新、流转、扩散和应用，从而实现产业健康发展的目标。②纵观各国在进行政策工具实施的过程中，有以下原则被普遍遵循。

2.4.1　法治原则

实施市场化政策工具的法治原则，是指在促进产业创新系统发展的过程中，要遵循法治的理念，要有法可依，依法办事。③ 通过立法来促

① 杨解君，赖超超. 中国太阳能开发利用的现状及其立法诉求[J]. 甘肃政法学院学报，2008(2)：63-69.

② A Jäger-Waldau. 1.09-Overview of the Global PV Industry[J]. Comprehensive Renewable Energy，2012，81(8)：161-177.

③ 赵肖筠，郭相宏. 法治原则述要[J]. 法学评论，1998(4)：23-28.

进市场化政策工具的实施是许多发达国家较为重视的做法，经过多年发展，许多国家已形成了较为完备的实施市场化政策工具的法律体系。①完善的法律制度，应当在不同层次的立法中或不同的法律文件中，规定促进产业创新系统发展的指导思想、基本原则、具体的措施、手段以及相应的法律责任，通过法律实施的作用使得政策工具发挥作用，促进新的生产技术方式逐渐纳入到可持续发展的轨道。② 法律在促进政策工具实施方面的作用是非常明显的。第一，法律具有稳定器的作用。新兴产业的技术大多投资周期长，投资数额大，技术开发面临很大的不确定性和风险，如果没有一种明确的心理预期和稳定的收益保障，投资者很难有足够的信心涉足新兴产业领域。法律本身具有稳定的属性，其把不稳定的政策工具固化在法律当中，为新兴产业投资开发者提供了稳定、长远的预期，增强其投资信心，有力地促进了新兴产业创新系统的发展。③ 第二，法律具有调整或确认新的社会关系和经济关系的作用。④新兴产业的发展会引起传统经济方式的改变，改变了传统的经济利益关系，可能会引起新旧经济利益的冲突，冲突不能解决，产业创新就会受到阻碍。通过立法可以改变旧有的利益关系，而确立新的利益关系，使得新兴产业的生产方式纳入社会经济生活中，从而使产业创新系统得以有秩序地发展。第三，法律具有规范制约作用。⑤ 新兴产业的发展既不能依靠人们自发的行为，也不能单纯依靠经济利益引导来保障，有时候需要依靠法律的强制性加以约束。⑥ 新兴产业的发展是对传统经济发展模式的变革，不可避免会引起各方面利益的冲突，尤其是在传统的不可

---

① A Jäger-Waldau. 1.09-Overview of the Global PV Industry[J]. Comprehensive Renewable Energy, 2012, 81(8): 161-177.

② 张维迎. 法律制度的信誉基础[J]. 经济研究, 2002(1): 3-13, 92-93.

③ 梅术文. 创新驱动发展战略下专利政策法律化路径研究[J]. 科技进步与对策, 2014, 31(1): 111-115.

④ 刘作翔. 论法律的作用及其局限性[J]. 法制与社会发展, 1996(2): 1-6.

⑤ 陈春龙. 法律规范作用新探[J]. 现代法学, 1990(4): 2-6.

⑥ 王先林. 产业政策法初论[J]. 中国法学, 2003(3): 110-116.

持续发展生产方式还占主导地位的阶段，传统生产方式要维护既得利益，有可能违反法律而行事，此时需要依靠法律的强制作用压制违法行为，开拓新生产方式生存的空间。第四，法律具有引导作用。① 目前，新兴的可再生能源产业，例如光伏产业的发展还属于比较新鲜的事物，要得到人们的普遍重视和认同，需要通过法律规范指引行为的方向，使得重视可再生能源发展成为一种普遍的行为准则。

2.4.2　市场机制原则

在产业创新系统发展过程中，应当坚持政府的主导作用，但不能忘记投资者、生产者也是产业创新的主体，政府不能代替或者脱离投资者、生产者来发展产业创新系统。② 政府实施市场化政策工具的目的是改变投资者、生产者的行为，基础还是市场化的基础，只能通过市场化的机制来促进新兴产业创新系统的发展，这样才是最有效率的方式。③ 实施市场化政策工具正是肯定市场经济的模式，在市场机制下为解决气候环境问题、能源枯竭问题提供新的解决方案。通过实施市场化政策工具，能够使得市场主体在追求经济利益的同时，兼顾环境效益。④ 政府在制定市场化政策工具，安排相关制度和措施时一定要使政策建立在市场机制的基础之上，使得市场化政策工具通过市场来发挥激励作用。

作为市场主体的生产者和消费者都是理性的经济人，是自身最大利

---

① 赵震江，付子堂. 论法律功能与依法治国——法治秩序中的法律功能状况及其实现障碍[J]. 法学，1997(2)：13-16.

② 石光乾. 我国战略性新兴产业可持续发展的法律机制研究——兼论后危机时期我国产业政策及其法律化[C]//科技部，山东省人民政府，中国可持续发展研究会. 2010 中国可持续发展论坛 2010 年专刊(一). 2010：5.

③ 苗振青. 科技创新体系促进战略性新兴产业发展的作用机制分析[J]. 河南农业大学学报，2012，46(4)：62，453-457.

④ 赵新一. 新能源发展展望[J]. 电力技术(1674-4586)，2009(10)：7-14.

益的追求者。① 由于新兴产业创新系统的外部属性，市场主体为了新兴产业创新所付出的成本可能无法得到弥补，从而使他们丧失促进产业创新的意愿。② 政府作为产业创新系统的主导者，需要通过利益补偿的方式使市场主体能够获得相当的利益，从而使他们参与到新兴产业创新中来。③ 促进产业创新系统发展的市场化政策工具，是通过影响市场主体的利益来引导他们的创新行为，将欲实现的公共利益分解为个人利益，通过对个人利益的保护和满足从而激发个人的动能，最终使整个社会的公共利益最大化。④ 在产业创新系统的发展促进过程中，促进主体应更多地采用奖励、补贴、税收优惠等物质性的利益手段进行诱导。⑤ 对于大多数市场主体而言，物质利益具有更为强大的促进作用，正是对于物质利益的追求，促使他们积极实施政府所倡导的行为，配合政府的市场化政策工具，从而使得个体力量凝聚起来，形成推动产业创新系统发展的动力。⑥ 可见，反映市场主体利益需求的物质利益诱导能够在很大程度上调动市场主体的积极性和创造性，从而实现政府实施市场化政策工具的目标。

2.4.3 可操作性原则

可操作性原则是指政府实施市场化政策工具的具体方式要在实践中易于推行，并能有效地实现政策工具的目标。市场化政策工具的合理

① 张晖. 关于理性经济人的思考[J]. 科技资讯，2006(29)：230.

② 平力群. 日本政府支持新兴产业发展的政策措施——以降低企业技术创新成本为视角[J]. 东北亚学刊，2013(3)：31-36.

③ 马艳，张峰. 我国政府的利益补偿作为[J]. 经济研究参考，2008(54)：8-9.

④ 范旭斌. 论公共利益与个人利益的平衡[J]. 云南社会科学，2009(6)：43-47.

⑤ 肖锦生. 税收优惠与财政补贴对企业科技投入影响——以福建省为例[J]. 福州党校学报，2013(4)：51-54.

⑥ 陈昭锋，韩健. 政府推动与高新技术产业化创新[J]. 清华大学学报(哲学社会科学版)，1998(2)：49-59.

性、明晰性、公平性决定了其实施的可操作性。① 合理性是指要求市场化政策工具的制定需要从实际情况出发，在分析现有的物力、人力、财力、科技水平以及相关条件的基础上，经过充分论证，审慎决策，认真评估。切忌一厢情愿，只顾需要，不考虑可能性，更不能片面地夸大有利因素，掩盖不利因素和失败风险。② 市场化政策工具的实施也需要体现公正性，着眼于社会的当代利益；既考虑个体与个体之间的利益平衡，也要考虑个体利益与社会利益之间的平衡。具体而言，包括税收负担和行政收费负担的公平性，例如对于地理位置不同和经济发达程度不同的地区，实施市场化政策工具的成本是不同的。③ 实施市场化政策工具的公平性，例如对可再生能源产品实行增值税免征或即征即退政策时应当根据综合利用的难度设定不同的标准。④

可操作性要求政策工具组合相匹配，包含两层意思：第一层意思是各种市场化政策工具要与产业创新系统发展的在特定阶段的目标相一致。产业创新系统的目标是在遵循生态规律和经济规律的情况下，通过资源的高效利用和可再生能源的经济行为，达到促进产业创新发展。⑤ 市场化政策工具的制定和安排要符合生态规律和经济规律，其制定目的是为了实现资源的高效利用。匹配原则要求立法者、政策制定者要全面、前瞻、理性地考量市场化政策工具与总目标的复合性，避免良好的立法和政策工具制定意图在实践中不利于产业的发展。第二层意思是市

---

① 程守红，周润书. 知识产权质押融资中的政策工具及模式研究[J]. 华东经济管理，2013，27(2)：159-166.

② 杨代福. 政策工具选择理性分析的理论基础与实证检验[J]. 华中科技大学学报(社会科学版)，2009，23(4)：70-74.

③ 庄德水. 公共政策失败的利益冲突因素分析[J]. 学术交流，2010(1)：21-25.

④ 范玲玲. 国外可再生能源财税支持政策的做法及对我国的借鉴[J]. 市场周刊(理论研究)，2007(9)：94-96.

⑤ 汪志波. 产业技术创新平台系统模型框架与构成要素分析[J]. 科技管理研究，2012，32(11)：17-20.

场化政策工具之间要相互匹配。产业创新系统是一个复杂的系统，无论是在宏观还是在微观层面都体现在社会经济生活的很多方面，因此，促进产业创新系统的市场化政策工具也是非常庞杂的。各种市场化政策工具之间要相互匹配，形成一个整体的市场化政策工具组合。只有形成了一个能够使环境、资源和经济协调发展的一体化的、有效的市场化政策工具组合体系，才能解决产业创新发展中方方面面复杂的问题。① 在实践中，要求立法者和政策制定者理清不同市场化政策工具之间的关系，使不同的政策工具相互配合，以实现整体效果大于个别的简单相加。需要避免不同政策工具之间的相互冲突导致市场主体左右为难，无所适从。②

近年来，人们对于发展可再生能源有了一定的认识。但是社会公众对于可再生能源的理解普遍局限于对基本概念的简单了解上，对于究竟什么是可再生能源，什么是光伏等具体概念，这些可再生能源与传统能源的本质区别等方面都没有深入的理解，这就需要展开可再生能源知识的教育。③ 需要从两个方面做工作，一方面是针对政府工作人员的教育，另一方面是对于公众的教育。政府是推动可再生能源产业创新系统发展的主导力量，是市场化政策工具的制定者和决策者，只有政府工作人员树立可再生能源产业创新系统的理念并使之成为指导实际工作的原则，才能实现政府的有效领导。政府工作人员对于可再生能源产业创新系统的接受和掌握程度，将决定在实际工作中体现这一理念的程度。④ 因此，对于政府工作人员的教育要由被动变为主动，由不自觉到自觉，

① 吴晓青，洪尚群，蔡守秋，夏峰，吴学灿，董海京，贺杉. 环境政策工具组合的原理、方法和技术[J]. 重庆环境科学，2003(12)：85-87.

② 徐媛媛，严强. 公共政策工具的类型、功能、选择与组合——以我国城市房屋拆迁政策为例[J]. 南京社会科学，2011(12)：73-79.

③ 马步云，胡兴华，徐长春. 知识经济与21世纪中国高等教育[J]. 江西社会科学，2002(Z1)：281-283.

④ 苏竣，眭纪刚，张汉威，王欣. 中国政府资助的可再生能源技术创新[J]. 中国软科学，2008(11)：34-44.

由实践经验到理论，由零散的知识形成系统。政府不但要重视自身的教育，还要积极推动公众的可再生能源产业创新系统的知识教育。政府是产业创新系统的主导力量，但是发展所依赖的是广大的公众，也就是投资者、生产者和消费者。只有投资者、生产者和消费者建立起来发展可再生能源产业创新系统的理念，才能在行为方式上转变提升，政府的政策推动才能产生效果和持久力。① 政府应当推动多种形式的教育方式，来建立和强化人们思想当中的可再生能源产业创新系统理念。

2.5　本章小结

本章阐述了市场化政策工具的理论发展、具体内涵和类型及其实施原则。根据本书的研究目标，政策工具定义可以归纳为：政府为了达成既定的政策目标而采用的方法、技术和手段。政策工具对政府实现预定的政策目标发挥着重要作用。政策工具的特征是：(1)政策工具承载着政府行为的工具理性；(2)政策工具是对于政策体系构成单元上的描述，是研究政策体系构成的一个分析单元；(3)政策工具本身具有明确的目标。政府制定的具有明显市场化特征(例如规划市场份额、引入市场价格机制、鼓励市场竞争、实施经济激励等)的政策工具，都可称为市场化政策工具。

中国光伏产业是从缓慢到快速，再到爆炸式的发展过程。总体产业规模在不断扩大，在光伏产品制造方面取得了一定的成果，并且在国际市场上占据了重要地位。然而，在国家政策的带动下，企业过分追逐利润，大量涌入到光伏产业。光伏产业链中壁垒较高的是上游的高纯度多晶硅原材料生产，该环节的制造过程具有技术密集、资金密集、高耗能、投资回报周期长等特点。中国企业涌入这个环节有心无力，大部分企业进入的是资金和技术门槛低的中游产业，主要是电池

① 戴建军. 以技术创新推进光伏产业发展[J]. 发展研究，2008(7)：39-42.

组件生产。由于缺乏技术创新，中国企业的光伏组件产量虽大，但是竞争力不强，只能靠大规模生产降低价格进入市场。这也就很容易招致欧洲同类企业申请对中国产品发起反倾销和反补贴调查，最终导致海外市场的丢失。① 随着 2011 年的欧债危机爆发，欧盟对中国光伏组件产品的反倾销和反补贴调查，国内企业盲目上马光伏项目导致的产能过剩把曾经如火如荼的光伏产业拖入困难的境地。美国商务部在 2012 年 3 月也对中国太阳能电池产品做出反补贴调查的裁决，裁定征收中国企业重税，对于在艰难处境中发展的光伏企业而言，这无疑是更沉重的打击。②

中国光伏产业发展的困境主要表现为：(1)产业规模上发展较快、核心技术较为薄弱、产业链发展不协调；(2)生产设备依赖进口、产品销售依靠出口、产业发展受到制约；(3)产业迅速崛起、国内企业间竞争激烈；(4)光伏产业区域格局明显。

中国运用市场化政策工具促进光伏产业发展的历史相较于发达国家和地区仍然较短，已经运用的市场化政策工具可以称为现行市场化政策工具，主要包括：总量目标规划政策工具、强制上网电价补贴政策工具、费用分摊政策工具和税收优惠政策工具。

总体而言，中国的光伏产业发展中的政策工具体系随着五个五年计划而不断发展、健全。在 1980—1995 年，政策工具主要的功能是促进基础技术研发和安装，处于初级阶段；1996—2000 年，政策工具随着光伏产业的发展而逐步健全，但是仍旧没有利用市场的资源配置功能发挥很大作用；在 2001—2005 年，政策工具的类型由以往的单一补贴型转化成利用市场功能的组合型体系；在 2006—2010 年，体系化的市场

① Lo K. A critical review of China's rapidly developing renewable energy and energy efficiency policies[J]. Renewable & Sustainable Energy Reviews, 2014, 29(C): 508-516.

② Zhang S, He Y. Analysis on the development and policy of solar PV power in China[J]. Renewable & Sustainable Energy Reviews, 2013, 21(5): 393-401.

化政策工具逐步确立起来；在 2011 年之后，中国政府更合理地利用市场化政策工具体系来引导光伏产业的健康发展。

光伏产业发展中的具体政策工具并不完善。中国现行的总量目标规划政策工具、强制上网电价补贴政策工具、费用分摊政策工具、税收优惠政策工具都存在着不少具体的问题。中国制定的太阳能发展总量目标缺乏前瞻性，对于光伏产业发展形势估计不足，因此目标经过多次修改。频繁的修改不利于维护总量目标制度的稳定性和权威性。限于目前较低的技术水平，电网企业为了并网光伏发电的电力，需要承担高昂的连接费用和输送电成本。即使《可再生能源法》规定电网企业为收购可再生能源发电的电力而产生的相关费用可以计入电网企业输送电成本，可以从销售的电价中回收成本，但是在实际操作中，销售电价的成本回收不足以负担电网企业为并网收购可再生能源电力所支出的费用，由此影响了电网企业并网收购光伏电力的积极性。中国费用分摊资金仅仅来源于电价附加，不能缩小太阳能光伏发电成本与传统能源发电成本之间的差距。同时中国实行的全网分摊政策工具不能有效地激励生产者和消费者发展清洁能源。中国实施的中央财政补贴政策工具，对于太阳能光伏产业来讲，支持力度远远小于风力发电和生物质能发电。中国对于太阳能光伏产品的税收优惠政策较少，并且大部分税收优惠政策是由国务院各部门制定，形式单一，缺乏稳定性。中国《可再生能源法》对可再生能源基金政策工具的规定依旧模糊不清，没有明确资金来源，无法从根本上解决太阳能光伏产业发展中的资金缺乏问题。

从国际经验来看，光伏产业发展之初，政府起着主导性作用，通过市场化政策工具来促进产业发展，促进产业技术知识在整个社会经济领域内不断创新、流转、扩散和应用，从而实现产业健康发展的目标。纵观各国在进行政策工具实施的过程中，有以下原则被普遍遵循。实施市场化政策工具的法治原则，是指在促进产业创新系统发展的过程中，要遵循法治的理念，要有法可依，依法办事。通过立法来促进市场化政策工具的实施是许多发达国家较为重视的做法，经过多年发展，许多国家已形成了较为完备的实施市场化政策工具的法律体系。在产业创新系统发展过程中，应当坚持政府的主导作用，但不能忘记投资者、生产者也是产业创新的主体，政府不能代替或者脱离投资者、生产者来发展产业创新系统。政府实施市场化政策工具的目的是改变投资者、生产者的行为，基础还是市场化的基础，只能通过市场化的机制来促进新兴产业创新系统的发展，这样才是最有效率的方式。实施市场化政策工具正是肯定市场经济的模式，在市场机制下为解决气候环境问题、能源枯竭问题提供新的解决方案。通过实施市场化政策工具，使得市场主体在追求经济利益的同时，能够兼顾环境效益。可操作性原则是指政府实施市场化政策工具的具体方式要在实践中易于推行，并能有效地实现政策工具的目标。市场化政策工具的合理性、明晰性、公平性决定了其实施的可操作性。

第3章　市场化政策工具的法律规制的理论基础

3.1　法治化背景下政策与法律的关系

政策，通常又被称为公共政策。公共政策学者将政策界定为：对一项行动的政治上的决议，目的在于解决政治日程上的包括经济、社会、环境等方面的问题，公共政策的形成可以通过政治辩论或者正式投票的方式来形成，都会涉及对于要实现的目标以及实现目标的手段两个方面内容。①

“政策”这一概念，在社会学、政治学、经济学、行政学、法学等多个学科都有涉及，但是不同学科对于政策的研究视角、方法和范式不尽相同。与其他学科相比而言，法学界对于政策的概念都限制在政党政策的意义上。在大部分法理学教材中，法学界所讨论的政策往往局限于政党政策，对于政策与法律的关系的认识上只是概括政党政策与国家法律的相互关系。② 在法治化的背景下，应当正确地梳理政策与法律的关

① 王绍光. 中国公共政策议程设置的模式[J]. 中国社会科学，2008(2)：42-56.

② 肖金明. 为全面法治重构政策与法律关系[J]. 中国行政管理，2013(5)：36-40.

系，既要防止政策对于法治的消极影响，又要避免法律与政策的分离。正确地理解和实践政策与法律的关系，应当在实践层面上关注政策向法律的适度转化，也要关注政策法的建设和法律政策的积极作用，更应当促进公共政策的过程化和程序化。具体而言，包括以下几种情形：一是将政策的概念等同于规范性文件，例如有的法理学教材中提到当代中国法的渊源包括："国家机关的决策和决定""国家和有关社会组织的政策"等。① 二是将政策的影响等同于政党政策的影响，例如有教材谈及法律的政治环境因素时，所论及的内容是执政党政策对于国家法律的影响。② 三是认为政策是高于制定法的主要法的渊源；这是长期奉行"政策治国"的必然结果，也是人治在法律渊源上的表现。③

除此之外，对于政策的误读体现在将政策与法律之间的关系简单化和对立化。法治的提出起初是对应人治和专治的，然而法治的对应面在不断扩大化，政策也被包含其中。由此，政策与法律被分离，甚至被对立起来，更有甚者将依政策办事与依法办事划分为人治与法治的对立关系。政策与法律关系的这种简单化倾向，不能正确和全面地反映客观存在的政策现象与法律状态。④

现代社会治理过程中，法律并不是唯一的和万能的。在推进法治建设的过程中，需要重新认识政策与法律的关系。一方面，不能将政策局限于党的政策；另一方面，不能将依政策办事理解为人治。即使在发达的法治社会，公共政策也具有法律所不可替代的作用，由政策一元化过渡到法律一元化带有法治理想主义色彩或者法律万能的倾向。在社会实践中，应当促使政策与法律的协调统一和相辅相成，共同推动公共生活和

① 马念珍. 对高校法理学教材改革之探讨[J]. 当代法学，2000(5)：6-7.

② 郑敬高，田野. 从"国家意志"到"行政法治"——在法律与政策关系上的泛法律观[J]. 中国地质大学学报(社会科学版)，2007(5)：99-103.

③ 周永生. 实现依政策治国到依法治国的历史转变[J]. 西南民族学院学报(哲学社会科学版)，2003(2)：235-236+1.

④ 肖金明. 为全面法治重构政策与法律关系[J]. 中国行政管理，2013(5)：36-40.

社会经济社会关系的进步，逐步推动法治成为国家治理的基本方式。①

在实践层面，政策与法律的关系可以具体化为三种现象：一是政策走向立法，最终实现政策向法律的转化；二是政策制定、实施和修订的法治化；三是法律框架内的政策促进法律的实施。② 归纳而言，政策的法律化是指立法的政策向制度上存在的政策转化，法律的政策化是指法律由规范性法律向措施性法律转化。③

政策向法律的转化是指在中国的社会发展实践中，党的政策是体现人民意志的重要媒介，对于立法活动产生了重要的引领和规范作用，也深刻地影响国家的法治进程。在有关经济改革和社会变革的重大问题上，党的政策发挥着重要作用，可以通过立法的形式，将成熟政策的内容予以法定化、固定化。政策及其实践可以作为立法的预备。同时，通过立法的形式规范执政党的正确决策，体现人民意志，保障中国法治的持续发展。④

政策制定、实施和修订的法治化。政策的制定、实施和修订应当贯彻法治思维，通过法律规范政策的形成和实施过程，有助于提高政策的科学性和民主性。经济学中，产业组织理论有一个经典命题，在一些垄断行业，例如通信、电力、能源等领域，很多政策主动地或者被动地被“俘获”。这些垄断权势主体通过游说等手段左右决策并且“俘获”政府部门及其制定的政策，他们的需求和偏好会在政策中得到充分体现。这样，政策就不能体现社会边缘人们的意志和利益诉求。⑤ 政策“俘获”

① 方世荣，孙才华. 关于政策与法律关系的再思考——从集中和反映人民意志的视角[J]. 湖北社会科学，2006(5)：15-19.

② 肖金明. 为全面法治重构政策与法律关系[J]. 中国行政管理，2013(5)：36-40.

③ 高秦伟. 行政过程中的政策形成——一种方法论上的追问[J]. 当代法学，2012，26(5)：38-46.

④ 方世荣. 论政策转化为法律的基础和条件[J]. 湖北行政学院学报，2006(4)：5-10.

⑤ 李健. 中国转轨时期政府俘获影响因素及形成机理研究[D]. 哈尔滨：哈尔滨工业大学，2012：18

现象往往是与政策制定过程的正当程序、公共参与、责任分配等方面密切相关。政策法治化能够进一步强化决策的主体法定、程序法定、责任法定等方面，这样可以避免国家和政府政策的部门化，又可以防止政策领域的"俘获政府"现象，从而最终保障政府政策的合法性和正当性。①

法律框架内的政策促进法律的实施。在一些实践当中，法律的制定和颁布并不能自给自足地完成落实，需要配套的政策来保障其实施。例如《可再生能源法》规定了多种制度，例如强制上网电价补贴，但是该制度的实施需要国务院部门出台相应的配套政策来细化和落实，才能让这部法律真正发挥实际作用。在这一层面上，政策是法律实施的工具，出台的民事政策、刑事政策等，形成一类相对独立的法律框架内的政策。

3.2 以市场化政策工具为载体的行政自由裁量权

从法学研究的角度来看，公共政策通常被视为政府进行公共行政的基本方式，市场化政策工具被视为政府行使行政自由裁量权的载体，市场化政策工具应当在宪政的体制框架下运用。行政主体在设计和运用市场化政策工具时具有行政自由裁量权。② 市场化政策工具并非行政自由裁量权的唯一载体，但行政自由裁量权是市场化政策工具的唯一内核。对于市场化政策工具的法律规制，从根本上来讲是对于载体为市场化政策工具的行政自由裁量权的规制。

《布莱克法律词典》将行政自由裁量权定义为行政主体在特定情况下依照职权以适当和公正的方式作为的权力。③ 英国著名法官霍尔斯伯认为自由裁量权应该是法定的和固定的，不是独断的和模糊的，必须在

① 叶卫平. 产业政策法治化再思考[J]. 法商研究，2013，30(3)：115-124.

② 冯威. 行政法视野中的公共政策研究[D]. 济南：山东大学，2012.

③ Bryan A Garner. Black's law dictionary[M]. West Group，2004：1405.

其所限制的范围内行使。① 王名扬认为自由裁量权是行政机关有很大的自由作出何种决定，可以是在各种可能采取的行动中进行选择，也可能是执行任务的方法、时间、地点或者侧重面，包括决定不采取行动。②由上述中外学者的观点可以总结出，行政自由裁量权是指行政主体根据法律规定的权限范围、基本原则和法律目的，在处理行政事务过程中的决定权和选择权。公共政策通常被视为政府行使行政自由裁量权的基本方式，市场化政策工具可以被视为行政自由裁量权的载体。③

由上述学术观点对于行政自由裁量权的定义，可以引申出行政自由裁量权的特征，主要包括三个方面：一是行政自由裁量权使用范围的广泛性。行政自由裁量权不仅仅限定于具体行政行为的范围之内，而且包括行政主体制定普遍性的行为规范。行政自由裁量权广泛存在于各种行政行为之中，也包括政府设计和运用的市场化政策工具之中。④ 二是行政自由裁量权具有从属性。行政自由裁量权作为行政权的核心，应当在法律的框架下予以行使，这里的法律主要是指权力机关所指定的行为规范，并不包含行政法规和部门规章。⑤ 三是行政自由裁量权的限定性。行政自由裁量权是一种有自由限度的法定权力，虽然行政机关可以根据具体情况、知识背景、道德习惯等因素发挥主观能动性，进行自由判断和斟酌决定，但是这种自由选择权具有一定的法律限度，不能够无限度地任意选择，而是应当受到制约，这种制约具体体现在权力范围、行使程序、法律目的等方面。⑥

---

① 王锡锌. 行政正当性需求的回归——中国新行政法概念的提出、逻辑与制度框架[J]. 清华法学，2009，3(2)：100-114.

② 王名扬，杨海坤. 英国行政法[J]. 比较法研究，1987(3)：73-76.

③ 冯威. 行政法视野中的公共政策研究[D]. 济南：山东大学，2012.

④ 张明杰. 行政自由裁量权及其法律控制[J]. 法学研究，1995(4)：13-18.

⑤ 姜明安. 论行政自由裁量权及其法律控制[J]. 法学研究，1993(1)：44-50.

⑥ 王锡锌. 行政自由裁量权控制的四个模型——兼论中国行政自由裁量权控制模式的选择[J]. 北大法律评论，2009，10(2)：311-328.

市场化政策工具是指政府为了实现预定的政策目标而设计和运用的，具有明显市场化特征(例如规划市场份额、引入市场价格机制、鼓励市场竞争、实施经济激励等)的方法、技术和手段。行政自由裁量权本质上表现为在法律框架内的决定权和选择权，市场化政策工具作为行政自由裁量权的载体，主要体现在以下几个方面：

一是市场化政策工具是行政自由裁量权实现的关键步骤。市场化政策工具是对要实现的政策目标的方案进行设计和选择。① 正确的市场化政策工具反映了人们的理性认识与客观规律接近的程度，行政自由裁量权正是通过市场化政策工具来予以实现。

二是市场化政策工具设计和运用的主体与行政自由裁量权的主体都具有一致性和法定性。一般情形下，享有行政权的国家机构是公共物品的提供者，也是市场化政策工具设计和运用的主体，其他没有行政权的组织只有根据宪法和法律的授权才能介入。② 在我国，行政权的主体是从中央政府到乡镇一级的人民政府，也是行使行政自由裁量权的主体，具备严格的法定性。③

三是市场化政策工具充分体现了行政自由裁量权内容的广泛性。行政权力在分权制度建立的初期，被严格限定在执行立法，随着授权原则的影响，行政职能逐步扩展，主要增加了行政机构自行立法和执行两项重要内容。④ 多样化的市场化政策工具随着行政自由裁量权内容的扩展体现到公共服务的各个领域。⑤

---

① 朱维究，胡卫列. 行政行为过程性论纲[J]. 中国法学，1998(4)：67-73.

② 陈振明. 非市场缺陷的政治经济学分析——公共选择和政策分析学者的政府失败论[J]. 中国社会科学，1998(6)：89-105.

③ 孙学玉，伍开昌. 当代中国行政结构扁平化的战略构想——以市管县体制为例[J]. 中国行政管理，2004(3)：79-87.

④ 季涛. 行政权的扩张与控制——行政法核心理念的新阐释[J]. 中国法学，1997(2)：78-88.

⑤ 王锡锌. 自由裁量权基准：技术的创新还是误用[J]. 法学研究，2008，30(5)：36-48.

四是市场化政策工具充分体现了行政自由裁量权行使结果的权威性。行政自由裁量权行使的过程是通过市场化政策工具来具体落实的，行政自由裁量一旦做出，市场化政策工具便具有权威性，社会中的各个主体，包括行使自由裁量权的行政主体都应当遵照执行。①

行政自由裁量权的异化是指行政自由裁量权的行使违背了设立行政自由裁量权的目的，违背了立法精神或者道德精神，违背了人民的根本利益。②“异化”是一个哲学词汇，是指事物的发展背离了其预设目的。③ 法学研究中引入行政自由裁量权的异化这一概念是为了表述行政自由裁量权的行使违背了其设立目的而出现的结果。④ 市场化政策工具所承载的自由裁量权在行使的过程中也会出现异化的情况，这是对市场化政策工具进行法律规制的原因。法律授权行政机关行使自由裁量权的根本目的是要求行政机关根据具体情况和对象作出合理而及时的选择和判断。⑤ 行政自由裁量权的滥用是指行政主体在行使自由裁量权时逾越了法律法规或者偏离了法律法规设立的目的、精神和公正合理原则，一般情况下其具体表现包括非正当考虑、对弹性法律条文做出限制性或者扩张性解释、反复无常和故意拖延等。⑥ 行政自由裁量权滥用的本质是行政自由裁量权的异化。行政自由裁量权异化的表现主要包括行政主体权力的约束性不足、行政主体利益的诱导性较强和公民权力保护的薄弱性明显。

从自由裁量权的定义中可以看出，自由裁量权的自由发挥有特定的

---

① 阎英. 论行政自由裁量权及其法律控制[J]. 行政与法，2010(5)：90-92.

② 陈洋庚. 控制行政自由裁量权异化的伦理向度[D]. 南昌：南昌大学，2008：12.

③ 侯才. 有关“异化”概念的几点辨析[J]. 哲学研究，2001(10)：74-75.

④ 高一飞. 反思司法潜规则[J]. 政法学刊，2005(4)：47-50.

⑤ 司久贵. 行政自由裁量权若干问题探讨[J]. 行政法学研究，1998(2)：29-35.

⑥ 孙德超. 论行政程序对行政自由裁量权滥用的控制[J]. 社会科学战线，2006(3)：171-174.

范围和空间，而且这种自由并非不受约束，能够保障自由真正实现的正是规则和秩序，只有在一定的秩序框架内按照规则办事，自由裁量权才会实现。① 然而，在现实环境中，自由裁量权脱离规则的约束而发生滥用的情况时有发生，其中很重要的原因是对于自由裁量权监督的约束性不足。② 以市场化政策工具为载体的行政自由裁量权，发生作用的领域一般也是法律缺位的领域，这就从制度上给予行政主体较大的自主权。即使上级行政主体对下级行政主体创制了对行政自由裁量权有约束性的规则，下级行政主体在实际执行过程中往往也会通过有利于自己的解释，规避或者选择性地执行市场化政策工具，使得原设的规则对于自由裁量权的约束性减弱。③

从立法角度来看，中国现行法律对于行政自由裁量权的规定过于笼统，没有直接的法律依据，导致行政自由裁量权的权限过于宽泛。在具体的可再生能源管理领域存在立法空白，关于行政自由裁量权的授权或约束并不存在。程序立法方面没有统一的程序法，缺乏对于行政自由裁量权的程序控制。④

根据公共选择理论的分析，政府即行政主体也是从经济理性的角度出发谋求自身的利益，具有趋利避害的倾向。⑤ 行政主体在市场化政策工具的设计和运用过程当中，也会根据自身的利益考量，选择符合自身利益的市场化政策工具予以执行，规避可能损害自身利益的市场化政策工具。行政主体自身利益的考量构成行政自由裁量权异化的主要内在驱

① 王锡锌. 行政自由裁量权控制的四个模型——兼论中国行政自由裁量权控制模式的选择[J]. 北大法律评论，2009，10(2)：311-328.

② 王英津. 论我国的行政自由裁量权及其滥用防范[J]. 国家行政学院学报，2001(3)：69-73.

③ 张树义. 行政主体研究[J]. 中国法学，2000(2)：79-85.

④ 崔卓兰，刘福元. 论行政自由裁量权的内部控制[J]. 中国法学，2009，28(4)：73-84.

⑤ 陈振明. 非市场缺陷的政治经济学分析——公共选择和政策分析学者的政府失败论[J]. 中国社会科学，1998(6)：89-105.

动原因。① 行政主体自身利益的诱导性，不仅可能使得行政主体在法律缺位的领域滥用权力，而且可能导致自由裁量权与合理规则的冲突，自由裁量权在利益的驱动下不断冲破规则的约束，导致合理规则的边界会被不断侵犯。② 更重要的是，行政主体的利益是无法消除的，必须通过一定的法律规制，把利益驱动的行政自由裁量权限制在合理范围之内，同时通过责任追究的方式加强对行政自由裁量权的惩罚性约束。

在实体法律和程序法律缺位的情况下，行政自由裁量权较少受到法律约束，行政自由裁量权的滥用就成为普遍存在的现象。③ 主要表现是：行政自由裁量权行使目的偏离法律授权，并非基于公正、合理的价值理念。行政自由裁量权的行使显失公正，行政主体在法定职权范围内实行行政管理时违反合理行政原则，对于不同对象区分对待。对于给个人或本单位带来经济利益的对象偏袒，在规定时限内加急办理某些事项；对于个人或单位没有经济利益甚至与己有隙的对象歧视对待，在规定的时限内故意拖延办理，利用被授予的解释进行扩大或者缩小解释。④

从权力与权利关系的角度来看，行政自由裁量权的行使需要考虑到相对应的公民合法权利。根据社会契约论的观点，公民基于治国安邦和需求公共物品，将治理的权力委托给自己的代表，也就是行政主体来行使。⑤ 行政主体作为公民的代理人，需要对委托的公民负责，保障行政

---

① 禤达宇，伍建卿. 论司法监督对行政自由裁量权的控制[J]. 当代法学，2003(9)：136-138.

② 刘燕. 走下“自由裁量权”的神坛 重新解读凯立案及“自由裁量权”之争[J]. 中外法学，2002，14(5)：540-570.

③ 王英津. 论我国的行政自由裁量权及其滥用防范[J]. 国家行政学院学报，2001(3)：69-73.

④ 姜明安. 论行政自由裁量权及其法律控制[J]. 法学研究，1993(1)：44-50.

⑤ 苏力. 从契约理论到社会契约理论——一种国家学说的知识考古学[J]. 中国社会科学，1996(3)：79-103.

自由裁量权的行使在法律的框架内进行，更不能损害公民权利。① 然而，在现实环境中，公民权利相对于政府权力而言往往出现失衡的状况，公民权利的边界不断遭受行政权力的侵犯，部分市场化政策工具的设计和运用往往会忽略甚至侵犯公民权利，难以实现公民权利和行政权力的制衡，两者之间的约束关系也不断弱化，最终导致公民权利的保护愈发薄弱。②

3.3 市场化政策工具的法律规制的内涵与功能

3.3.1 市场化政策工具的法律规制的内涵

规制这一复杂现象是经济学和法学的共同研究对象，两个学科从不同角度研究这一概念。③ 鉴于本书研究侧重于与经济学紧密相关的产业政策，经济学和法学领域内的规制概念是有必要回顾的。

经济学最普遍的分类是根据规制的性质不同，把规制分为经济性规制和社会性规制。④ 经济性规制主要关注政府在约束企业的定价、进入与退出等方面的作用，一般针对某种行业的“存在信息偏在的领域”。⑤ 这些领域是指因为规模经济、范围经济、资源稀缺性等原因，只有少数几家公司垄断的产业，包括电力、电信、铁路、能源、金融、保险等领域。经济性规制的方式主要包括：一是控制进入某一产业的企业数量，制定严格的准入门槛；二是控制准入企业的产品质量和定价标准；三是

① 应松年. 当代行政法发展的特点[J]. 中国法学，1999(6)：33-40.

② 董炯. 权利至上、制度设计及其运作——行政权与公民权平衡中的行政法[J]. 比较法研究，1998(3)：60-75.

③ 于立，肖兴志. 规制理论发展综述[J]. 财经问题研究，2001(1)：17-24.

④ 钟庭军，刘长全. 论规制、经济性规制和社会性规制的逻辑关系与范围[J]. 经济评论，2006(2)：146-151.

⑤ [日]植草益. 微观规制经济学[M]. 朱绍文，等，译. 北京：中国发展出版社，1992：27.

控制企业的产量，平衡消费者与生产者的利益；四是平衡规制主体与企业的信息对称，提高监督效率。① 对于中国光伏产业而言，该领域尚未出现被少数几家公司垄断的局面。相反，正是由于中国光伏产业现有的技术创新水平较低，大量企业涌入该产业，甚至造成光伏组件生产的产能过剩的局面。因此，经济性规制并不能对该产业的发展产生积极有效的作用。

从 18 世纪 90 年代开始，政府对于微观经济的干预不断增强，而社会性规制是在 20 世纪 60 年代末逐步开始实施的。② 近些年来，规制出现的趋势是对于公共卫生、居民安全和环境保护方面的规制出现高涨的局面，而在航空、铁路、金融、能源和电信领域出现放松经济性规制的趋势。③ 社会性规制主要是以保障居民生命健康安全、防止公害和保护环境为目的而进行的规制，主要针对经济活动中发生的外部性政策进行规制。④ 社会性规制是指环境卫生、消费者安全和生产者安全等领域。各个行业都存在类似问题，其严重性因行业而异。例如建筑业中存在灰尘污染等环境卫生问题，高空坠落等生产者安全问题，房屋倒塌等消费者安全问题。⑤ 对于中国光伏产业而言，该产业的发展尚未涉及居民生命健康安全、防止公害等领域，因此社会性规制对于光伏产业发展中的政策工具而言也不能适用。

在我国，存在着经济性规制的不到位以及规制越位并存的现象，主要表现在进入管制过严和竞争性管制不到位，需要规制的领域没有规制

---

① 刘畅，赵心锐. 论我国食品安全的经济性规制[J]. 理论探讨，2012(5)：98-101.

② 史铭鑫. 经济性规制的放松与社会性规制的加强[J]. 北方经济，2005(9)：54-55.

③ [美]费尔德斯坦. 20 世纪 80 年代美国经济政策[M]. 王健，等，译. 北京：经济科学出版社，2000：321.

④ [日]植草益. 朱微观规制经济学[M]. 绍文，等，译. 北京：中国发展出版社，1992：27.

⑤ 李时敏，肖兴志，李健军. 西方国家市场失灵与社会性规制[J]. 世界经济与政治论坛，2004(1)：83-86.

到位，造成企业存在恶性竞争的现象，不需要规制的领域又规制过多，限制企业竞争的同时造成垄断权力的滥用。① 社会性规制不能全面实现克服市场失灵的问题，特别是在市场机制无法发挥作用的领域，不能给企业创造公平的竞争环境。②

法律规制是从法学研究的角度重点研究规制的行政程序、执法程序和对规制机构行为的司法控制。③ 法律规制相较于灵活的产业政策而言，能够为产业政策的制定提供法律制度的约束。如果没有法律制度作为保障，政策制定的任意性可能会偏离原来的政策目的。换句话说，如果不对公共行政权力加以限制，产业政策可能会被政府官员认为是达成某种目的的便利手段。④ 在中国光伏产业发展过程中，经济性规制和社会性规制的不足，可以通过法律规制予以弥补。

市场化政策工具的法律规制主要是指为了保障依法设定的政策目标实现，防止行政自由裁量权的滥用，从立法、行政和司法等层面对市场化政策工具的内容设计和运用过程进行的控制。⑤ 市场化政策工具的法律规制，在理论和实践上都包含两方面的考量：合法性与合理性。合法性在这里指的是市场化政策工具的内容设计是否符合法律规定；合理性是指在市场化政策工具运用的过程当中实施方案是否合理、资源配置是否合理，等等。

---

① 史铭鑫. 经济性规制的放松与社会性规制的加强[J]. 北方经济，2005(9)：54-55.

② 李时敏，肖兴志，李健军. 西方国家市场失灵与社会性规制[J]. 世界经济与政治论坛，2004(1)：83-86.

③ 钟庭军，刘长全. 论规制、经济性规制和社会性规制的逻辑关系与范围[J]. 经济评论，2006(2)：146-151.

④ [美]E·博登海默. 法理学——法律哲学与法律方法[M]. 邓正来，译. 北京：中国政法大学出版社，1999：367.

⑤ 关于行政自由裁量权的滥用表现形式，有学者认为滥用包括：非正当考虑、对弹性法律条文任意扩张或者限制解释、反复无常以及故意拖延。参见王英津. 论我国的行政自由裁量权及其滥用防范[J]. 国家行政学院学报，2001(3)：69-73.

市场化政策工具的法律规制的主体是指对市场化政策工具的设计和运用进行监督和控制的组织，一般包括立法机关、司法机关和行政机关。①

从国际视野来看，由于不同国家的政治、经济和文化制度的差异，实际的市场化政策工具的法律规制主体有所不同，在不同的政策领域，法律规制主体的角色也会变化，其地位和发挥的作用也会有所差异。②在我国，对市场化政策工具进行法律规制的主体主要包括立法机关、司法机关和行政机关。③

立法机关主要通过立法权对行政自由裁量权进行监督和制约。④ 我国的人民代表大会是国家权力机关，不但依法享有立法权、重大事务的决定权、任免权，而且依法行使监督权。对于政府部门所设计的市场化政策工具，各级人民代表大会及其常务委员会通过听取工作报告、质询、调查、决议、撤职、撤销违宪和违法的法规命令，享有实现法律规制的制裁权。⑤

行政机关也是对市场化政策工具进行法律规制的主体。⑥ 从理论上来讲，市场化政策工具的设计者是天然的法律规制主体，即使不是直接的规制主体，两者之间也存在密切的联系。在我国的行政系统中，行政机关的规制主要来自于上级对于下级的监督以及专门机构的监督。上级行政机关对下级运用市场化政策工具的情况起着及时监管的作用，防止下级行政机关选择性运用市场化政策工具。下级行政机关在特定情况

---

① 蔡定剑. 国家权力界限论[J]. 中国法学，1991(2)：54-61.

② 张千帆. 行政自由裁量权的法律控制——以美国行政法为视角[J]. 法律科学：西北政法学院学报，2007(3)：105-116.

③ 王英津. 论我国的行政自由裁量权及其滥用防范[J]. 国家行政学院学报，2001(3)：69-73.

④ 周汉华. 变法模式与中国立法法[J]. 中国社会科学，2000(1)：91-102.

⑤ 郭道晖. 论国家立法权[J]. 中外法学，1994，6(4)：9-19.

⑥ 王全兴，管斌. 市场化政府经济行为的法律规制[J]. 中国法学，2004(1)：104-119.

下，也可以对上级不合理的市场化政策工具提出建议。① 我国行政机关中还设立了进行监督的专门机构，例如监察部门、审计部门等机构，这些机构对行政机关运用市场化政策工具的行为进行自我规制。②

司法机关主要通过司法权对行政自由裁量权进行监督和制约。司法机关对市场化政策工具进行法律规制的主要目的是保护公民的合法权利，使得公民合法权益不受侵犯。具体体现在市场化政策工具的运用过程及相关行政行为是否符合法定程序。③

市场化政策工具的法律规制，针对的是市场化政策工具设计和运用的整个过程。④ 市场化政策工具经过科学和民主程序设计之后，需要通过行政机关进行运用。⑤ 对于市场化政策工具的法律规制，首先要对市场化政策工具内容的合法性和可行性进行监督。市场化政策工具的合法性包括符合法律规定并得到市场化政策工具所运用的对象即民众的同意与支持。一方面，市场化政策工具必须与宪法和法律精神一致，符合法定设计程序；另一方面，市场化政策工具需要得到利益相关者的知情同意，并且符合社会公共利益。⑥ 市场化政策工具的可行性主要是指市场化政策工具的设计需要符合地区的实际情况，防止个别地方为了追求短期利益而脱离本地实际，最终造成资源的极大浪费。⑦

市场化政策工具设计和运用的主体即相关的行政机关在具体运用过

① 姜明安. 论行政自由裁量权及其法律控制[J]. 法学研究，1993(1)：44-50.

② 胡宁生. 构建公共部门绩效管理体系[J]. 中国行政管理，2006(3)：18-21.

③ 孙笑侠. 司法权的本质是判断权——司法权与行政权的十大区别[J]. 法学，1998(8)：35-37.

④ 孙曙生，刘涛. 论行政公共权力的限度及其法律规制——以政府参与房屋拆迁案为对象的考察[J]. 国家行政学院学报，2007(1)：82-85.

⑤ 宋德勇，卢忠宝. 我国发展低碳经济的政策工具创新[J]. 华中科技大学学报(社会科学版)，2009，23(3)：85-91.

⑥ 莱斯特·M. 萨拉蒙，李婧，孙迎春. 新政府治理与公共行为的工具：对中国的启示[J]. 中国行政管理，2009(11)：100-106.

⑦ 徐淑一，殷明明，陈平. 央行货币政策工具调控房地产价格的可行性[J]. 国际金融研究，2015，339(2)：35-44.

程中存在着多种样态的利益冲突，包括中央层面与地方层面的利益冲突，不同地域之间行政机关的利益冲突，也有运用主体与运用对象之间的冲突。① 一般情况下，市场化政策工具的内容设计主体和运用主体的角色是分离的，从经济理性的角度来看，市场化政策工具的运用者在实际中会根据自身利益而调整市场化政策工具，导致市场化政策工具在实际运用过程中的曲解、规避，甚至不执行。② 为了保证市场化政策工具运用主体的行为符合法律规范，避免市场化政策工具运用不到位，需要加强对市场化政策工具运用主体行为的规制。

对于市场化政策工具运用效果的规制贯穿于整体过程。一项市场化政策工具的设计和运用，特别需要从中央层面到地方层面自上而下推行，其最终发挥效果一般需要一定的时间过程，其效果的实现事实上是由一系列阶段性的成果汇集而成的。③ 对于市场化政策工具运用效果的规制，不但要以最终的效果为对象，而且要对市场化政策工具运用过程中的阶段性成果予以规制，同时可以判断市场化政策工具运用的进度和方向，及时纠正偏差。

3.3.2　市场化政策工具的法律规制的功能

市场化政策工具的法律规制的功能主要有两方面：一是保障市场化政策工具内容设计的合法性，二是促进市场化政策工具实际运用的有效性。

保障市场化政策工具内容设计的合法性，是指规制行政自由裁量权的行使，使其不损害公民的合法权利；市场化政策工具所承载的行政自由裁量权受到司法权力的监督和制约，可以通过权力合理配置和划分，

① 于立深. 行政立法过程的利益表达、意见沟通和整合[J]. 当代法学，2004，18(2)：26-40.

② 高利红，余耀军. 环境民事侵权适用惩罚性赔偿原则之探究[J]. 法学，2003(3)：106-112.

③ 郑鹏程. 论我国自然垄断行业的垄断特征与法律规制[J]. 法学评论，2001(6)：32-37.

形成相互制约、相互促进的权力平衡状态，有利于促进合理的民主政治建设。①

促进市场化政策工具实际运用的有效性，是指纠正市场化政策工具实际运用过程中的偏差，促进政策目标的实现。市场化政策工具的最终目的是达成政策目标的实现，市场化政策工具往往以最低的成本追求最大的成效，通过法律规制，可以发现市场化政策工具运用过程中所出现的偏差并且及时纠正，从而最终保障政策目标的实现。②

正如孟德斯鸠所言："一切有权力的人都容易滥用权力，这是万古不变的一条经验。有权力的人民使用权力直到有界限的地方才休止。"③行政自由裁量权作为一种权力，其最大的问题是在行使过程中容易被滥用。④ 作为行政自由裁量权的载体，市场化政策工具也会出现消极的样态。根据上述政策与法律的关系，对于市场化政策工具的法律规制主要从三个层面展开：

1. 立法层面

一般来讲，立法层面的规制包括两个方面。一是立法机关通过立法活动进行规制，另一方面是立法机关通过立法监督进行规制。本书的研究主题主要关注具体的光伏产业发展中的市场化政策工具，对于该领域的实体立法尚属空白，需要更多的从立法内容方面进行研究，因此本书更注重于研究立法机关通过立法活动进行规制。在特定的情形下，运用成熟的市场化政策工具可以转化为立法。政策向法律的转化是指在中国的社会发展实践中，政策是体现人民意志的重要媒介，对于立法活动产生了重要的引领和规范作用，也深刻地影响国家的法治进程。在有关经

---

① 石佑启，邓搴. 论法治视野下行政权力纵向上的合理配置[J]. 南京社会科学，2015(11)：91-97.

② 杨英杰. 货币政策的目标选择与政策工具实施问题[J]. 理论前沿，2002(16)：40-41.

③ [法]孟德斯鸠. 论法的精神(上册)[M]. 张雁深，译. 北京：商务印书馆，1963：154.

④ 司久贵. 行政自由裁量权若干问题探讨[J]. 行政法学研究，1998(2).

济改革和社会变革的重大问题上，政策发挥着重要作用，可以通过立法的形式，将成熟政策的内容予以法定化、固定化。政策及其实践可以作为立法的预备。同时，通过立法的形式规范市场化政策工具，体现人民意志，保障中国法治的持续发展。①

行政主体的行政自由裁量权的获得途径主要是通过立法机关的立法活动授予的，② 因而在行政自由裁量权设立阶段进行立法规制是规制行政自由裁量权最根本的措施。正如上文所述，对于具体光伏领域的实体立法空白是导致行政自由裁量权缺乏约束的主要原因，同时程序法律制度的缺位也促成了行政自由裁量权的滥用。因此，立法层面的规制主要从实体法和程序法两方面进行。

实体立法方面主要是促进市场化政策工具法律化。首先要对立法授权的权限范围做出合理和科学的划定。这里需要解决的矛盾之一是调节行政自由裁量权的扩张与规制行政自由裁量权滥用之间的矛盾。现代国家的发展要求行政权不断扩张，行政自由裁量权的规制难度就会增大，但行政自由裁量权的范围过小会使得行政主体难以应对快速发展的社会需求。因此，应当在立法过程中寻找平衡点。在实践当中，立法机关一方面应当对必须授予的行政自由裁量权进行授予，对不合时宜的行政自由裁量权予以限制，通过科学的立法对行政自由裁量权的范围和边界作出规定。③ 另一方面需要对授权方法进行完善，囿于立法技术和社会发展的限制，以往的立法存在宜粗不宜细的状况，导致法律条文有较多的弹性条款，欠缺可操作性，应当通过具体的立法内容对这些缺陷予以补充和修改。④ 除此之外，对于涉及公民权利的市场化政策工具，鉴于公

---

① 方世荣. 论政策转化为法律的基础和条件[J]. 湖北行政学院学报，2006(4)：5-10.

② 崔卓兰. 析行政自由裁量权的过度规则化[J]. 行政法学研究，2008，62(2)：16-20.

③ 张泽想. 论行政法的自由意志理念——法律下的行政自由裁量、参与及合意[J]. 中国法学，2003(2)：173-184.

④ 万其刚. 对“宜粗不宜细”的新思考[J]. 法学杂志，1997(6)：39.

民权利保护的薄弱性，应当慎重选择，从立法内容上合理控制其所承载的行政自由裁量权。①

市场化政策工具应当通过立法解释逐步规范化。立法机关对于市场化政策工具的立法，应当详细、完备和科学地制定规则，促进从法律源头减少自由裁量的空间。立法机关在一定的历史阶段内受限于立法知识和立法技术的局限性，可能无法准确预见未来社会发展的状况，立法规范不可能事无巨细地把所有问题涵盖，因而制定的法律规范难免有滞后性。② 立法机关可以通过立法解释及时补充立法规范，对行政自由裁量权进行明确界定。在中国的语境下，立法解释可以采用广义的概念，既包括全国人大常委会对于需要进一步明确界限或者补充的有关市场化政策工具的法律内容进行解释，也包括国务院及其主管部门对与市场化政策工具相关的行政法规进行解释，同时也包括省、自治区、直辖市和有地方立法权的地方人大常委会对自己制定的与市场化政策工具相关的地方性法规进行解释。三个层面的立法解释应当配合法律内容及时进行调整。③ 由此，立法主体的立法解释有助于配套和落实法律规范，促进市场化政策工具的设计和运用，从根本上有效地制约行政自由裁量权的滥用。

程序立法可以促进市场化政策工具的设计和运用程序化。法律对于市场化政策工具的实体内容的规范是不能穷尽的，也会随着市场化政策工具新的发展产生滞后性，日益扩大的行政自由裁量权反映出实体法律规范对于行政自由裁量权控制的薄弱。因此对市场化政策工具的设计和运用进行程序上的立法，即对行政自由裁量权的运行程序进行立法规范，可以防止由于程序原因损害公民的合法权利。④ 程序立法应当合理规范以市场化政策工具为载体的行政自由裁量权的行政程序。行政程序

① 钱静．我国人事行政救济制度初论[J]．行政与法，2004(1)：62-63.

② 陈斯喜．论立法解释制度的是与非及其他[J]．中国法学，1998(3)：63-70.

③ 蔡定剑，刘星红．论立法解释[J]．中国法学，1993(6)：36-43.

④ 陈丽芳．论行政程序对行政自由裁量权的控制[J]．河北法学，2000(4)：30-34.

是行政主体设计和运用市场化政策工具的时间与空间上的方式，是市场化政策工具运用遵守的步骤和方式。① 行政自由裁量权正是通过市场化政策工具在时间、空间、步骤和方式上予以行使的。所以，合理的行政程序可以保障行政自由裁量权的具体运作。市场化政策工具的设计和运用的程序应当根据法律、法规予以进行，这一过程中要遵循程序公开和公正原则。行政程序公开原则要求以市场化政策工具为载体的行政自由裁量权行使的法律依据、适用条件、运用过程、运用的目的、运用的结果公开，特别是涉及公民权益和公共利益的领域，应该通过规范的公开程序来保证行政自由裁量权的行使。② 程序公正原则要求行政主体对待行政相对人秉承公正的理念，保障行政自由裁量权的合理使用，促进市场化政策工具的合理设计和运用。③

2. 行政层面

行政规制是通过行政主体内部的监督机制对行政自由裁量权进行监督。以市场化政策工具为载体的行政自由裁量权的行政规制，表现形式包括内部和外部两个方面。内部规制主要包括上级机关对下级机关的监督、行政复议机关的监督和行政监察部门监督等方面。④ 外部规制主要是指行政主体通过行政行为对市场化政策工具的设计和运用予以规范，从而达到限制行政自由裁量权滥用的目的，主要包括行政许可、行政指导和行政监管。⑤

内部规制中上级机关对下级机关的工作监督，是按照行政隶属关系

① 王万华. 统一行政程序立法的破冰之举——解读《湖南省行政程序规定》[J]. 行政法学研究，2008(3)：115-121.

② 章剑生. 论行政程序法上的行政公开原则[J]. 浙江大学学报(人文社会科学版)，2000，30(6)：100.

③ 王锡锌. 正当法律程序与“最低限度的公正”——基于行政程序角度之考察[J]. 法学评论，2002(2)：23-29.

④ 陈丽芳. 论行政程序对行政自由裁量权的控制[J]. 河北法学，2000(4)：30-34.

⑤ 莫于川. 行政指导救济制度研究[J]. 法学家，2004(5)：130-136.

由上级行政机关监督下级行政机关合法、合理行使法定或委托的职权，可以改变或者撤销下级行政机关违法或者不当的行为。上级机关可以要求下级机关说明运用市场化政策工具的事实根据和法律依据，解释和说明行使自由裁量权的标准和结果，能够及时有效控制行政自由裁量权的滥用。① 行政复议机关监督是行政相对人的主要救济途径。行政复议可以纠正和防止违法和不当的行政行为，限制行政自由裁量权的滥用，从而保护行政相对人的合法权益。行政复议发挥了对行政主体监督和对行政相对人救济的作用。② 行政监察部门监督是国家行政监察机关根据法定权力，对行政机关和公务员行使职权的行为是否合法积极行政法律实施效果监督的制度。中国行政监察部门监察对象包括除国务院以外行政机关及其工作人员，监察范围包括遵守和执行法律法规以及人民政府的决定命令过程中存在的问题，包括对违纪行为的控告、检举和处理，对行政处分决定的申诉，等等。行政监察部门可以对监察对象予以惩处，对不当行政行为提出撤销和改变建议。监察机关拥有独立监察的权力，这对于以市场化政策工具为载体的行政自由裁量权的监督提供了强有力的手段。③ 内部规制除了行政主体之间的监督之外，还应当加强相应的行政制度建设，主要包括行政责任追究制度和信赖保护制度。行政责任追究制度是保障行政机关及其工作人员积极行使行政自由裁量权，履行法定职责的制度。通过明确奖惩标准和程序，使行政自由裁量权的行使者不得滥用权力，责任追究的形式包括首长负责制和公务员执法责任制。④ 信赖保护制度是指行政主体需要遵循信赖保护原则，不得随意变更或撤销已经做出的行政行为，如果确实需要变更和撤销行政行为，在行政相对人无过错的前提下，行政主体必须合理补偿行政相对人的损失。⑤

---

① 马一超. 行政层级监督法律问题研究[J]. 中国集体经济，2011(21).

② 张淑芳. 规范性文件行政复议制度[J]. 法学研究，2002(4)：18-35.

③ 张心泉. 论行政监察制度的改革与完善[J]. 海峡法学，2003(2)：66-69.

④ 顾爱华. 中国公共行政责任与追究制度探讨[J]. 中国行政管理，2002(8)：24-25.

⑤ 周维峰. 论行政法信赖保护原则[J]. 政法论丛，2003(2)：77-80.

外部规制主要是指在市场化政策工具的运用过程中，可以通过行政许可、行政监管和行政指导等方式来规范市场化政策工具的运用，从而规范行政自由裁量权的行使。行政法视野下的公共政策通常被视为政府进行公共行政的基本方式，市场化政策工具被视为政府行政自由裁量权的载体，强调市场化政策工具应当在宪政的体制框架下运用。① 在一些实践当中，法律的制定和颁布并不能自给自足地完成落实，需要配套的政策来保障其实施。例如，《可再生能源法》规定了多种制度，包括强制上网电价补贴，但是该制度的实施需要国务院部门出台相应的配套政策来细化和落实，才能让这部法律真正发挥实际作用。

3. 司法层面

为了有效规制行政主体行使以市场化政策工具为载体的行政自由裁量权，司法规制是在立法规制和行政规制无法胜任规制行政自由裁量权时的最后一道保障。② 司法规制的具体方式是对行政自由裁量权进行司法审查，包括事实问题的审查和法律问题的审查。司法规制的实现可以通过事中规制和事后规制进行，主要是指在法律框架内通过审查行政自由裁量权的行使是否遵循了法律所明确规定的界限、程序和条件等，防止行政自由裁量权的滥用。③ 具体到光伏产业发展中的市场化政策工具而言，是审查市场化政策工具的设计和运用是否遵循了实体立法所确立的界限、程序和条件。司法审查的内容主要分为对光伏产业发展中市场化政策工具设计和运用的事实问题的审查和法律问题的审查。第一是审查市场化政策工具设计和运用的法律依据。考虑行政主体是否具有法律法规的授权，如果有授权，要审查行政主体的行为是否超过授权范围。第二是审查市场化政策工具的设计和运用是否符合立法目的。以市场化政策工具为载体的行政自由裁量权不能背离公共利益，不能违背特定法

---

① 冯威. 行政法视野中的公共政策研究[D]. 济南：山东大学，2012：150.

② 胡亚球，陈迎. 论行政自由裁量权的司法控制[J]. 法商研究，2001(4)：55-63.

③ 尹友中. 论对行政自由裁量权的司法审查[J]. 行政与法，2002(2)：15-16.

律的立法意图，不得背离善意的动机。第三是审查市场化政策工具的内容。具体包括审查行政主体是否故意拖延履行法定职责和是否在法定范围内作出显失公平的裁决。第四是审查市场化政策工具设计和运用的程序。① 市场化政策工具的设计和运用是实体性与程序性的统一，程序可以限制行政自由裁量权的滥用，保障公民合法权益，并最终促进行政自由裁量权的有效行使。

上述三个层面的法律规制能够独立发挥作用，也需要相互配合形成有机的整体，通过对市场化政策工具在立法、行政和司法层面的规制，最终有效制约行政自由裁量权。

3.4 本 章 小 结

在实践层面，政策与法律的关系可以具体化为三种现象：一是政策走向立法，最终实现政策向法律的转化；二是政策制定、实施和修订的法治化；三是法律框架内的政策促进法律的实施。法律规制是从法学研究的角度重点研究规制的行政程序、执法程序和对规制机构行为的司法控制。② 对于产业政策而言，法律规制相较于灵活的产业政策而言，能够为产业政策的制定提供法律制度的约束。如果没有法律制度作为保障，政策制定的任意性可能会偏离原来的政策目的。换句话说，如果不对公共行政权力加以限制，产业政策可能会被政府官员认为是达成某种目的的便利手段。③

市场化政策工具并非行政自由裁量权的唯一载体，但行政自由裁量

① 王振宇，郑成良．对自由裁量行政行为进行司法审查的原则和标准[J]．法制与社会发展，2000(3)：11-16.

② 钟庭军，刘长全．论规制、经济性规制和社会性规制的逻辑关系与范围[J]．经济评论，2006(2)：146-151.

③ ［美］E. 博登海默．法理学——法律哲学与法律方法[M]．邓正来，译．北京：中国政法大学出版社，1999：367.

权是市场化政策工具的唯一内核。对于市场化政策工具的法律规制，从根本上来讲是对于载体为市场化政策工具的行政自由裁量权的规制。市场化政策工具作为行政自由裁量权的载体，主要体现在以下几个方面：一是市场化政策工具是行政自由裁量权实现的关键步骤；二是市场化政策工具设计和运用的主体与行政自由裁量权的主体都具有一致性和法定性；三是市场化政策工具充分体现了行政自由裁量权内容的广泛性；四是市场化政策工具充分体现了行政自由裁量权行使结果的权威性。市场化政策工具在运用中出现的消极样态，也是行政自由裁量权异化的体现，具体表现在行政主体权力的约束性不强、行政主体利益的诱导性强烈和公民权利保护的薄弱。对于市场化政策工具的法律规制的题中之意是对于行政自由裁量权的规制。

市场化政策工具的法律规制主要是指为了保障依法设定的政策目标实现，防止行政自由裁量权的滥用，从立法、行政和司法等层面对市场化政策工具的内容设计和运用过程进行的控制。市场化政策工具的法律规制，在理论和实践上都包含两方面的考量：合法性与合理性。合法性在这里指的是市场化政策工具的内容设计是否符合法律规定；合理性是指在市场化政策工具运用的过程当中实施方案是否合理、资源配置是否合理等。市场化政策工具的法律规制的功能主要有两方面：一是保障市场化政策工具内容设计的合法性，二是促进市场化政策工具实际运用的有效性。市场化政策工具的法律规制的主体是指对市场化政策工具的设计和运用进行监督和控制的组织，一般包括立法机关、司法机关和行政机关。市场化政策工具的法律规制的客体是指法律规制的对象，针对的是市场化政策工具设计和运用的整个过程。具体而言，主要包括：市场化政策工具内容设计的合法性和可行性，市场化政策工具设计和运用的主体，市场化政策工具运用效果的有效性。

对于市场化政策工具的法律规制，从根本上来讲是对于体现为市场化政策工具的行政自由裁量权的规制。对于市场化政策工具的法律规制主要从三个层面展开：一是立法层面。本书的研究主题主要关注具体的光伏产业发展中的市场化政策工具，对于该领域的实体立法尚属空白，需要更多的从立法内容方面进行研究，因此本书更注重于研究立法机关通过立法活动对行政自由裁量权进行规制。实体立法方面，在特定的情形下，运用成熟的市场化政策工具可以转化为立法。程序立法方面，应当合理规范以市场化政策工具为载体的行政自由裁量权的行政程序。二是行政层面。行政规制是通过行政主体内部的监督机制对行政自由裁量权进行监督。以市场化政策工具为载体的行政自由裁量权的行政规制，表现形式包括内部和外部两个方面。内部规制主要包括上级机关对下级机关的监督、行政复议机关的监督和行政监察部门监督等方面。① 外部规制主要是指行政主体通过行政行为对市场化政策工具的设计和运用予以规范，从而达到限制行政自由裁量权滥用的目的，主要包括行政许可、行政指导和行政监管。② 三是司法层面。为了有效规制行政主体行使以市场化政策工具为载体的行政自由裁量权，司法规制是在立法规制和行政规制无法胜任规制行政自由裁量权时的最后一道保障。③ 司法规制的具体方式是对行政自由裁量权进行司法审查，包括事实问题的审查和法律问题的审查。

① 陈丽芳. 论行政程序对行政自由裁量权的控制[J]. 河北法学，2000(4)：30-34.

② 莫于川. 行政指导救济制度研究[J]. 法学家，2004(5)：130-136.

③ 胡亚球，陈迎. 论行政自由裁量权的司法控制[J]. 法商研究，2001(4)：55-63.

第4章 中国光伏产业发展中市场化政策工具的法律规制诉求

中国光伏产业发展中市场化政策工具的法律规制诉求，首先要考虑保障市场化政策工具内容设计的合法性和促进市场化政策工具实际运用的有效性。具体目标是克服中国光伏产业创新系统发展的障碍，同时应考虑应对全球气候变化的国际公约框架的影响。

保障市场化政策工具内容设计的合法性，是指规制行政自由裁量权的行使，使其不损害公民的合法权利；市场化政策工具所承载的行政自由裁量权受到司法权力的监督和制约，可以通过权力合理配置和划分，形成相互制约、相互促进的权力平衡状态，有利于促进合理的民主政治建设。中国光伏产业发展中现行的多种市场化政策工具分为以下几种。总量目标规划：政府采用法律或政策形式对可再生能源的市场份额作出具体规定，具体表现在可再生能源及其生产的电力在国家整体能源消费结构和用电来源结构中占据一定的比例;①强制上网电价补贴：政府为鼓励发展可再生能源发电产业而强制要求电网企业对于可再生能源电力以规定价格进行收购的制度;② 费用分摊：为了解决太阳能光伏发电电力较高价格与常规能源发电电力较低价格的差距问题，将价格差额附加

① 李俊峰，王仲颖. 中华人民共和国可再生能源法解读[M]. 北京：化学工业出版社，2005：16.

② Zhi Q, Sun H, Li Y, et al. China's solar photovoltaic policy: an analysis based on policy instruments[J]. Applied Energy, 2014, 129: 308-319.

在销售电价中分摊的制度;① 税收优惠：对于中国太阳能光伏产业而言，税收优惠体现在关税、增值税和企业所得税方面，具体形式是减税和免除税收。② 上述政策工具在实际运用的过程中，存在着不少问题，应当针对这些问题对市场化政策工具内容的设计进行立法上的调整。对于发达国家已经发展成熟的光伏产业市场化政策工具，也应当根据我国实际情况予以法律化。成熟的新兴市场化政策工具包括：碳排放交易、绿色能源证书交易、净计量电价等。

促进市场化政策工具实际运用的有效性，是指纠正市场化政策工具实际运用过程中的偏差，促进政策目标的实现。市场化政策工具最终的目的是达成政策目标的实现，市场化政策工具往往以最低的成本追求最大的成效，通过法律规制，可以发现市场化政策工具执行过程中所出现的偏差并且及时纠正，从而最终保障政策目标的实现。中国光伏产业发展中的市场化政策工具在实际运用过程中，应当明确其目的性，其终极目标是保障能源供应安全，实现经济可持续发展的目标。能源供应安全一直是世界各国关注的焦点，是国家安全体系的一个重要方面，能源安全的核心是稳定的能源供应和合理的能源价格。目前世界各国都致力于通过法律规制的手段来推动可再生能源的发展，减少对传统能源的依赖，扩展能源供应渠道，避免能源供给不足造成的经济问题。③ 由此，太阳能光伏产业发展中政策工具的法律规制的目标也包括保障能源的供应安全。随着气候变暖和能源短缺问题的日益严峻，能源安全从简单的能源供应安全扩展到能源生态安全，经济因素并不是法律规制的唯一目

① Liu D, Shiroyama H. Development of photovoltaic power generation in China: a transition perspective[J]. Renewable and Sustainable Energy Reviews, 2013, 25(5): 782-792.

② 杨解君，赖超超. 我国太阳能开发利用的现状及其立法诉求[J]. 甘肃政法学院学报，2008(2)：67-73.

③ Westberg C J, Johnson F X. The path not yet taken: bilateral trade agreements to promote sustainable biofuels under the EU renewable energy directive[J]. Environmental Law Reporter: News & Analysis, 2014, 44(7), : 10607-10629.

的，环境保护也是法律规制的重要目标。有学者认为能源安全的目标是通过增加竞争力和减少环境恶化来保障可靠的能源服务。① 因此，通过法律规制来引导公民绿色消费，发展太阳能光伏能源，改变能源消耗结构，应对气候变化所带来的挑战，最终实现经济的可持续发展。

中国光伏产业发展中市场化政策工具的运用，其直接目的是促进光伏产业创新和技术进步。从发达国家光伏产业发展的成功经验来看，其最主要的原因是国家政策工具对于光伏技术创新的大力支持，最终促进了光伏产业创新系统的发展。例如，日本在第一次石油危机爆发之后，为开发可再生能源制定新阳光计划，专项支持针对光伏技术的研发，直到目前为止，日本光伏产业的各项技术仍旧世界领先。相对而言，中国对于光伏产业的技术研发的重视程度较低。现有的法规和政策工具中没有明确的关于技术支持的规定，即使部分字眼提到了促进光伏技术发展，在实际操作中也过于笼统，并没有侧重领域。因此，在制定促进光伏产业创新的法律规制制度时，应当首先考虑促进光伏产业中的技术研发与创新。第一，促进多晶硅提纯技术以及多晶硅硅片等关键设备的制造技术研发。第二，加强对于太阳能电池技术的研发，特别是要开发新一代的太阳能薄膜电池。第三，促进并网发电技术的研发。国外的光伏发电系统主要是光伏并网发电系统和建筑综合光伏发电系统，而并网发电系统的使用最为广泛。中国由于技术上的落后，并网发电的累积安装量仍然较小。

光伏产业创新系统发展之初，政策工具起着主导性的作用。政府作为制度的供给者，通过市场化政策工具的法律规制，消除阻碍产业创新系统发展的“市场失灵”“政府失灵”和“系统失灵”，促进光伏产业的技术知识在整个社会经济领域内不断创新、流转、扩散和应用，从而实现促进光伏产业健康发展的目标。在光伏产业创新系统发展的过程中，面临着众多的障碍，这些障碍的理论分析是实施对市场化政策工具的法律

① Asif M, Muneer T. Energy supply, its demand and security issues for developed and emerging economies[J]. Renewable & Sustainable Energy Reviews, 2007, 11(7): 1388-1413.

规制的理论依据。新古典经济学理论认为，政府干预产业创新系统的合理性在于市场失灵，即创新的外部性和公共品属性等导致市场机制无法实现资源的最有配置。① 新古典理论主张政府通过政策工具的自主研发、实施知识产权保护等措施来提高企业技术创新的收益，从而鼓励企业更多地进行研发投入。创新系统理论认为，阻碍技术创新的因素更为复杂，从创新系统理论出发，这些障碍因素可以分为宏观障碍因素和微观障碍因素。宏观障碍因素一般是指技术和制度的锁定或者路径依赖，微观障碍因素一般是指创新主体的行为决策和信息交流，创新理论通常将这些障碍因素概括为创新系统内的系统失灵。市场失灵和系统失灵是密切相关的，但理论分析的侧重点和角度不同。Foxon 和 Pearson 认为，在很多情况下系统失灵的概念和市场失灵的思想所导向的政策方案是相同的或同一的，但这两种概念及其方法有本质的不同。市场失灵的干预建立于经济效率最大化之上，其目标是创立理想的市场化解决方案。而系统失灵的概念是建立在提供连续的框架以便讨论政策干预的正当合理性，这些讨论很难在市场失灵的思想下展开。② 因此，在讨论光伏产业创新系统发展的障碍时，新古典经济学理论和创新系统理论都有重要的意义，都是政府干预低碳经济的理论根据。技术创新的各种障碍或者失灵为人们理解采用法律规制市场化政策工具提供了重要的参考。

4.1 中国光伏产业创新系统的要素——基于产业创新系统理论中要素构成框架的实证分析

产业创新系统的要素主要包括制度要素、参与者要素和网络要素。产业创新系统的最主要功能是通过运用政策工具，促进各个要素之间有

① 李纪珍，邓衢文，高旭东，等. 系统失灵视角下的技术创新服务平台功能设计[J]. 科学学与科学技术管理，2010，31(9)：77-83.

② Foxon T, Pearson P. Overcoming barriers to innovation and diffusion of cleaner technologies：some features of a sustainable innovation policy regime [J]. Journal of Cleaner Production, 2008, 16(18)：S148-S161.

机结合以及各主体要素之间有机联动。① 产业创新系统的基本理论为分析中国的光伏产业创新系统提供了借鉴的理论框架，根据该理论框架，中国光伏产业创新系统的要素分析如下。

4.1.1 制度要素

不同的产业创新系统具有不同的制度要素。制度包括政策工具、法律、规范、常规、共同习惯、既定惯例、规则、标准等。② 制度包含着多种不同的类型，在中国，影响光伏产业创新系统发展的制度因素很多，主要包括发展规划、相关法律、政策、标准等，如表4-1所示。

表4-1 影响中国光伏产业创新系统发展的主要中央政府政策文件

类别	时间	文件名称	发布单位	主要内容
发展规划	2006	国家中长期科学和技术发展规划纲要（2006—2020）	国务院	将能源列为国家科技发展的重点领域，将可再生能源低成本规模化开发利用确定为优先主题。在这一优先主题下，将光伏技术确定为重点研究内容，包括高性价比太阳光伏电池及利用技术、太阳能热发电技术、太阳能建筑一体化技术
	2007	可再生能源中长期发展规划	国家发展和改革委员会	到2010年，太阳能发电总容量达到30万千瓦，到2020年达到180万千瓦。建设重点是：(1)采用户用光伏发电系统或建设小型光伏电站，解决偏远地区无电村和无电户的供电问题；(2)在大中城市建设与建筑物一体化的屋顶太阳能并网光伏发电设施；(3)建设较大规模的太阳能光伏电站和太阳能热发电电站；(4)扩大光伏发电在通信、气象、长距离管线、铁路、公路等领域的应用

① Högselius P. Telecommunications in estonia: the making of a sectoral innovation system[R]. Druid Winter Conference in Aalborg, 2002.

② Malerba F. Sectoral systems of innovation and production[J]. Research Policy, 2002, 31(2): 247-264.

续表

类别	时间	文件名称	发布单位	主要内容
发展规划	2008	可再生能源发展“十一五”规划	国家发展和改革委员会	(1)开展无电地区电力建设。建设户用光伏系统和小型光伏电站 10 万千瓦；(2)启动光伏发电城市应用工程。开展光伏屋顶、阳光照明等光伏发电应用，城市光伏系统达到 5 万千瓦；(3)开展光伏电站试点。建设大型并网光伏电站，总容量达到 5 万千瓦
	2012	可再生能源发展“十二五”规划	国家能源局	总量目标规划：太阳能发电组装机容量在 2015 年达到 21GW，在 2020 年达到 50GW
	2012	太阳能发电发展“十二五”规划	国家能源局	结合电力体制改革、电价机制改革，完善太阳能发电的政策体系和发展机制，建立有利于分布式可再生能源发电发展的市场竞争机制和电力运行管理机制，为太阳能发电产业发展营造良好的体制和机制环境
法律及配套措施	2006	可再生能源法	全国人民代表大会	(第十四条)电网企业应当与可再生能源发电企业签订并网协议，全额收购其电网覆盖范围内可再生能源并网发电项目的上网电量，并为可再生能源发电提供上网服务；(第十九条)可再生能源发电项目的上网电价，由国务院价格主管部门根据不同类型可再生能源发电的特点和不同地区的情况，按照有利于可再生能源开发利用和经济合理的原则确定，并根据可再生能源开发利用技术的发展适时调整；(第二十条)电网企业依上网电价收购可再生能源电量所发生的费用，高于按照常规能源发电平均上网电价计算所发生费用之间的差额，附加在销售电价中分摊 与离网光伏发电系统有关的条款

续表

类别	时间	文件名称	发布单位	主要内容
法律及配套措施				包括两条：（第十五条）国家扶持在电网未覆盖的地区建设可再生能源独立电力系统，为当地生产和生活提供电力服务；（第二十二条）国家投资或者补贴建设的公共可再生能源独立电力系统的销售电价，执行同一地区分类销售电价，其合理的运行和管理费用超出销售电价的部分，依照本法第二十条规定的办法分摊
	2006	可再生能源发电价格和费用分摊管理试行办法	国家发展和改革委员会	（第九条）太阳能发电项目上网电价实行政府定价，其电价标准由国务院价格主管部门按照合理成本加合理利润的原则制定；（第十二条）可再生能源发电项目上网电价高于当地脱硫办法燃煤机组标杆上网电价的部分，国家投资或补贴建设的公共可再生能源独立电力系统运行维护费用高于当地省级电网平均销售电价的部分，以及可再生能源发电项目接网费用等，通过向电力用户征收电价附加的方式解决
	1981	国家科技攻关计划	科技部	太阳电池在农村地区的应用，在农村载波电话、水闸和石油管道阴极保护、气象台站、铁路信号和航标上的应用示范；晶体硅太阳电池的技术攻关、太阳能水泵、太阳能通信电源、太阳能专用测量设备的技术攻关；非晶硅太阳电池的技术攻关，多晶硅太阳电池及生产材料的技术攻关；风光互补发电系统和太阳能屋顶并网发电的应用示范等
	1986	高技术研究发展计划（863 计划）	科技部	被列入 863 计划的光伏项目，如铜铟硒太阳能薄膜电池试验平台与中试线和碲化镉薄膜太阳电池试验平台与中试线以及其他新型电池
	1997	国家重点基础研究发展计划（973 计划）	科技部	低价、长寿新型光伏电池的基础研究和利用太阳能规模制氢的基础研究

续表

类别	时间	文件名称	发布单位	主要内容
重大光伏发电项目支持政策	2000，2002，2008，2009，2010	2000 年的光明工程先导项目，2002 年的西部省区无电乡通电计划（送电到乡工程），2008 年的崇明岛等 4 个项目、北京奥运会光伏系统，2009 年、2010 年的第一批和第二批特许权招标，2009 年的试点项目，2009 年开始的光电建筑，2009 年开始的金太阳工程，2010 年开始的第二批金太阳工程	国家发展和改革委员会	为光伏产品创造市场需求，进而刺激光伏产业的发展。以送电到乡工程为例，该工程通过光伏和小型风力发电方式，解决了西部七省区（西藏、新疆、青海、甘肃、内蒙古、陕西和四川）700 多个无电乡的用电问题，光伏用量达到 15.3MW
光伏建筑应用推广政策	2009	关于加快推进太阳能光电建筑应用的实施意见	财政部住房和城乡建设部	支持开展光电建筑应用示范，实施太阳能屋顶计划，对光电建筑应用示范工程予以资金补助，财政优先支持技术先进、产品效率高、建筑一体化程度高、落实上网电价分摊政策的示范项目
光伏发电示范项目财政补助政策	2009	金太阳示范工程财政补助资金管理暂行办法	财政部、科技部、国家能源局	从可再生能源专项资金中安排部分资金支持金太阳示范工程，纳入财政补助的光伏范围包括：利用大型工矿、商业企业以及公益性事业单位现有条件建设的用户侧并网光伏发电示范项目；提高偏远地区供电能力和解决无电人口用电问题的光伏、风光互补、水光互补发电示范项目；在太阳能资源丰富地区建设的大型并网光伏发电示范项目；光伏发电关键技术产业化示范项目，包括硅材料提纯、控制逆变器、并网运行等关键技术产业化；光伏发电基础能力建设，包括太阳能资源评价、光伏发电产品及并网技术标准、规范制定和检测认证体系建设等

续表

类别	时间	文件名称	发布单位	主要内容
可再生能源电价政策	2007	可再生能源电价附加收入调配暂行办法	国家发展和改革委员会	着力解决电价附加收入跨地区分配问题，省级电网企业将收取的可再生能源电价附加计入本企业收入，首先用于支付本省(区、市)可再生能源电价补贴，差额部分进行配额交易，全国平衡。这些电价政策促进了中国可再生能源的发展，其中也包括对光伏发电的积极影响
可再生能源发电上网政策	2007	电网企业全额收购可再生能源电量监管办法	国家电力监管委员会	电网企业应当全额收购其电网覆盖范围内可再生能源并网发电项目的上网电量
	2011	关于完善太阳能光伏发电上网电价政策的通知	国家发展和改革委员会	确立全国范围内的上网电价，鼓励发展光伏分布式发电项目
光伏产品的技术标准	1987	光伏产品技术标准	全国太阳光伏能源系统标准化技术委员会	太阳光伏能源系统专业涉及光伏材料、太阳电池、太阳电池组件、太阳电池阵列、光伏测试系统、光伏系统控制器、光伏系统逆变器、光伏并网系统、光伏应用系统(光伏泵、庭院灯、航标灯等)等 按光伏能源系统的组成和性质，将标准分为以下类别：名词术语、太阳电池(非聚光组件)、系统(独立系统、并网系统)、质量认证和鉴定、平衡(BOS)设备、聚光器组件和测试。1990 年以来，中国以自己制定标准为主，形成了中国自己的太阳光伏能源系统标准化体系。随着国际交往增多，逐渐把国际 IEC 标准转换为我们的国家标准，目前中国的标准基本上是国际通用标准

中国与太阳能光伏产业相关的立法发展历程可以分为三个阶段。第一阶段是20世纪90年代以前的空白期。这一阶段中国在发展可再生能源方面主要以发展小水电为主，而太阳能光伏发电只存在于航天卫星等军工领域，① 相应的法律法规处于空白阶段。第二阶段为20世纪90年代的十年增长期。中国经济在这一时期的快速发展也使人们逐渐意识到能源危机的威胁和环境污染问题的严重，这使得可再生能源的开发利用进入立法者的视线。国家为了鼓励发展可再生能源，在短时间内制定了一系列鼓励发展可再生能源的法律和政策，在一定程度上激励了太阳能光伏产业的起步发展。这些政策和法律包括1995年通过的《中国新能源和可再生能源发展纲要(1996—2000)》和《中华人民共和国电力法》，1997年通过的《中华人民共和国节约能源法》等。虽然这些政策和法律中的条款大多是口号性质的，并没有具体操作的措施，但是也为太阳能光伏产业的快速发展打下了良好的法律保障基础。第三个阶段是进入新世纪之后，21世纪初至今的繁荣期。随着光伏产业的蓬勃发展，中国有关的法律和政策也相应增加，包括2002年通过的《中华人民共和国清洁生产促进法》，2002年修订的《中华人民共和国大气污染防治法》，2005年通过的《中华人民共和国可再生能源法》，2008年通过的《中华人民共和国循环经济促进法》，等等。中国逐步形成了促进太阳能光伏产业发展的法律体系，这一法律体系以《中华人民共和国可再生能源法》为基础，其他法律和政策为补充。具体来看，中国关于太阳能光伏产业发展的法律主要包括以下三个方面：

作为中国可再生能源领域的基本法，《中华人民共和国可再生能源法》引导和鼓励国内外的市场经济主体参与可再生能源的开发和利用，为完善中国的能源消费结构、促进可再生能源发展和维护国家能源安全方面起到了重要作用，② 该法律的颁布也直接为中国发展太阳能光伏

① 臧扬杨，杨高臣，杨解君. 我国太阳能开发利用的现实困境与立法需求分析[J]. 南京工业大学学报(社会科学版)，2012(2)：28-35.

② 陈静超. 中国可再生能源立法研究[D]. 南京：河海大学，2005：9.

产业提供了法律保障。现行的《中华人民共和国可再生能源法》为鼓励发展可再生能源，具体规定了总量目标规划、强制上网电价补贴、分类电价、费用分摊和可再生能源专项资金。为了配合法律中规定的原则性制度和基本原则，国务院也制定了与之配套的多项法规，包括《可再生能源发电有关管理规定》《可再生能源发电价格和费用分摊管理试行办法》等。此外，国务院各部委也针对某些具体情况，制定了部门规章和政策文件，包括财政部的《可再生能源建筑应用专项资金管理暂行办法》《可再生能源建筑应用示范项目评审办法》等。

1995 年通过的《中华人民共和国电力法》是中国在能源开发领域所制定的第一部法律，也是第一部明文规定了发展太阳能的法律，为发展太阳能光伏产业奠定了法律基础。2002 年修订的《中华人民共和国大气污染防治法》也明确规定支持开发利用包括太阳能在内的清洁能源。2002 年通过的《中华人民共和国清洁生产促进法》、2005 年通过的《中华人民共和国可再生能源法》、2008 年通过的《中华人民共和国循环经济促进法》等法律也都重申了发展太阳能光伏产业的重要性，鼓励开发和利用太阳能。

表 4-2　光伏产业发展相关的法律

时间	名称	立法机构	主要内容
1995	中华人民共和国电力法	全国人民代表大会及其常委会	中国在能源开发领域所制定的第一部法律，也是第一部明文规定了发展太阳能的法律，为发展太阳能光伏产业奠定了法律基础
2002	中华人民共和国大气污染防治法	全国人民代表大会及其常委会	明确规定支持开发利用包括太阳能在内的清洁能源

续表

时间	名称	立法机构	主要内容
2005	中华人民共和国可再生能源法	全国人民代表大会及其常委会	具体规定了总量目标规划、强制上网电价补贴、分类电价、费用分摊和可再生能源专项资金
2008	中华人民共和国循环经济促进法	全国人民代表大会及其常委会	重申了发展太阳能光伏产业的重要性，鼓励开发和利用太阳能

在《中华人民共和国可再生能源法》颁布之前，中国支持太阳能光伏产业发展主要是通过部门规章的形式进行的。包括1999年发布的《关于进一步支持可再生能源发展有关问题的通知》，通知中明确规定了可再生能源的类型，并且首次提到通过银行优先贷款的方式支持可再生能源发电项目。2000年的《2000—2015年新能源和可再生能源产业发展规划要点》确定了发展可再生能源产业的目标。2001年的《新能源和可再生能源发展"十五"规划》确定了重点采取的政策措施。在《中华人民共和国可再生能源法》颁布之后，为了配合法律实施和适应不断发展的光伏产业，建设部在2006年颁布《民用建筑节能管理规定》，鼓励太阳能光伏技术和设备在民用建筑领域的应用。财政部和建设部在2007年颁布《关于加强可再生能源建筑应用示范管理的通知》，支持发展太阳能光伏的示范工程项目。财政部和住建部在2009年又发布了《关于加快推进太阳能光电建筑应用的实施意见》和《太阳能光电建筑应用财政补助资金管理暂行办法》，大力支持光电建筑的应用示范，并且实施太阳能屋顶计划。财政部、科技部、国家能源局在2009年宣布启动金太阳示范工程，对太阳能光伏发电电站实施补贴。发改委在2011年正式颁布了《关于完善太阳能光伏发电上网电价政策的通知》，正式采用上网标杆电价政策的方式，利用市场功能刺激光伏产业发展。在2013年，国

务院和相关部委连续出台了《关于促进光伏产业健康发展的若干意见》《关于发挥价格杠杆作用促进光伏产业健康发展的通知》《关于开展分布式光伏发电应用示范区建设的通知》《关于光伏发电增值税政策的通知》《关于支持分布式光伏发电金融服务的意见》《光伏制造行业规范条件》等文件。这一年可谓光伏产业发展受到政策引导最为密集的一年，逐步完整的产业政策体系极大地促进了光伏产业的健康发展。

除了国务院和部委的规章以及部门规章之外，为了配合法律和中央政策，地方立法机关也制定了配套的地方性法规。例如浙江、江苏、江西、福建、内蒙古、天津等地区制定的《节约能源条例》和相关的《光伏产业发展规划》。① 北京市、江苏省等地区制定的《建筑节能管理规定》等都对地方的太阳能光伏产业发展有着保障作用。

表 4-3　光伏产业发展相关的行政法规、部门规章

时间	名称	制定机构	主要内容
1981	国家科技攻关计划	科技部	太阳电池在农村地区的应用，在农村载波电话、水闸和石油管道阴极保护、气象台站、铁路信号和航标上的应用示范；晶体硅太阳电池的技术攻关，太阳能水泵、太阳能通信电源、太阳能专用测量设备的技术攻关；非晶硅太阳电池的技术攻关，多晶硅太阳电池及生产材料的技术攻关；风光互补发电系统和太阳能屋顶并网发电的应用示范等
1986	高技术研究发展计划(863 计划)	科技部	被列入 863 计划的光伏项目，如铜铟硒太阳能薄膜电池试验平台与中试线和碲化镉薄膜太阳电池试验平台与中试线以及其他新型电池

① 刘婷. 中国可再生能源立法研究[D]. 哈尔滨，东北林业大学，2005：10.

续表

时间	名称	制定机构	主要内容
1987	光伏产品技术标准	全国太阳光伏能源系统标准化技术委员会	太阳光伏能源系统专业涉及光伏材料、太阳电池、太阳电池组件、太阳电池阵列、光伏测试系统、光伏系统控制器、光伏系统逆变器、光伏并网系统、光伏应用系统(光伏泵、庭院灯、航标灯等)等。按光伏能源系统的组成和性质，将标准分为以下类别：名词术语、太阳电池(非聚光组件)、系统(独立系统、并网系统)、质量认证和鉴定、平衡(BOS)设备、聚光器组件和测试。1990年以来，中国以自己制定标准为主，形成了中国自己的太阳光伏能源系统标准化体系。随着国际交往增多，逐渐将国际IEC标准转换为我们的国家标准，目前中国的标准基本上是国际通用标准。
1997	国家重点基础研究发展计划(973计划)	科技部	低价、长寿新型光伏电池的基础研究和利用太阳能规模制氢的基础研究。
2000,2002,2008,2009,2010	2000年的光明工程先导项目,2002年的西部省区无电乡通电计划(送电到乡工程),2008年的崇明岛等4个项目、北京奥运会光伏系统,2009年、2010年的第一批和第二批特许权招标,2009年的试点项目，2009年开始的光电建筑,2009年开始的金太阳工程，2010年开始的第二批金太阳工程	国家发展和改革委员会	为光伏产品创造市场需求，进而刺激光伏产业的发展。以送电到乡工程为例，该工程通过光伏和小型风力发电方式，解决了西部七省区(西藏、新疆、青海、甘肃、内蒙、陕西和四川)700多个无电乡的用电问题，光伏用量达到15.3MW。

续表

时间	名称	制定机构	主要内容
2006	国家中长期科学和技术发展规划纲要(2006—2020)	国务院	将能源列为国家科技发展的重点领域，将可再生能源低成本规模化开发利用确定为优先主题。在这一优先主题下，将光伏技术确定为重点研究内容，包括高性价比太阳光伏电池及利用技术、太阳能热发电技术、太阳能建筑一体化技术
2007	关于开展大型并网光伏示范电站建设有关要求的通知	国家发展改革委办公厅	确定光伏示范电站的建设规模、建设用地类别、电站建设与风电场配合、采取公开招标方式进行等
2006	可再生能源发电价格和费用分摊管理试行办法	国家发展和改革委员会	(第九条)太阳能发电项目上网电价实行政府定价，其电价标准由国务院价格主管部门按照合理成本加合理利润的原则制定；(第十二条)可再生能源发电项目上网电价高于当地脱硫燃煤机组标杆上网电价的部分，国家投资或补贴建设的公共可再生能源独立电力系统运行维护费用高于当地省级电网平均销售电价的部分，以及可再生能源发电项目接网费用等，通过向电力用户征收电价附加的方式解决
2006	可再生能源建筑应用专项资金管理暂行办法	财政部、住房和城乡建设部	太阳能建筑是可再生能源建筑应用专项资金支持的重点领域之一，主要包括：与建筑一体化的太阳能供应生活热水、供热制冷、光电转换、照明。支持的项目包括示范项目及其相关关键技术集成和示范推广，能效检测、标识，技术规范标准验证及完善等
2006	可再生能源建筑应用示范项目评审办法	财政部、住房和城乡建设部	该办法进一步明确了可再生能源建筑应用示范项目的申报、评审程序和办法，细化可再生能源建筑应用示范项目的评分标准，对示范项目评审专家组的组成提出了要求

续表

时间	名称	制定机构	主要内容
2009	关于加快推进太阳能光电建筑应用的实施意见	财政部、住房和城乡建设部	充分认识太阳能光电建筑应用的重要意义、实施太阳能屋顶计划、实施财政扶持政策、加强建设领域政策扶持四部分组成。其中，太阳能屋顶计划是在正式文件中首次出现的对太阳能开发利用的国家计划 该意见的核心部分是“实施财政扶持政策”，内容为：对光电建筑应用示范工程予以资金补助；鼓励技术进步与科技创新；鼓励地方政府出台相关财政扶持政策。该内容初步规定了中央财政补助的基本范围，除了对光电建筑一体化的财政倾斜，还把范围扩大到了技术创新与进步，以及地方相关财政扶持政策的出台
2009	太阳能光电建筑应用财政补助资金管理暂行办法	财政部、住房和城乡建设部	其一，资金扶持重点领域： ①城市光电建筑一体化应用，农村及偏远地区建筑光电利用等给予定额补助 ②太阳能光电产品建筑安装技术标准规程的编制 ③太阳能光电建筑应用共性关键技术的集成与推广 由此可见，不与建筑结合利用的光伏电站等光电利用形式不在此政策扶持范围之内 其二，补助标准和计算依据： ①2009 年补助标准原则定为 20 元/Wp。太阳能光电建筑应用系统成本主要包括两个部分。一是太阳能电池组件成本，近年来，随着国内光电企业技术进步与产业规模扩大，太阳能电池成本迅速下降，已降至 20 元/Wp 以内。二是安装应用成本，包括设计施工、平衡系统、电网接入等，根据与建筑结合利用程度的不同，实际安装应用成本差异较大，一体化程度较高的安装应用成本也较高，目前安装应用成本平均在 20 元/Wp 左右。

续表

时间	名称	制定机构	主要内容
			2009年的补助标准确定为20元/Wp，占目前系统成本的近50%。补助后发电成本约为1元千瓦时左右，增强了光电竞争力。上述补助标准与国际比较也处于适中水平，有利于更好地开拓国内市场 ②具体补贴标准分类确定。对建筑结合程度高、光电产品技术先进的项目，如实现构建化、一体化安装的示范项目，补贴标准将达到20元/Wp；对简单的光电建筑应用，将降低补贴标准。具体标准在随后发布的申报指南中予以明确 ③补助标准将逐年调整。随着产业技术进步与国内应用量的增长，预计光电系统应用成本将进一步下降，今后将根据成本变动情况，逐年调整补助标准 其三，补助资金拨付程序： 该资金管理暂行办法规定，财政部将项目补贴资金总额预算的70%下放到省级财政部门，由省级财政部门会同建设部门及时将资金落实到具体项目。示范项目竣工验收达到预期效果的，财政部将拨付余下30%补贴资金。分两次拨付资金的规定，主要为确保国家示范工程的质量，保证系统能正常发电运行，并通过示范项目验收评估，及时总结经验，相关部门将在此基础上制定和完善相关技术标准、规程，提升太阳能光电建筑应用设计、施工能力
2011	关于完善太阳能光伏发电上网电价政策的通知	国家发展和改革委员会	确立全国范围内的上网电价，鼓励发展光伏分布式发电项目
2012	可再生能源发展“十二五”规划	国家能源局	总量目标规划：太阳能发电组装机容量在2015年达到21GW，在2020年达到50GW

续表

时间	名称	制定机构	主要内容
2012	太阳能发电发展“十二五”规划	国家能源局	结合电力体制改革、电价机制改革，完善太阳能发电的政策体系和发展机制，建立有利于分布式可再生能源发电发展的市场竞争机制和电力运行管理机制，为太阳能发电产业发展营造良好的体制和机制环境
2013	国务院关于促进光伏产业健康发展的若干意见	国务院	为促进光伏产业发展奠定了政策总依据。强调要充分认识促进光伏产业健康发展的重要性，积极开拓光伏应用市场，加快产业结构调整和技术进步，规范产业发展秩序，完善并网管理和服务，完善支持政策，加强组织领导
2013	关于开展分布式光伏发电应用示范区建设的通知	国家能源局	创建分布式光伏发电应用示范区的目的是扩大分布式光伏发电应用规模，探索适应分布式光伏发电规模化应用的技术、管理和运营模式。根据有关地区工作基础，确定北京海淀区中关村海淀园等18个园区作为第一批分布式光伏发电应用示范区。示范区分布式光伏发电项目采用“自发自用、余量上网、电网调节”的运营模式，实行按发电量补贴政策，项目由地级市能源主管部门实行备案管理
2013	关于发挥价格杠杆作用促进光伏产业健康发展的通知	国家发展和改革委员会	通知明确，对光伏电站实行分区域的标杆上网电价政策。根据各地太阳能资源条件和建设成本，将全国分为三类资源区，分别执行每千瓦时0.9元、0.95元、1元的电价标准。对分布式光伏发电项目，实行按照发电量进行电价补贴的政策，电价补贴标准为每千瓦时0.42元。通知指出，分区标杆上网电价政策适用于今年9月1日后备案(核准)，以及9月1日前备案(核准)但于2014年1月1日及以后投运的光伏电站项目；电价补贴标准适用于除享受中央财政投资补贴之外的分布式光伏发电项目。标

续表

时间	名称	制定机构	主要内容
			杆上网电价和电价补贴标准的执行期限原则上为20年。国家将根据光伏发电规模、成本等变化，逐步调减电价和补贴标准，以促进科技进步，提高光伏发电市场竞争力 此次完善光伏发电价格政策，是贯彻落实国务院要求，促进光伏产业健康发展的重要举措，有利于发挥价格杠杆作用，引导资源优化配置，促进光伏发电项目合理布局，也有利于激励光伏企业提高技术水平，不断降低成本
2013	关于光伏发电增值税政策的通知	财政部、国家税务总局	自2013年10月1日至2015年12月31日，对纳税人销售自产的利用太阳能生产的电力产品，实行增值税即征即退50%的政策
2013	关于支持分布式光伏发电金融服务的意见	国家能源局、国家开发银行	分布式光伏发电处于发展初期，需要调动各类投资主体的积极性，建立合适的投融资体系。国开行要发挥开发性金融机构的引导作用，创新金融服务，积极支持分布式光伏发电应用
2013	光伏制造行业规范条件	工业和信息化部	在生产规模和工艺技术方面规定了光伏制造企业按产品类型应分别满足的各类条件、现有光伏制造企业及项目产品应满足的条件、新建和改扩建企业及项目产品应满足的条件；在资源综合利用及能耗方面规定了最低标准；强调环境保护、质量管理等方面的责任
2013	关于分布式光伏发电实行按照电量补贴政策等有关问题的通知	财政部	通知规定了分布式光伏发电项目按电量补贴的实施办法，主要包括项目确认、补贴标准、补贴电量、资金拨付；规定了改进光伏电站、大型风力发电等补贴资金管理
2013	分布式发电管理暂行办法	国家发展和改革委员会	规定了分布式发电的主要方式、资源评价和综合规划、项目建设和管理、电网接入、运行管理、政策保障及措施等

续表

时间	名称	制定机构	主要内容
2013	关于进一步支持光伏产业的指导意见	南方电网	《意见》涵盖了太阳能、风力、生物质能、地热能和海洋能等新能源发电项目。意见对分布式项目也进行了解释，是指以上新能源项目中，位于用户所在地附近，所生产的电能主要以用户自用和就地利用为主，多余电力送入当地配电网的项目 在并网服务方面，南方电网公司表示，接入公共电网的新能源项目，其接入系统工程以及接入引起的公共电网改造部分由南电网企业投资建设；接入用户侧的新能源项目，其接入引起的公共电网改造部分由电网企业投资建设。居民投资的分布式项目由电网企业免费提供接入系统方案咨询服务，免费提供关口计量装置和发电量计量用电能表计 为简化并网流程、提高服务效率、促进高效利用，《意见》提出对新能源项目并网实行分级管理。以10(20)千伏及以下电压等级接入电网的分布式项目，由电网企业设立绿色通道，由各营业窗口统一受理并网申请，一个窗口对外提供并网服务 在购售电服务方面，《意见》明确，新能源项目上网电量按国家相关规定全额结算。按国家相关规定将补贴资金及时转付给享受国家财政补贴的分布式项目业主。对于分布式项目，国家没有明确要求收取政府性基金和附加，以及系统备用容量费等相关服务费用的分布式项目的，免于收取 在并网调度管理方面，《意见》提出，在系统安全允许的情况下，优先接纳新能源项目所发电量上网，保障分布式项目富余电量全额上网。简化新能源项目检修流程。分布式项目可临时申请安排检修，在系统安全允许的情况下优先予以安排。对建于用户内部场所、以380(220)伏电压等级接入电网、满足相关技术标准的分布式项目，不再签署并网调度协议

续表

时间	名称	制定机构	主要内容
2013	光伏电站项目管理暂行办法	国家能源局	规定了光伏电站项目的规划指导和规划管理、项目备案管理、电网接入和运行、产业检测与市场监督、违规责任等方面
2014	关于进一步落实分布式光伏发电有关政策通知	国家能源局	进一步扩大分布式光伏发电应用，解决屋顶落实、项目融资、电网接入、备案管理、电力交易等问题
2014	关于加强光伏电站建设和运行管理工作的通知	国家能源局	规范光伏电站建设和运行管理，提高光伏电站利用效率
2014	加快培育分布式光伏发电应用示范区有关要求的通知	国家能源局	根据现有政策体系和分布式示范区项目的开工进度，示范区建设并不成功。进一步采取措施推动示范区的试点作用
2014	关于征求可再生能源电力配额考核办法意见函	国家能源局综合司	国家为地方政府和电网企业确定可再生能源配额，并对执行情况进行检测和考核。此考核办法意味着可再生能源配额制即将出台
2014	关于分布式并网收购及补贴落实情况专项监管	国家能源局	国家能源局对于山东、浙江、江西、河南、广东、江苏开展的分布式发电并网收购和补贴落实情况进行监管
2014	关于规范光伏电站投资开发秩序的通知	国家能源局	加强对于光伏电站项目资源配置、项目备案、工程建设、电网接入、并网运行、全额上网、电价执行和电费结算的全过程闭环监管，该政策对于加强光伏电站项目管理，杜绝投资开发中的投机行为起到积极作用
2014	关于进一步优化光伏企业兼并重组市场环境的意见	工业和信息化部	强调了完善光伏企业兼并重组体制机制、完善落实财政税收优惠政策、充分发挥金融和资本市场作用、加强综合政策及服务体系保障等方面

续表

时间	名称	制定机构	主要内容
2015	关于征求发挥市场作用促进光伏技术进步和产业升级意见的函	国家能源局综合司	针对落后产能不能及时推出市场、产业整体技术升级缓慢、先进技术产品缺乏市场支撑等问题，起草该意见。主要强调发挥市场对于技术进步的引导作用；严格执行光伏产品市场准入标准；实施“领跑者”计划；发挥财政资金和政府采购支持光伏发电技术进步的作用；加强光伏产品检测认证；加强工程建设技术和质量管理；加强技术检测和监督；完善光伏发电运行信息检测评价
2015	可再生能源发展专项资金管理暂行办法	财政部	确定了可再生能源发展专项资金的使用方式、管理单位及其主要职责、重点支持范围、结算方式、监督机制、责任承担等方面内容

目前中国光伏发电产业发展中存在的问题，从表面上看是因为技术水平低下，而实际上其更深层次的原因可以归结为现有的政策工具存在问题，缺乏完善的法律体系保障。正是由于法律规范的缺位，太阳能光伏产业才出现了无序竞争和市场秩序混乱。① 现有的《可再生能源法》为中国光伏产业的发展提供了基本法律保障，在一定程度上缓解了中国光伏产业发展中无法可依的现象。但是最近多年的光伏产业发展实践经验表明，中国光伏产业发展中的政策工具及相关的法律制度无论是在体系上还是在具体操作中都存在诸多不足。具体包括以下几个方面。

中国现有的太阳能领域的立法，主要是由一部《可再生能源法》和一些部门规章组成，缺少完善的行政法规和法规性文件。中国还没有制定专门针对光伏产业的行政法规，在其他行政法规中也难以见到与调整光伏产业领域相关的内容。这一层级的法规性文件的空缺，表明中国太

① 海山，栾春娟. 全球太阳能光伏产业法律政策分析及启示[J]. 太阳能，2012(23)：6-13.

阳能领域主要依靠部门规章在发挥调整作用，效力上、力度上都难以与行政法规相比。①

完整的能源法律体系，应当由不同级别、功能且互相配合的法律规范组成有机整体，一般应由能源基本法和可再生能源部门法组成。② 但是中国缺少一部与时俱进的能源基本法，也没有关于太阳能光伏产业的专门立法。中国已经颁布的《可再生能源法》仅仅是一部单行法，不能取代《能源法》在整个能源法律体系中的基本法地位。能源基本法及其配套法律在一个国家能源法律体系及其制度构建中是起到决定性作用的。③ 太阳能光伏产业的法律体系构建，需要有一部能源基本法作为整体法律体系设计的基础，才能保证在具体制度设计上不存在相互矛盾、相互冲突的现象。除了能源基本法之外，太阳能光伏相关的专门法是具体规制太阳能光伏产业发展的法律，这是具体指导太阳能光伏产业发展的具体规范，是不可或缺的。能源基本法和太阳能光伏产业专门法的缺失，造成了中国太阳能光伏发展的法律体系的残缺，制约了整体法律规范体系的完善。④

部分发达国家针对光伏产业制定了专门法律以及配套措施。譬如德国制定法律中确定了光伏发电的上网电价制度，以及补贴、信贷等政策予以配套。⑤ 美国制定的太阳能开发的专门法案，为联邦政府以及州政府制定扶持政策提出明确指导和要求。⑥ 相比之下，中国有关光伏产业

---

① 杨解君，臧扬杨. 中国太阳能资源利用的立法现状及其未来发展[J]. 南京社会科学，2011(10)：97-103.

② 肖乾刚，等. 能源法[M]. 北京：法律出版社，1996：94.

③ 肖国兴. 能源效率与法律制度的理性选择[J]. 环境保护，2005(12)：61-65.

④ 臧扬杨，杨高臣，杨解君. 我国太阳能开发利用的现实困境与立法需求分析[J]. 南京工业大学学报(社会科学版)，2012，11(2)：28-35.

⑤ 刘卓，何金凤，周攀. 德国光伏产业扶持政策借鉴及启示[J]. 知识经济，2012(17)：118-119.

⑥ 张川，何维达. 美国光伏产业政策探索及启示[J]. 管理现代化，2015，35(1)：19-21.

的法律，专门针对光伏产业的规定则存在空白。虽然有一些部门规章、行业标准实际调整太阳能产业和产品，但显然不能适应太阳能领域的发展趋势。①

法律规范的效力等级是指在各种法的渊源中，根据制定主体的级别，使用的范围和适用程序的不同导致各种法律的效力不同，并形成法的效力等级。② 中国目前关于太阳能光伏产业的相关立法等级较低，该产业的发展长期一直是依靠政策工具来规范。相关具体的法律条文都散落在其他单行法之中，没有专项的立法。例如在《大气污染防治法》《循环经济促进法》中都散见涉及太阳能光伏产业的内容，但大部分条文是原则性规定，没有可操作性。在《可再生能源法》中，针对太阳能光伏产业的法律条文也都是框架性、原则性的，在实践中缺乏可操作性，更难以发挥立法效果。③ 举例而言，《可再生能源法》中规定了设立可再生能源发展专项资金制度，但是对于专项资金如何申报，优惠政策如何落实都没有详细规定，仅仅依靠不稳定的政策工具来实施，但是朝令夕改的产业政策又缺乏连贯性，容易出现临时政策一出台，行业中的企业就一拥而上的混乱局面。④ 地方性政策的出台部门大部分不是由省级立法机关制定，而是由政府相关部门发布临时性的各种规定，这种方式容易导致政策目标得不到各级政府落实，也发挥不了预期效果。⑤

中国现行的与光伏产业相关的法律配套实施细则缺乏系统性。由于

① 李园红，高明. 基于产业链视角的中国光伏产业发展思路[J]. 亚太经济，2010(4)：103-106.

② 葛洪义. 法理学[M]北京：中国政法大学出版社，1999：341-344.

③ 于杨曜. 论我国发展低碳经济法律体系的基本构想[J]. 学海，2011(4)：213-216.

④ 冯春林. 中国光伏产业政策及效果评价研究[J]. 重庆科技学院学报(社会科学版)，2012(18)：66-69.

⑤ 新华网. 光伏“路条”倒卖乱象制约行业健康发展[EB/OL].[2014-12-05]. http://news.xinhuanet.com/power/tt/2015-01/14/c_1113989843.htm.

相关法律规范体系的不完备，相应的实施细则也缺乏根据光伏产业发展的实际情况和未来需要的考量因素。现行的实施细则大部分是光伏与建筑结合的领域的规范，有关光伏发电的规范都散见在其他可再生能源发电相关的法律规范当中，并没有专门的行政法规或者部门规章，甚至行业标准。① 完善的实施细则需要针对中国光伏产业发展的核心技术予以支持。目前中国光伏发电的成本仍旧居高不下，其最根本的原因还是核心技术的缺失和研发能力的低效。② 而中国现行的实施细则并没有解决这一最关键的问题，自然不能够激励技术创新，促进光伏产业创新系统的健康发展。

4.1.2　参与者要素

根据产业创新系统的理论，政府、企业、中介组织、大学与研究机构、风险投资机构等主体都与技术创新的发展密切相关，它们可以彼此分工，互动合作，共同影响技术创新的绩效，因此，这些主体都可以被称为构成产业创新系统的参与者(actors，又称主体、行为者)。③ 中国光伏产业创新系统的行为者主要有：光伏产业链上的企业，科研机构与大学，政府机构，中介组织和风险投资者，等等。

1. 企业

一个完整的光伏产业链包括晶体硅原料、硅锭、电池组件和发电应用系统等环节。上游环节包括晶体硅原料和硅锭生产环节，中游环节包括太阳能电池组件生产环节，下游环节为光伏发电应用系统环节。如图 4-1 所示。

---

① 冯春林. 中国光伏产业政策及效果评价研究[J]. 重庆科技学院学报：社会科学版，2012(18)：66-69.

② 马胜红，李斌，陈东兵，等. 中国光伏发电成本、价格及技术进步作用的分析[J]. 太阳能，2010(4)：6-13.

③ 李春艳，刘力臻. 产业创新系统生成机理与结构模型[J]. 科学学与科学技术管理，2007，28(1)：50-55.

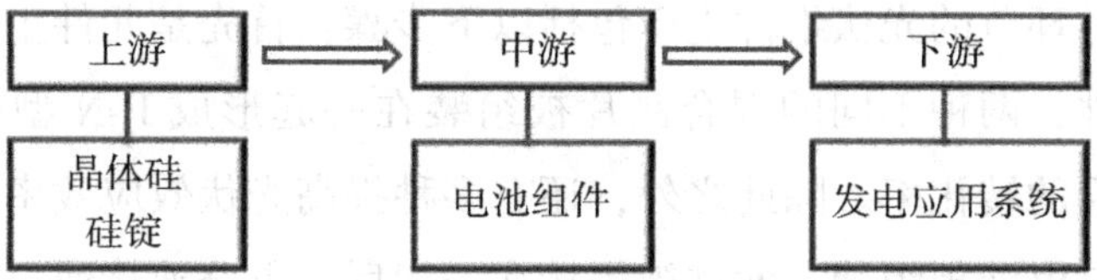

图 4-1 光伏产业链结构图

在光伏产业链上游环节中，晶体硅原料尤其是高纯度晶体硅原料的毛利率很高。近年来世界范围内的光伏产业快速发展，晶体硅原料出现了供不应求的状况，晶体硅原料的价格也是节节攀升。① 目前产业链上游的多晶硅提纯等核心技术主要掌握在国外少数公司手中。② 这一环节首先需要进行硅提纯，主要通过对石英砂中二氧化硅的提纯，纯度需要达到99.999%以上，这一提纯过程是通过消耗能源的化学过程来完成。然后是硅锭的生产，硅锭是由高纯度的硅加工而成，呈长方体或圆柱体。它可以是单一的晶体，称为单晶硅或单硅；或者是较小的多个硅晶体，一种称为多晶硅的材料(单晶硅的转化率较高，可以用于生产效能更高的太阳能光伏电池，但其生产过程需要较大的功率消耗，因此单晶硅的工艺成本更加昂贵。硼或磷可以通过精确的数量控制融入到硅材料中去制成N型或P型硅)。然后将硅锭切割成很细的薄层，称之为切片，二次加工中也包含抛光等步骤。③ 中国在这一环节的生产技术主要是引进俄罗斯的“改良西门子法”，这种技术相对于上述公司的垄断技

---

① Liu Y J, Liu Y Q. The industrial research about China solar PV based on the price of polysilicon[J]. Advanced Materials Research, 2011, 383-390: 7043-7048.

② 这个环节技术门槛很高(尤其是多晶硅)，该技术具有垄断性，只有Hemlock、Wacker、Tokuyama、REC、MEMC、Misubishi 和 Sumitomo 等公司掌握了晶硅制备技术，这几家公司的多晶硅产量占据了全球太阳能多晶硅总产量的95%以上。参见周旗钢. 中国硅材料生产和开发情况[J]. 中国集成电路，2006(3)：27-31.

③ 徐文婷，马文会，杨斌，等. 硅提纯的热力学基础[J]. 中山大学学报(自然科学版)，2007，46(Z1)：88-90.

术具有较大差距，能耗成本较高，但产能相对较少。①

在中游环节的光伏组件生产包括以下步骤：首先是元件生产。为了制造该元件，两种不同的混合晶片被组装在一起形成 P-N 型硅片以提高光伏效应的转化率。除此之外，还有多种提高光伏效应效率的加工方式。其次是电池板组装。元件被焊接在一起后，电路连接通过手工或者机械完成，元件在层压机的作用下被封装在透明玻璃板中，从而完成电池板的制造。②

在下游环节的发电应用系统通过引入完整的生产线设备即可进行生产，这一环节投资少、技术和资金门槛低、建设周期短、最接近市场等特点吸引了大批生产企业参与，这也是光伏产业链中发展最快的环节之一。③

中国的光伏制造业已经形成了以晶体硅电池生产为主的产业链，主要包括五类企业：太阳能多晶硅材料制造、太阳能电池用硅片加工（含多晶硅锭、单晶硅棒以及切片）、太阳能电池制造、光伏组件封装和应用系统集成等多类企业。截至 2014 年 11 月，工业和信息化部公告的符合《光伏制造行业规范条件》的企业名单数量已经达到了 205 家。④

2. 大学与研究机构

到目前为止，中国除了少数光伏企业建立了内部研发机构之外，大多数光伏企业的研发力量仍是薄弱的，国内的太阳能电池的研发机构还是主要集中在大学和科研院所。从地区上的分布来看，中国主要的光伏

① 魏奎先，戴永年，马文会，等. 太阳能电池硅转换材料现状及发展趋势[J]. 轻金属，2006(2)：52-56.

② 吴昱，边永民. 新能源产业链激励政策及其补贴合规性——以太阳能光伏产业为例[J]. 求索，2013(4)：1-4.

③ 王晓宁. 中国太阳能光伏产业链剖析及其对产业的影响[J]. 电器工业，2008(7)：44-45.

④ 工业和信息化部. 工业和信息化部公告符合《光伏制造行业规范条件》企业名单［EB/OL］.［2015-12-05］. http://www.miit.gov.cn/n11293472/n11293832/n12845605/n13916898/16279341.html.中华人民共和国工业和信息化部（http://www.miit.gov.cn/n1146285/n1146352/n3054355/n3057643/n3057649/c3625598/content.html）名单只有 109 家，疑似不符。

研究机构分布在北京、上海、天津等城市，例如北京市太阳能研究所、中科院半导体所、信息产业部第18研究所、中科院等离子所，上海空间电源研究所(811所)、上海冶金所，天津电源研究所(18所)、上海交通大学太阳能研究所、南开大学电子薄膜器件与技术研究所等。除此之外，一些地方也分散地建立了光伏技术研究机构，如广州能源研究所太阳能实验室、云南师范大学太阳能研究所、四川大学太阳能材料与器件研究所、无锡国家太阳能光伏产品质量监督检验中心、青海省新能源研究所、新疆新能源所等。①

从研究领域上来看，中国的光伏研究机构的研究方向主要包括光伏技术的各主要环节。

表 4-4 中国光伏技术主要科研机构

研究领域	科研机构
晶硅材料	北京市太阳能研究所
晶硅电池	北京市太阳能研究所、天津电源研究所、上海交通大学
薄膜电池	南开大学、广州能源研究所、上海交通大学、上海冶金所
光伏系统设备	上海交通大学
光伏零配件	新疆新能源所、青海省新能源研究所
光伏检测	天津电源研究所、上海空间电源研究所、无锡国家光伏检验所中心

3. 政府

在中国的光伏产业创新系统中，影响产业发展的政府机构比较复杂，涉及中央政府和地方政府，也会涉及部分国外政府和国际组织。

① 周芳. 我国太阳能电池专利状况分析及对策[J]. 电子知识产权，2007(5)：52-56.

表 4-5　影响光伏产业发展的主要政府部门、组织及其相应职责①

政府类别	机构名称	职　　责
中央政府部门	发改委（能源局）	负责宏观经济管理综合工作，通过制定可再生能源发展规划、投资建设重大光伏发电项目、制定可再生能源电价政策等，对中国光伏市场推广和产业发展产生重要影响
	科技部	负责规划和组织光伏技术研发工作，通过国家科技攻关计划、863 计划、973 计划、中小企业创新基金等支持较大的光伏研究课题，对中国光伏研发和技术扩散产生重要影响
	电监会	负责制定光伏发电上网相关政策
	财政部	负责制定光伏发电示范项目财政补助政策
	建设部	负责制定光伏建筑应用相关政策
地方政府	江苏省政府	2009 年，江苏省出台《江苏省光伏发电推进意见》，要求积极实施光伏并网发电和屋顶计划，以光伏发电重大项目和重点光伏企业为依托，加快形成光伏产业规模优势和技术优势，不断提升光伏开发应用水平，促进光伏发电与产业发展的良性互动和快速发展
	山东省政府	2010 年，山东省出台《关于扶持光伏发电加快发展的意见》，确定光伏发展的重点领域：太阳能光伏地面电站，屋顶电站，光伏建筑一体化电站；提出光伏发展的近期目标是：到 2012 年，全省建成光伏并网发电装机容量 150MWp，其中，地面光伏电站装机容量 120MWp，屋顶光伏电站装机容量 24MWp，建筑一体化光伏电站装机容量 6MWp；为此，还提出了三个方面的扶持政策：价格扶持政策、资金扶持政策和优先用地政策
	其他地方政府	根据地方实际情况，以及中央政府的指导，因地制宜制定本地区光伏产业发展的支持政策。

① 赵玉文，吴达成，王斯成，等．中国光伏产业发展研究报告（2006—2007）（下）［J］．太阳能，2008（8）：6-13.

续表

政府类别	机构名称	职　　责
外国政府与国际机构	荷兰政府	丝绸之路光明工程
	德国政府	中德财政合作西部太阳能项目和中德技术合作在农村地区应用可再生能源改善当地发展机遇项目
	加拿大政府	太阳能农村通电项目
	日本政府	日本新能源产业技术综合开发机构光伏项目
	全球环境基金/世界银行	中国可再生能源发展项目

4. 中介组织

中介组织作为企业之间、政府与企业之间联系的纽带，技术和信息传播的重要渠道，对光伏产业的创新发展也发挥着重要作用。影响中国光伏产业创新发展的中介组织主要包括与太阳能光伏相关的学会、行业协会、促进会等。

表 4-6　中介组织及其职能

中介组织名称	职　　能
中国可再生能源学会光伏专业委员会	该专委会的工作职能主要包括：开展学术交流，促进光伏学科发展；开展光伏民间国际科技交流活动，促进国际科技合作；普及推广光伏科学知识，推广先进技术；出版光伏科技书籍、报刊，传播光伏科技信息；组织会员和科技工作者对国家新能源政策、法规的制定和国家事务提出科学建议；促进光伏科技成果转化，促进产学研结合；开展光伏技术培训工作；开展光伏技术方面的论证、咨询服务；举办科技展览

续表

中介组织名称	职　能
中国可再生能源行业协会	该协会的工作任务包括：(1)发挥代表作用。向政府反映行业问题和企业诉求，争取有关政策支持，促进政府政策的实施。(2)发挥协调作用。加强行业自律，参与制定行业行规及技术标准，组织产品认证服务，进行价格和经营争议协调。(3)发挥服务作用。收集、分析、发布行业信息，组织展览展示、发展论坛、供需对接、产学研合作等活动，办好网站，发行刊物，为会员之间的交流提供服务平台。(4)发挥纽带作用。搭建政府与企业之间对话交流的平台，参与行业发展、行业改革以及与行业利益相关的政府决策论证，参与行业技术、经济政策制定等活动
欧中太阳能促进会	该会由欧洲光伏行业代表性人士、企业和团体等共同组成的对华经贸组织，注册于德国汉堡，常设北京、汉堡、罗马三个办事机构。促进会通过品牌注册、咨询服务、质量认证、市场调研、展览与考察等交流活动，促进欧、中太阳能光伏领域的合作。其职能定位是：(1)创立中国太阳能产品的国际品牌。帮助中国太阳能企业实现自主品牌的建立与运营，转变代加工为主的产品生产模式，并协助光伏企业及产品申请各种国际体系认证。(2)提供太阳能领域技术及项目咨询。促进会为国内外光伏企业提供行业技术咨询，新产品、新技术、新项目的评审，国内光伏示范项目信息。(3)促进欧中太阳能技术交流与贸易。通过促进外商在国内投资、国际项目工程合作、技术合作等方式，推动欧、中太阳能企业之间的合作和对话。(4)组织太阳能行业国际交流与考察。除与中国可再生能源学会在北京联合主办的北京国际太阳能光伏会议暨展览会以外，促进会每年还组织上百家中外企业参与 30 多场国际光伏展览会议与交流考察，促进中外政府部门、企业以及专家之间的交流
地方太阳能学会和行业协会	例如深圳市太阳能行业协会，其主要业务之一是：组织本行业专业技术培训、会展招商、产品推介、先进技术成果有偿转让等活动，建立技术协作平台，推动企业在自愿基础上开展与国内外同行业以及相关行业协会、机构之间的技术交流与合作，促进行业整体技术和装备水平的提高

4.1.3　网络要素

产业创新网络是指产业创新系统的参与者之间相互联系而形成的关系集合。具体到光伏产业而言，是政府部门通过政策工具引导企业、科研院所、大学、中介组织、金融机构等参与者之间为推动技术创新而形成的各种合作关系和互动关系。①

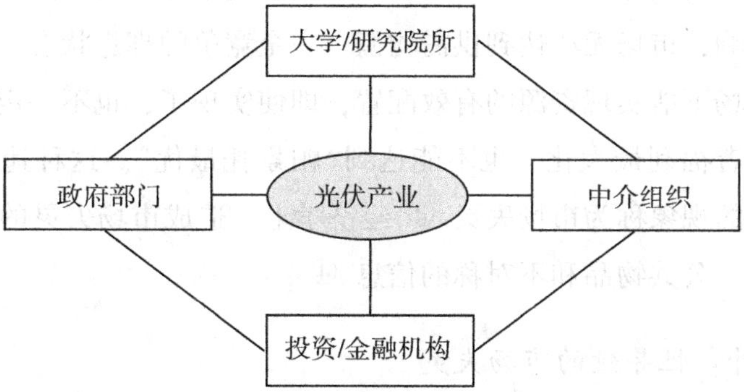

图 4-2　光伏产业创新系统中的创新网络②

4.2　克服光伏产业发展中的市场失灵

光伏产业政策的法律规制实质上是对外部性的矫正，其主要目的是规范中国太阳能光伏产业市场，使得光伏产业的发展摆脱无序状态，真正实现产业的健康发展。市场机制在光伏产业的技术发展领域不能做出最优化的配置，导致资源和资金都流向产业链技术门槛较低的低端，不利于形成创新的市场经济结构，更不能创造能激励创新的环境。③ 法律规制能够更好地引导产业政策工具，促进产业链高端的技术创新发展，

① 王月琴，许治. 产业创新网络中企业技术学习研究[J]. 中国软科学，2012(6)：120-128.

② 戚汝庆. 中国光伏产业创新系统研究[D]. 华中科技大学，2012：58.

③ 王信茂. 从无锡尚德的破产思考我国光伏产业的持续健康发展[J]. 中国能源，2013，35(6)：12-15.

同时能够协调创新的外部经济效益带来的社会收益和私人收益之间的分配，克服市场失灵。① 传统经济学认为，市场的供给与需求在价格这一双看不见的手的调节下可以形成完全竞争市场，衡量完全竞争市场的标准是“帕累托最优”（Pareto efficiency）。② 完全竞争的市场，指的是生产者追求利益极大化，消费者追求效用极大化，从而达到所谓“帕累托最优”的状态，换言之，没有任何人的效用受损，资源配置达到最佳效率。但在现实世界中，理想的完全竞争市场是不存在的。因为受到许多因素的影响，市场无法达到供需均衡、完全竞争的理想状态。在很多情况下，市场不能实现资源的有效配置，即使实现了，也不一定能够使社会效用或者福利最大化，也不能达到“帕累托最优”。这种违反帕累托效率最优的现象称为市场失灵。③ 经济学上，造成市场失灵的主要原因是外部性、公共物品和不对称的信息。④

4.2.1　外部性导致的市场失灵

外部性理论是福利经济学的重要理论。按照福利经济学的观点，外部性是一部分经济主体活动对另一部分活动主体的“非市场化影响”。⑤ 非市场化影响是相对于市场经济而言的，指的是那些被排除在市场机制之外的，未能反映产品价格的副产物。例如，企业向大气排放废气，废气不是进入市场的产品，也没有对企业生产的产品价格产生影响，但是废气因污染了空气而对其他人产生了影响。非市场化影响有积极的一方面，也有消极的一方面，好的影响是正外部性或者外部经济性，消极的

---

① 应飞虎. 市场失灵与经济法[J]. 法学，2001(6)：67-71.

② 李绍荣. 帕累托最优与一般均衡最优之差异[J]. 经济科学，2002(2)：75-80.

③ Suzumura K. On pareto-efficiency and the no-envy concept of equity[J]. Journal of Economic Theory, 1981, 25(3)：367-379.

④ 刘辉. 市场失灵理论及其发展[J]. 当代经济研究，1999(8)：39-43.

⑤ 向昀，任健. 西方经济学界外部性理论研究介评[J]. 经济评论，2002(3)：58-62.

影响是负外部性或外部不经济性。① 经济外部性正负的划分取决于个人或社会是否无偿地享有额外收益或者是否承受了不是由其导致的额外成本。② 现代经济的发展，主要是靠市场机制优化资源配置，理想的市场经济应该做到资源在不同用途之间和不同时间上进行有效配置。经济的外部性阻碍了市场机制对资源的优化配置，或者说其本身就是对资源配置低效率应用的一种现象。因为外部性是一部分经济主体活动对另一部分活动主体的非市场化影响，这些影响被排斥于市场机制之外。③ 经济的外部性总会表现为一些费用或效益的产生，而这些费用或效益游离于产品价格之外，不能通过市场进行费用补偿，如果没有其他外界因素的影响，效益只能无偿地给予那些跟行为主体无关的人，而费用也表现为被强加给那些跟行为主体无关的人。④ 这样外部效益不能对行为主体产生激励，外部费用也不能对行为主体产生制约，行为主体进行行为决策时无需考虑经济外部性问题，如此资源的优化配置不可能通过市场机制来完成。无论是经济正外部性，还是经济负外部性，都是一种资源配置的非效率状态。在经济存在外部性的情况下，要使资源得到优化配置，经济外部性的内部化是必然的选择。由于这种内部化不可能通过市场机制来完成，外界因素(法律规制)的介入是必要的。⑤

Fifth Assessment Report of the Intergovern-mental Panel on Climate Change(AR5)报告指出，全球气候变暖问题日益严峻，而人类活动，特

① 徐桂华，杨定华. 外部性理论的演变与发展[J]. 社会科学，2004(3)：26-30.

② 黄敬宝. 外部性理论的演进及其启示[J]. 生产力研究，2006(7)：22-24.

③ 李郁芳. 国外政府行为外部性理论评介[J]. 经济学动态，2003(12)：74-77.

④ 李世涌，朱东恺，陈兆开. 外部性理论及其内部化研究综述[J]. 中国市场，2007(31)：117-119.

⑤ Langlois, Richard N. External economies and economic progress：the Case of the microcomputer industry[J]. Business History Review, 1992, 66(1)：1-50.

别是能源消费活动是导致该问题的主要原因。① 传统能源消费所引起的全球气候变迁问题是典型的外部不经济行为。传统能源的消费者将气候变暖的代价转移给社会而不需要支付额外的成本，从社会的角度讲，传统能源的消费要加以控制，但是无需承担相应的社会成本，在自身效用最大化的影响下，传统能源消费者的行为不能得到市场的制约。传统能源消费的外部不经济性构成了光伏产业创新系统发展的阻碍因素。② 在市场经济中，个人的能源消费取决于私人成本与私人收益的比较，只要私人能源消费的收益大于私人成本，私人就会予以行动。而从社会的角度来看，私人的能源消费成本应该包含社会成本，资源的配置才能是有效率的。然而由于外部不经济性，社会整体的传统能源消费给社会造成的损失的外部成本不能内化为私人成本，是私人成本剔除了社会成本部分。这样会导致传统能源的消费水平常常高于社会资源最优化配置所要求的水平，从而在市场竞争中取得优势。③

光伏产业创新系统的发展，有利于减少对于环境的污染，具有较高的生态效益和社会效益，从而具有外部经济性。④ 但是对于个体的经济主体而言，通过市场化的机制促进光伏产业的技术创新，资源解决和环境改善等外部社会收益无法完全内部化为经济主体的个人收益。换言之，单个经济主体在光伏产业创新过程中，支付了新技术的创新成本、置换成本的同时，却无法获得额外的收益，个体经济主体失去了光伏产业创

① IPCC. Climate change 2013- the physical science basis: contribution of working group I to the fifth assessment report of the intergovern-mental panel on climate change [R]. Cambridge University Press, Cambridge, United Kingdom and New York, NY, USA, 2013: 1535.

② 史丹. 我国能源经济的总体特征、问题及展望[J]. 中国能源, 2007, 29(1): 5-12.

③ 王春艳, 张倩肖. 能源消费与反污染的策略优化——基于最优控制理论的动态优化分析[J]. 西北农林科技大学学报(社会科学版), 2014, 14(3): 137-142, 148.

④ 陈龙珠, 王军. 新能源光伏产业的示范效应分析与对策[J]. 中国人口·资源与环境, 2010(S1): 395-397.

新的激励，也没有发展光伏产业的积极性。① 因此，如果没有外在的法律规制使得外部收益内部化，光伏产业创新系统的发展很难有效地进行。

光伏产业的技术创新，作为市场的重要生产要素，必然受到市场的调节，并且只有在市场调节的基础上才能有效率。然而，在光伏产业创新过程中，却存在市场失灵的问题，如果仅仅由市场自身调节，光伏产业创新系统的发展不可能有效率，也不能有效地促进光伏产业的可持续发展。②

4.2.2 公共物品导致的市场失灵

公共物品是指“每个人对于这种物品的消费都不会导致其他人对该物品消费的减少。与之相对应的物品是私人物品，私人物品是指如果一种物品能够加以分割而每一部分能够分别按照竞争价格卖给不同的个人，而且对其他人没有产生外部效果”。③ 根据该定义，公共物品消费上的非排他性特征，指的是不能将拒绝为它支付费用的个人或者企业排除在公共物品或服务的收益范围之外。④ 消费上具有非竞争性特征，是指某一人或企业对公共物品或者服务使用时，并不排斥和妨碍他人对于该公共物品或服务的使用，而且也不会减少其他人或企业想用该公共物品或服务的数量和质量。例如有人治理了城市环境污染，他不能阻碍其他居民免费共享优美的环境，这是环境公共物品的非排他性。⑤

① 周强. 我国太阳能光伏产业技术创新与政策分析[J]. 产业与科技论坛，2011，10(22)：17-19.

② 周强. 我国太阳能光伏产业技术创新与政策分析[J]. 产业与科技论坛，2011，10(22)：17-19.

③ Samuelson，Paul A. The pure theory of public expenditure[J]. The Review of Economics and Statistics，1954，36(4)：387-389.

④ Ledyard J O. Public goods：a survey of experimental research[G]//Levines Working Paper Archive. 1994.

⑤ Samuelson P A. Diagrammatic exposition of a theory of public expenditure[J]. Review of Economics and Statistics，1955，37(4)：350-356.

公共物品的非排他性和非竞争性决定了市场机制不能完全有效地实现公共物品的供给。一般来讲，公共物品的性质决定给了其由政府部门提供。公共物品主要由政府供给不见得是完全由政府生产公共物品和服务，也包括在政府政策引导下由私营部门生产提供，但是公权力的介入是不可缺少的。① 光伏产业创新系统本身不是公共物品，但是由其所产生的结果，包括提高可再生能源的消费比重，减缓气候变暖，改善环境质量等却属于一种公共物品，这也决定了市场机制不能提供足够的激励促使企业通过光伏产业技术创新，减缓气候变暖和改善环境质量。因此，通过法律规制来弥补市场化政策工具的不足是一个必然的选择。

4.2.3　不对称的信息导致的市场失灵

传统意义上，市场能够通过市场价格来实现资源的最有配置，是建立在完全信息市场这一理想状态下的，但是在现实经济中，信息常常是不完全的，有时候甚至是很不对称的。② 就经济个体来讲，是由于信息能力、信息识别范围、识别手段的限制，人们不可能全面、真实地识别其他地方、其他时间的信息。③ 从市场角度来看，信息也是一种更有价值的资源，获取信息需要付出一定的成本，有时因为这种成本过大，获取信息变得不可能。从交易双方的角度讲，信息的提供与获取往往是对立的，这为信息的交流提供了很大障碍。例如，信息的受让方是否在购买信息之前就充分了解信息的价值。如果不了解信息的价值，受让方就可能因为不清楚信息的价值空间而降低购买意愿或者不购买。信息不对

---

① Margolis Julius. A comment on the pure theory of public expenditure[J]. The Review of Economics and Statistics, 1955, 37(4): 347.

② 唐清泉. 信息不对称性下的利益冲突与激励贷款合同[J]. 中国管理科学, 2002, V(3): 73-76.

③ 韦沛文. 企业利益相关各方信息不对称性与网络化管理[J]. 中山大学学报(社会科学版), 2001, 41(2): 113-118.

称问题不能解决，市场运行就不可能是有效率的，由此产生与信息相关的市场失灵。①

与光伏产业创新系统相关的信息不对称主要表现在创新过程中，技术创新、扩散和应用主体对于技术的生态功能、特点、成本和收益等方面的信息了解不全面。例如，光伏技术的提供者对于光伏技术的生态功能、成本和收益拥有相对完全的信息，也要求在技术市场上获取较高的价格；而对于光伏技术需求者而言，一般对于光伏技术的生态功能、特点、成本和收益等方面缺乏足够的信息，大多数情况下只能根据其能观察到的新技术的平均价格水平，支付一个相对平均的价格，这样就阻碍了光伏技术交易的达成，从而影响光伏技术的创新、扩散和应用。同时，由于生态价值通常是难以观测和计算的，这样市场交易主体更难以获取有关光伏技术的有价值的信息，这同样会阻碍光伏技术交易的达成。②

总体而言，市场失灵主要表现在人们依托市场经济规律并根据相关市场信息做出自己的行动安排以谋求利益最大化，但是市场机制在特定的科技领域无法对特定领域的资源做出最优化的配置。特别是市场在激励创新方面存在失灵的缺陷，主要表现为市场本身并不能创造最有利于创新的市场经济结构，更不能创造有激励创新的外部环境，也不能协调得益于创新的外部经济效应带来的社会收益与私人收益之间的分配。③市场机制的缺陷在特定科技领域表现突出。例如在高科技领域，由于风险太大、成本过高、投资收益回报期过长等原因，这些领域的创新机制无法得到有效的运行。此时，就需要政府通过法律规制的方式来校正市

① 王立国，鞠蕾. 光伏产业产能过剩根源与对策找寻[J]. 改革，2015(5)：129-138.

② 王文祥，史言信. 我国光伏产业困境的形成：路径、机理与政策反思[J]. 当代财经，2014(1)：87-97.

③ 焦洪涛，伍春艳. 国家科技计划立法若干问题研究[J]. 科技与法律，2006(1)：215-221.

场失灵。

4.3　克服光伏产业发展中的政府失灵

政府在对新兴产业领域进行宏观调控时，相应的发展战略和政策导向具有抽象化的特点，容易导致政策无法落实，政府的公共行为得不到执行，从而导致“政府失灵”。① 在光伏产业领域，政府前期的各种行为并没有得到有效的执行，甚至出现与政府初衷相违逆的现象。例如政府为了鼓励光伏产业发展，实施了金太阳工程的政策，这一示范项目的初衷是国家发放补贴鼓励企业投资光伏项目。然而最终的结果是，大量企业通过欺骗手段获得政府的补贴，骗取中央财政补贴资金达到 2 亿多元。② 法律规制能够对国家支持新兴产业的原则、程序和方式作出具体规定，消除政策抽象化的缺陷，将政府的政策目的真正落实到位，弥补政府管理缺漏。③

政府失灵的主要表现是政府在管理方面的失灵。④ 一是政府对新兴产业领域进行的宏观调控往往表现为制定相应的发展战略、重大任务和方针等，但是这些政策又具有抽象化、原则化的特点，政府在实际应用时可能会出现无法具体操作的问题。二是政府通过激励手段试图校正市场失灵的情况下，也可能存在失灵的情况，例如企业的培训是市场失灵的一个领域，但还没有被政府校正所重视。⑤ 而具体的产业立法会对国家支持新兴产业的原则、程序和方式作出具体规定，从而消除了以往发

① 陈秀山. 政府失灵及其矫正[J]. 经济学家，1998，1(1)：54-60.

② 袁瑛. 扭曲的“金太阳”工程[J]. 资源与人居环境，2011(6)：59-60.

③ 邹洪萍. 我国战略性新兴产业存在问题及法律对策研究[D]. 厦门：厦门大学，2012：48.

④ 蔡承荣. 当前我国“政府失灵”的主要表现及对策[J]. 求实，2002(8)：52-54.

⑤ 张千帆，焦洪涛. 协调管理——国家创新系统中政府职能的定位[J]. 华中理工大学学报(社会科学版)，2000(4)：87-90.

展战略等政策抽象化的缺陷，明确政府应采取的具体激励措施，弥补政府管理缺漏。①

4.4 克服光伏产业发展中的系统失灵

产业创新系统中的各个要素需要相互协调成为有机整体才能发挥整体功能，政府、市场和企业作为创新系统的主体，其整体的协调需要规范的法律体系予以保障，立法可以通过约束创新系统的主体，保障创新机制在正确的轨道上运行，进而提高创新系统的整体活力。

系统失灵是指产业创新系统的失灵。产业创新系统可以为科技创新及其转化提供重要支撑，② 而系统中的各个要素需要形成有机整体才能发挥整体功能。各要素之间互动才能促进产业创新系统发挥最优化的功能，不然会产生系统失灵。产业创新系统的失灵，会导致系统功能紊乱，最终使得系统的竞争力降低。产业立法对于建设具有竞争优势的产业创新系统非常重要。立法可以通过约束创新系统的主题，保证创新机制在正确轨道上运行，进而提高创新主体的市场活力。③

创新系统的理论认为，政府干预产业创新的必要性在于系统失灵，其中不仅包括市场失灵，还包括系统失灵。市场失灵只是影响产业创新的部分因素，④ 政府从克服市场失灵的角度采取政策工具并不能有效地提高一个国家的创新能力。市场化政策工具的法律规制不仅要纠正

① 夏雅丽. 西部国企改革与高新技术产业立法问题研究[J]. 中国法学，2000(2)：36-42.

② 丁厚德. 中国科技运行论[M]. 北京：清华大学出版社，2001：177.

③ 张治河，丁华，孙丽杰，等. 创新型城市与产业创新系统[J]. 科学学与科学技术管理，2006，27(12)：150-155.

④ 朱雪祎，方存好，孟硕. 区域技术创新体系中的市场失灵与政府政策选择的研究[J]. 中国软科学，2007(5)：146-153.

市场失灵，还应当纠正系统失灵。光伏产业发展中市场化政策工具的法律规制，目的在于解决创新过程中存在的大量“系统失灵问题”。①光伏产业创新系统作为一个系统工程，主要是创新过程中各个层次参与的行为人和机构之间相互作用的结果。如果产业创新系统内在的信息交流、利益机制、创新能力等方面出现失调、障碍时，会阻碍企业创新能力的提升，这就是系统失灵。光伏产业创新系统要求一种系统化的市场化政策工具的支持，通过法律规制的手段，推动创新系统内部主体之间的联系互动，调整或平衡利益，刺激技术需求，建立支持创新的环境。②

4.4.1 制度失灵

制度失灵包括正式制度失灵和非正式制度失灵。③ 正式制度失灵是指那些阻碍产业创新的正式的机制，主要是指成文的、正式的法律或法规。这些正式的机制包括技术标准、劳动法、风险管理法律、健康和安全法规、合同法、知识产权法等。④ 非正式制度失灵源于宽广的政治文化和社会价值背景中那些阻碍创新的因素。政治文化和社会价值往往跟公共政策目标、宏观政策环境和商业行业方式有很大的关系，它们在创新系统中有着重要的作用。这样的非正式制度包括社会规范和价值观、文化、资源共享意愿、创业精神、信用趋向、风险偏好等。⑤

---

① 李纪珍，邓衢文，高旭东，等. 系统失灵视角下的技术创新服务平台功能设计[J]. 科学学与科学技术管理，2010，31(9)：77-83.

② Martin S, Scott J T. The nature of innovation market failure and the design of public support for private innovation[J]. Research Policy, 2000, 29(4-5): 437-447.

③ 邓大才. 制度失灵：农地交易失控之源[J]. 调研世界，2004(2)：35-37.

④ 张东刚，冯素杰. 近代中国知识产权制度安排的效率与失灵[J]. 南开学报(哲学社会科学版)，2005(2)：78-84.

⑤ 张润君，张伟. 技术创新中的非正式制度激励[J]. 科学学与科学技术管理，2004(7)：23-26.

4.4.2 参与者能力失灵

能力失灵是指创新主体如企业，缺少创新的技能、能力以及缺少创新资源而无法跃升到新的技术水平。① 这种创新的跃升需要行为主体具有灵活性、学习潜能、新技术的适应能力、市场需求和生存能力等，这些能力的缺乏会阻碍创新。特别是一些小企业，局限于自身的技术能力和水平，对技术的变化很难做出反应。这些技术的变化很可能是科技制度或者范式的变迁，也很可能将促使市场进入新的科技领域。如果企业没有抓住这种机遇，最终会被市场淘汰。

4.4.3 网络互动失灵

作为一个系统，技术创新越来越依赖于行为主体之间的互动和合作。这些互动不仅涉及企业之间的关系，也涉及政府、公共信息机构、第三方机构等。过强或者过弱的交流互动都可能造成系统失灵。② 强势的交流互动是指已经存在的创新团体出现了稳定而紧密的合作关系，例如协同、互补、共享、创造性地解决问题等，这样的团体是富有创新成效的。但是过于紧密而稳定的合作关系会导致与外界团体的信息交流阻断，有可能误导团体外的创新行为，也可能阻塞来自外界的创新思想，最终使得整个社会失去创新性，这就是强势交互失灵。弱势交互失灵包括创新小团体的短视行为、过度依赖小团体内主导合作伙伴、组织外部行为者进入等效用。弱势交流互动是指创新团体内缺乏知识、技术和行为的互补，行为之间缺少信息交流，阻碍了行为主体之间通过交互式学习创新或发展技术。强势交互失灵和弱势交互失灵都以它们自己的方式

---

① 王学军，胡小武. 论规制失灵及政府规制能力的提升[J]. 公共管理学报，2005，2(2)：46-54.

② 韩晶. 中国高技术产业创新效率研究——基于 SFA 方法的实证分析[J]. 科学学研究，2010，28(3)：467-472.

阻碍了成功的创新。①

4.5　应对全球气候变化的国际公约

气候变迁所引发的问题早已在科学和经济学的领域中受到深入研究，相对而言法学的研究则仍然少见。气候变迁的严峻现实促使全球协力应对，发展包括光伏能源在内的可再生能源是应对气候变迁的重要途径，因此有必要从国际合作层面探讨发展光伏产业的现实必要性。本节探讨信守法治原则的必要性，限制人民权利的正义基础以及追求的社会福祉目标，阐释全球减缓人为温室气体排放的正义内涵，认为每个国家必须面对其不同的生存问题，而国际法本身通常又仅属软法性质，提供了太多规避空间，若再加上国际政治的现实与经济的理想模式难以验证，终而导致后哥本哈根的困境。

科技伦理大师 John Rawls 说，我们对于正义原则的描述并非决定性的(determinative)，这些描述必须经得起我们正义感的检验。② 盖因这些描述在型塑或扩张正义感的过程，正如同我们在学习一种能用以显示表面(字面)意义的(sense of grammaticalness)语言，且这种非决定性的描述必然会与我们的直觉(intuitive sense)相契合。因此，法律中所涵括的正义必然是源自于这种描述与直觉间的互动结果，且其互动均会呈现在一种稳定的反射性均衡状态。

这也是面对全球气候变迁威胁的今天，人类试图借由节能减碳的努力来追求正义的过程所显现的状态，不同国家、不同团体或个人，乃至在不同的时空中，我们都可以看到以正义为名的主张或争辩，然则我们诠视正义不一定经得起正义感检验。

全球气候变迁的议题随 2009 年《哥本哈根协议》(*Copenhagen*

---

① 厉无畏. 产业融合与产业创新[J]. 上海管理科学，2002(4)：4-6.

② John Rawls. A theory of justice[M]. Harvard University Press，2009：214.

Accord)的诞生，曾在国内激起一阵涟漪，于 2009 年 12 月 UNFCCC 第 15 届缔约方大会(Conference of Parties，COP-15)召开后，即以大会之哥本哈根协议为模板，着手研拟温室气体排放基本情境模拟(business as usual，BAU)，并规划整体能源效率的提升愿景，积极推动减缓温室气体的法规建制以及后续国家适当减缓行动(NAMAs)计划，以符合 UNFCCC(UN Framework Convention on Climate Change)公约要求。然而，国内似乎对于源自 1992 年地球高峰会议(Earth Summit)以后，全球协力对应全球气候变迁的道德要求、追求地球可持续发展的理想、落实跨世代衡平的远景以及调和南北落差的努力欠缺认知与使命感，虽不断地以地球村的一员自许，也积极地愿意承担减碳承诺的目标，然无可讳言者，长期过度倾向经济思维，似乎并未真正掌握到问题的根源。

自工业革命以来，全球气候变迁的根本问题系源自于过度的能源开发，导致人为温室气体排放所带来的生态冲击、气候危机，乃至进一步引发的食物、环境、金融、经济等危机①，这是一种全球性的问题，更关系到世界各国乃至人类跨世代的竞争与资源竞用。每个国家都是这个发展趋势下的利害关系人，既是排放源也是受害者。若只以狭隘的经济思维来看待此事，将失去本质的意义，也难以获得国际的认同。然而这并不代表中国必须盲目地投入减缓排碳，因如前所述，这也是涉及生存与竞争力的问题，过当的承诺将导致危害当前生存条件。

首先，我们必须了解，减缓排碳(mitigation)与调适(adaptation)这两个气候变化纲要公约所揭示的主要课题，已然随国际条约的生效创设出新的国际秩序与相关权利义务体系。前者的重点在于强制减碳义务的赋予，后者则是在创设国际的道德义务，通过要求工业先进国家在财务、科技与制度建构上的投入，来协助后进国家因应气候变迁的挑战，并直接投入低碳与环境可持续的国家发展方向。

① [美]刚特·鲍利. 蓝色革命——爱地球的 100 个商业创新[M]. 洪慧芳，译. 台北：天下杂志出版社，2010：22.

4.5.1　应对全球气候变化的挑战

自 2007 年印度尼西亚巴厘岛召开的联合国气候变化纲要公约第十三次会员国大会做出《巴厘岛行动计划》(*Bali Action Plan*)之决议以来，其中于第一段第(b)项第(ii)款便要求，各发展中国家需要在各自定义的可持续发展条件下提出国家适当减缓行动(NAMAs)，以达到减缓温室气体排放的目标①。国际气候变迁公约的谈判自巴厘岛路线图推动以来，重新确立在共同但有区分原则(common but differentiated responsibility，CBDR)下②的减缓行动，普遍被各国所接受。根据 2009 年"坎昆协议"③的内容，对发展中国家(非附件一国家)而言，以经济诱因所开展的减缓计划，搭配发达与发展中国家都自愿承诺采取减量措施，接受可量测、可揭露、可验证(measurement，reporting，verification，MRV)的登录监督与核实的前提背景下，使得发展中国家能够通过减缓计划的登录，加速获得相关的国际资源，建立低碳经济和发展绿色产业；对发达国家而言，可望解开长期以来与发展中国家对立的桎梏，缔约国大会(COP)的决议以及其两个附属工作小组的工作报告亦同时指出④：国家适当减缓行动(NAMAs)将着重于调和发展中和发达国家的

---

① UNFCCC，Conference of the Parties，13th Sess.，3 -15 December 2007，Bali，Indonesia，Report of the Conference of the Parties，Addendum，Part Two：Action taken by the Conference of the Parties，1/CP 13，Bali Action Plan，3，FCCC/CP/2007/6/Add. 1 (14 March 2008).

② UNFCCC，Bali Road Map，FCCC/CP/2007/6/Add. 1，14 March 2008，pp. 3-12，22-24.

③ UNFCCC，Cancun Agreement，Conference of Parties，Report of the Conference of the Parties on its sixteenth session，held in Cancun from 29 November to 10 December 2010，FCCC/KP/CP/2010/7/Add. 1，pp. 61-66 (MRV).

④ FCCC Ad Hoc Working Group on Further Commitments for Annex I parties under the Kyoto protocol(AWG-KP)，FCCC/KP/AWG/2010/18，November 2010；FCCC Ad Hoc Working Group on Long-term Cooperative Action under the Convention(AWG-LCA)，FCCC/AWGLCA/2010/18，November 2010.

能力差距，而非持续异化两者的差异，尤其是同时强调减缓和调适的重要性，整合全球资金的援助和绿色能源技术的发展，不仅能够帮助发展中国家发展绿色经济，也让发达国家可借由减缓计划所规划的经济诱因，协助发展中国家的同时，借由国际碳交易市场的架构获得更多的国际经贸利益。

后续许多国家的讨论将 NAMAs 区分为三大类：第一类是发展中国家独自发起的减缓活动，称为单边的 NAMAs（unilateral NAMAs）；第二类是支持的 NAMAs（supported NAMAs），亦即由其他来自 UNFCCC 附件一缔约方国家提供相关气候财务支持之减缓活动，亦称为直接支持型之 NAMAs；第三类是给予额度型之 NAMAs（Credited NAMAs），亦即来自于发展中国家各部门所开发的各项减缓计划，而可以将该计划所滋生之减量额度移转到碳交易市场上从事买卖、交易等活动者称之。前两类支持型(supported)与单边型(unilateral)减缓活动发展的任务都是以降低发展中国家的温室气体排放量，并协助发展中国家之缔约方善尽保护全球气候之义务；而第三类的额度型 NAMAs 则是各公约附件一缔约方国家调整其内部减量成本以及善尽协助非属公约附件一缔约方国家的公约义务。除此之外，NAMAs 借由登录机制所建立的交换信息平台于 2012 年卡塔尔多哈会议确定最终版本后，开始授予缔约国成员访问权限，并于 2013 年 10 月 16 日正式公布，其平台包含缔约方担任 NAMA 的批准者(NAMA approver)、其他组织实体作为 NAMA 的开发者(NAMA developer)、援助编辑者(support editor)可提供资金与技术支持三部分①。

按目前的发展趋势来看，NAMAs 不只是公约中针对发展中国家自愿从事遵约的一个措施和沟通的平台，也是许多新兴工业国家和地区未来环境政策措施发展的重点项目，并且北方的工业国家和南方发展中国家将可借由此桥接机制进行合作，这也成为台湾作为发展中地区，可利

① UNFCCC，Manual of the NAMA Registry Prototype，Version of 30 April 2013.

用其优势推动减缓温室气体排放措施的重要依据。

4.5.2　全球气候变化正义

就当前 UNFCCC 及京都议定书所建构出的全球人为温室气体减缓责任体系来看，其中所涉主要包括所谓匡正的正义(corrective justice)及分配的正义(distributive justice)。以前者而言，主要是认为工业国家应先就其过去因工业发展所造成的温室气体效应负责，并在此前提下来思考工业国家对于其他国家及人民的补偿义务，以及自身必须承担的问题制造责任。至于后者，则是在所谓衡平的基础上，去思考所谓共同但有差异的减缓义务之分配：以 2009 年哥本哈根协议后到 2015 年巴黎会议的谈判期程为例，中国所带头的 Basic Group 与欧美之间的南北国家谈判，原本主轴系以发展中国家的减缓义务均属自愿类型(voluntarily based)，不同于工业国家的强制(mandatory)义务为主，逐渐转向到 2013 年波兰华沙气候会议中，各国共识开始朝向是国家决定贡献(nationally determined contributions)的国内准备工作，以便各国在预定于 2015 年 12 月举行之法国巴黎气候会议前，在 2015 年第一季度前各国在充分沟通过后，提交贡献提案。根据 2014 年各国所提的议定书草案建议①(parties views and proposals on the elements for a draft negotiating text)，第六段落以下提及各方对于承诺/贡献期间(cycle of commitments/contributions)的提案建议。在新的议定书中，承诺的期间必须要持续更新，协助国家提出预期国家决定贡献(intended national determined contributions，INDC)形成有效的公约执行及加强公约的实施。另外，必须要基于科学的基础加以验证，特别着重于 IPCC 的报告和定期审查。对于发达国家而言，需要承诺期开始之前建立全球性的量化减量目标(quantification of global carbon budget)，配合各国相对应的减量指标，

① Ad Hoc Working Group on the Durban Platform for Enhanced Action, ADP. 2014. 6. NonPaper, available at: http://unfccc.int/resource/docs/2014/adp2/eng/6nonpap.pdf (last visited: 2014/9/16).

以国际标准为验证机制，促使各国能够协力达成目标。

各国已经设法从根本上保持在2010年前南非德班气候会议推出这项最新一轮会谈时之一种模糊但微妙的平衡，即2015年协议将适用于所有国家(applicable to all)。换言之，虽然2015年协议的法律性质，如何区别发达国家与发展中国家之间义务仍然不确定，但未来协议势必融合匡正的正义和分配的正义两种精神，扬弃在第一轮京都议定书谈判时仅由上而下的匡正之谈判方式决定，进而融合匡正与分配两者精神，由各个国家自行决定其贡献程度。

美国的著名学者Posner & Sustein便认为，即便美国真的签署京都议定书并承诺承担减缓排碳之义务，依现有公约的规范架构，仍无法落实前述之正义目标。换言之，两位学者认为，即便美国一厢情愿地进行减缓，在国际条件不具备前提下，恐沦为美国与公约两头落空的努力。① 虽然Posner & Sustein的观点并不完善，然不可讳言者，这正是美国迄未加入减缓体系的主因。目前依据国际知名智库Pew Center之研究，与后京都发展关系最密切的议题有以下几个方面：② (1)谈判的形式与平台(form and forum of negotiations)；(2)新协议的有效期(time frame)；(3)减缓的承诺(mitigation commitments)，其中包括：界定承诺的方法，承诺的类型，承诺的强度，差异化与责任的分担；(4)调适的部分(adaptation)；(5)执行与遵约(implementation and compliance)。

这其中，减缓承诺部分所指出的问题，也正是在哥本哈根会议导致协议难产的几个重点所在，也是本书认为与匡正正义或分配正义之探讨最具关联性部分。

---

① Eric A. Posner and Cass R. Sunstein, Climate Change Justice, collected in John M. Olin in Law and Economics Working Paper, 2nd Series, No. 357 & Public Law and Legal Theory Working Paper Series, No. 177, the Law School of the Chicago University, p. 2 (Aug., 2007)

② Bodansky D. International climate efforts beyond 2012: a survey of approaches[J]. Tresolini, 2004, 9: 3-4.

毕竟气候变迁所引发的问题早已在科学与社会、经济的领域中受到深入的研究，相对的，法学的研究则仍然少见。① 在个人以气候变迁与正义(climate & justice)为题的检索成果中，2007 年迄今，能在 WestLaw 数据库中检索出的论文或专题研究技术报告只有 34 篇。且一般的分析逻辑是始自气候变迁的冲击(正当性)，继之以减碳的必要(限制)，进而导出义务主体(排放源)、权利主体(受害人)等。

至于正义何指，依据 Posner & Sustein 的看法，似乎都是当然地以为世界将因管制温室气体排放的协议而受益(the world would benefit from an agreement to control greenhouse gas emissions)。② 此外，Posner & Sustein 的调查显示，普遍认为美国应投入大量资源来减排，部分国家自全球减排所获利益远大过于其他国家，以及美国不但不应该是最大的受益者，反可能用以落实主要减碳目标之大规模单一碳税制度或总量管制排放交易方案(cap-&-trade program)制度下的受害者。③ 很显然，大家对于出发点在追求地球可持续的公约道德观，已显示出如前述 Rawls 所说的，描述与直觉交互影响下的多样正义诠释。相较于过去执行成功的蒙特利尔议定书管制氟氯碳化物的经验，温室气体所带来的另一个挑战是其因诉诸广大参与之必要所滋生的效益(efficiency)、效率(effectiveness)与正义(justice)的关联性问题。这其中我们又可分为三点来加以讨论：

(1)以科学为据的正义并能否作为节能减碳的正义基础。

若我们以前述科学证据为本，来建构管制的正义基础，则每个国家必须面对的将是减碳成本问题，以管制传统污染物为例，水与空气必须

① Bodansky D. International climate efforts beyond 2012: a survey of approaches [J]. Tresolini, 2004, 9: 3-4.

② Bodansky D. International climate efforts beyond 2012: a survey of approaches [J]. Tresolini, 2004, 9: 3-4.

③ Bodansky D. International climate efforts beyond 2012: a survey of approaches [J]. Tresolini, 2004, 9: 3-4.

有不同的对策，其中也同样是以 efficiency、effectiveness、justice 的三方权衡为本。例如，水污采排放标准的水质管制，因能通过掌握排放源来实施，以水质作为管制基础自能符合效益、效率与正义的需求。相对的，空污之所以必须实行最佳可行科技原则(the best available technology principle)，则系鉴于空污源头的掌握不易，且发散与空污排放的难度较高。这也导致美国最高法院先认为美国行政部门不能回避以空污管气后难以归责，因此必须直接要求最佳可行科技的应用。而今，温室气体甚至是全球性的问题，且并非依赖单一排放源或最佳科技原则的管制架构便足以当之。因此当美国环保署面临最高法院之要求必须介入管制温室气体后，乃试图借由后续陆续推动的立法，走向以特别法(如 *ACES & American Power Act*)排除普通法(《清洁空气法》，*Clean Air Act*)的原则来对应。

(2)从国际正义到合宪的思维。

哥本哈根会议在纷纷扰扰中落幕了，后京都机制的规划仅雏形初具，各大媒体与全球环保团体难掩失望，而小岛国与工业后进国家必须勇敢面对气候变迁的冲击依然如故。虽说哥本哈根协议带来了哥本哈根绿色气候基金(Copenhagen Green Climate Fund)的希望，工业国家也对2012 年前后的资金挹注多所承诺，然则如何落实这些承诺的方法、措施以及如何使用，仍然阙如。2011 年年底于南非举行的德班会议，历经艰困的协商，最终确立京都议定书的第二承诺期，亦建立了绿色气候基金(Green Climate Fund)，同时在技术移转议题亦有重大进展。业经由 2012 年在多哈和 2013 年波兰所举办的会议进一步得到确认，因而，除了原先即为两大主轴的减缓与调适议题外，可预见未来的气候变迁谈判将更强调技术移转及财务机制的相互配合。未来发展中国家主要以NAMAs 对应气候减缓与调适议题，发展中国家亦希望借由 NAMAs 使已发达国家重视其对于共同减量的努力，以及借此带来相关的附带利益，改善生活质量和公共健康，加强能源安全，更有效利用资源，增加绿色就业机会等。对抗气候变迁需通过 NAMAs 所形成之财务架构，其在发展中国家的发展已成定局。

在这里，我们看到人类继《里约宣言》(*Rio Declaration*)后再一次显现出的理性与道德。姑且不论非政府组织的投入令人动容，即便是政治人物，也在各自国家的民意驱使或国际道德责任的压力下来到会场，参与这被誉为人类第二次世界大战后最重要的会议。观察国际环境法制的发展以及谈判的历程可以得知，UNFCCC 一直以来积极地建构一套财务的诱因机制(例如：全球环境基金或调适基金)，希望能够借由已发达国家资金的挹注，促使发展中国家发展所谓绿色科技，共同改善气候变迁所带来的问题以及协助发展中国家履行公约之义务。因为人类为了对抗气候变迁所建立的国际环境公约并不代表各国，尤其是发展中国家，有能力完全遵照条约的内容履行公约的义务，其多半是公约背后所建立之相关运作机构的设置。例如：特别工作小组和稳定的财政来源如调适基金、全球环境基金、绿色气候基金等才是能否执行公约精神的核心关键。

(3)京都机制的正义观。

在举世众多的因应全球气候变迁努力中，所有对策的实践都必须依赖科技开发与大量资金投入，若加上社会因应全球气候变迁过程的支出及经济转型低碳过程的成本，此次哥本哈根协议的最大争议于焉显现。换言之，减量与调适及其所赖科技开发都必须依赖资金，而全球共享愿景的实现，也必须体认这些现实，这些巨额的费用无法依赖传统的政府资金来承担，例如，此次哥本哈根会议中的估算，至少要欧元 4000 亿。京都机制的效用正在于为各国提供可以鼓励民间投入资金，在全球协力的基础上，与官方部门合作，开发技术、协助低碳社会发展并建立因应气候变迁冲击的调适能力。

因此，目前各主要工业国家的绿能开发奖补助政策，无不衔接前述京都机制的功能而下，将碳交易收益之一定比例(如哥本哈根协议的 5%)用于回馈清洁能源之开发、消费端的需求创造以及低碳经济之发展。换言之，除传统补贴或奖补助之工具外，增加了市场回馈机制的设计，而这正是京都机制通过市场诱因来达成其目标的设计。在欧美，这些机制均已同步法制化(或进行中)，在国内，相对于欧美法制，再生能源管理条例用以调整能源供应部门的碳排放结构；能源管理法则对能源使用的能源效率有所规范；至于目前欠缺的是碳交易的机制，借以让前述的能源结构转型与使用效益的提升能获得额外的诱因。换言之，当中国面对能源结构调整上的困境时，还少了市场化政策工具——也就是京都机制所提供的计划型交易机制(project based transaction mechanism)。

诚如前文所述，目前民众对于碳交易机制或多或少存有一些误解。其实，这种交易不是单纯的排放管制，或图利富国；相对的，其必须有严格的额外减量成效，并经过议定书理事会认可的登录、查核与认证过程。此外，对于交易筹码的核发与交易的管理，亦需完整的法制化。相对于世界上所有的国家(此次会议将容许 UNFCCC 缔约国的企业参与京都交易机制，因此几乎世界上所有的国家都可以参加京都机制)，都可以借由碳交易机制的参与来筹措资金，投入科技开发与清洁能源的补贴，乃至气候变迁的调适。

4.5.3 法治原则的体现

1. 减缓目标的法制化

提出 NAMAs 的企图心固然值得肯定，然而通过这个方案要求诸多单位承担义务，转而要求业务所辖的人民或其他温室气体排放源配合减排，其法治基础何在？这其中，必须思考的是依法行政的问题，例如，减缓目标是否已经法制化，是否能合理地据以要求各部门提出施政方案、编列预算、规划人事并纳入管考？相对的，各部门的减碳责任应否有更高的指导原则来决定其优先劣后顺位与比例？这个高权决策应建立在何种法治基础，如能源安全、就业或是产业发展及可持续等合宪要求上？其次，当前落实创新能源政策目标部分，如何在追求减碳目标之际，同时型塑出法规促进福祉的积极意义？尤其如何具体发挥再生能源法的立法目的，促进温室气体减量法的立法，并导入碳金融市场的配套法制建设？又如何完善能源管理法在需求端的节能减碳及带动全民参与的效用？以及如何能借鉴美欧日，在促进能源及节能减碳科技与产业发展过程相辅相成，进而推动 NAMAs 的过程，促进低碳经济、社会与绿能产业的转型，并创造绿色就业环境？等等，均为重点。

未来中国可再生能源法的立法目标，试图导入国际碳金融市场的配套法制，期待在推动 NAMAs 的过程中，能促进低碳经济的发展，亦能达到产业转型与提升国际竞争力的目标。从依法治国的原则来看待当前的节能减碳发展趋势，我们不得不忧心，法治建设的落后将严重影响施政理念目标的达成，这点在能源政策的部分更为显著。

2. 可再生能源开发目标规划的法制化

以新近美国及德国的发展经验为例，已将再生能源的开发目的界定在通过科技的开发，创造绿能就业机会、带动产业与社会转型、提升国家竞争力。以美国为例，其能源部在 2010 年 6 月公开征求公众意见(public opinions)，要点是如何在风能开发过程创造就业机会，其重点包括政府应提供哪些职能训练与服务。很明显的，美国能源局在执行其绿能开发计划时，并不会认为工作是劳委会或职训单位的事，这就是将福祉法制化的意义。此外，单纯的立法若不能辅以跨政府部门的配套规划并将之法制化，进而建构出发展路线图，法之目的必然难以达成。① 以德国为例，其离岸风机(offshore wind power installation)的开发蓝图，便有充分法制化的配套及规划，其法制规划甚至始自海洋法公约的探讨，并及于既有电业与电网管理的法制或措施的研议，将其中部分重点列为必要注意事项，例如智能型电网的建置。② 这种思维完全符合依法

① O'Leary H, Secretary U S. Statement before the U. S. house of Representatives Committee on Energy & Commerce Subcommittee on Energy & Power[R]. Department of Energy, 2014, 78(5): 1-3.

② K M, Luther M, Winter W. Offshore wind power in German transmission networks[R]. Offshore Wind Power Forum University of California, 2007.

治国的原则，除出于依法行政之考虑外，更及于正当程序之合宪考虑。换言之，在这种决策的设计下，补贴的给予势必要本诸于效益达成的可行性；若国家的发展蓝图根本难以预期输配电网的配合开发，此时给予补贴的正当性基础何在，实不无疑义。

3. 碳交易与碳金融制度的法制化

联合国气候变化纲要公约为鼓励工业国家提供财务支持、财务机制①挹注于非附件一缔约方国家，即发展中(developing)以及最低度发达(least developed)国家缔约方，供其发展可持续与调适科技之用，其所创设出的京都机制，已然扩散为当前攸关重要的国际碳金融体制。因此，考虑碳权经营不仅是调整国家减量成本的机制，在整个国家能源政策中的地位也应该是一诱因机制。②

目前，国内对于京都议定书所创设的交易机制或多或少存有一些误解，其中最常见者便是将碳交易视为一种传统污染物的排放交易。其实，与传统污染物管制所创设的总排放量管制类型相较，碳交易机制是一种前端投入的管制措施，不同于法定排放污染源的末端管制。前者系以碳为全球的负担，在 UNFCCC 的架构下，要求缔约国加以管制，而京都议定书则进一步就工业国家为主的附件一国家设定减量目标，并提供排放交易(emission trading，ET)、清洁发展机制(clean development

① Article 11，UNFCCC，United Nations Framework Convention on Climate Change，1992.

② 2006年生效的京都议定书(Kyoto Protocol)，则系运用市场机制，以碳金融(carbon finance)为核心，还协助发展中与最低度发达国家取得所需资金；其中所设计的弹性机制(flexible mechanism)是以计划型的机制(project-based mechanism)产生经验证过的减量额度；并通过市场机制(market-based mechanism)，提供一跨国的排放交易市场供缔约方进行交易。工业化国家提供的计划型排放减量机制不仅可以通过技术、财务以及能力建置等的计划来协助发展中国家减缓内国温室气体的排放量，这些计划所增生的额度亦可以透过排放交易制度而为发展中国家取得更多的资金，以进行更多减缓气候变化的活动，工业化国家亦可以因此调整自己的内部减量成本，因此被各国分类系可以给予额度型的NAMAs(certified NAMAs)。

mechanism，CDM）与共同遵约（joint implementation，JI）三种所谓的京都机制，以市场诱因为基础来促进减碳目标的达成。碳交易机制是用来促进工业国家落实减量目标，并借此协助发展中国家实行绿色科技并直接发展低碳经济之用。京都议定书自从 1998 年开放签署后，其交易机制就不断演变，其中最重要的是在多哈举行联合国气候变化纲要公约第 18 届缔约国大会（COP18）及京都议定书第 8 次缔约国会议（CMP8）中通过京都议定书第二承诺期多哈修正案，确立其第二承诺期自 2013 年 1 月 1 日开始为期 8 年，至 2020 年 12 月 31 日为止；第二承诺期的额度计算方式、遵约机制及京都机制等运作规则，大致上沿袭第一承诺期，唯京都机制之运作规则基于第一承诺期之运作经验，自 2013 年起陆续由京都机制之各主管机构，如 CDM 执行理事会、JI 委员会等，分别广征改善建议进行协商中，由此可知京都机制所形成之交易效能仍为世界各国所认可。

中国虽然为了应对京都机制的发展，也采取了一定的正常措施，①但国内普遍仍对于碳交易和传统污染物的排放交易有所误解。易言之，相对于传统污染管制所采的排放交易必须先针对污染物之是否应加以管制为定义，此间的碳管制并不须先将碳定义为污染物，从而也没有法规地域性的管制范围问题。因此在传统污染物管制过程中，以一般科学评价来确认排放容许量，进而界定个别排放源之义务，并据以设计排放配额交易机制的做法，与碳交易的方法论大不相同。在碳交易的机制设计上，必须先在国际的架构下确立减量义务，否则一国必须借由内国法订

① 国家发展改革委、全国人大环资委、全国人大法工委、国务院有关部门联合成立了应对气候变化工作领导小组，加快推进应对气候变化法律草案起草工作，2012 年到 2014 年，北京市、天津市、上海市、重庆市、深圳市、广东省和湖北省七个省市的碳排放交易试点工作取得积极进展。参见中国碳市场碳排放交易概况，查访网址：http://www.tanpaifang.com/tanjiaoyi/2014/0925/38442.html（最后浏览日：2014/10/9）

定减量目标。此时，减量目标必须借由能源效益的评估，先行确认不同年度的排放基准，继之由国家决策实行减量目标的基准年(例如《京都议定书》在1997年系以附件一国家必须减量之低于1990年约5%为目标，此时基准年为1990)。一旦确认应减量之目标，则除了减量期程外，如何减量便须由各国依据其各自条件(这即是所谓共同而具差异化责任的由来)，纳入适当行动方案。这就是哥本哈根协议要求各国实行国家适当减缓行动(national appropriate mitigation action，NAMA)之由来。

总体而言，完整的碳权经营模式不仅可以提升能源使用的效率，成功经营的获利亦可以使产业取得额外的资金来源，可以用来补贴其内部降低排放的成本，强化其提升使用效率与研发的信心与意愿。而新兴碳权经营的模式更可带动绿能产业的发展、创造新的就业机会与专业，可以强化人才之素质与能力。然而对于此种市场机制的减碳设计，却引发诸多环保团体的挞伐，认为是泡沫型的逐利工具。

因温室气体具有非地域性的特质，导致必须建立在各国主权基础上的减缓(国际)法架构，面临根本性的挑战。不论是国际义务、国家义务或个人义务的定性，都会面临挑战，若我们当然地以全球福祉(social welfare)的提升为目标，则在追求社会最适的前提下，个别国家的付出(sacrifice)应是可被接受的。然而很遗憾的是，每个国家必须面对其不同的生存问题，而国际法之本身通常又仅属软法(soft law)性质，提供给大家太多规避空间，若再加上国际政治的现实与经济的理想模式难以验证，终于导致后哥本哈根的困境。

4.6 本章小结

本章分析了中国光伏产业发展中市场化政策工具的法律规制诉求。明确了中国光伏产业发展中市场化政策工具的法律规制目标是克服市场失灵、系统失灵以及政府失灵，保障市场化政策工具内容设计的合法性和市场化政策工具实际运用的有效性，应对全球气候变化的国际公约。

目前中国光伏产业发展中存在的问题，更深层次的原因可以归结为现有的政策工具存在问题，缺乏完善的法律体系保障。现有的《可再生能源法》为中国光伏产业的发展提供了基本法律保障，在一定程度上缓解了中国光伏产业发展中无法可依的现象。但是最近多年的光伏产业发展实践经验表明，中国光伏产业相关的法律规范体系尚不完备，缺少一部与时俱进的能源基本法，也没有关于太阳能光伏产业的专门立法。现有光伏产业相关的法律规范效力低，该产业的发展长期以来是依靠政策工具来规范。配套实施细则缺乏系统性和针对性。中国目前关于太阳能光伏产业的相关立法等级较低，该产业的发展长期以来是依靠政策工具来规范。相关具体的法律条文都散落在其他单行法之中，没有专项的立法。例如在《大气污染防治法》《循环经济促进法》中都散见涉及太阳能光伏产业的内容，但大部分条文是原则性规定，没有可操作性。在《可再生能源法》中，针对太阳能光伏产业的法律条文也都是框架性、原则性的，在实践中缺乏可操作性，更难以发挥立法效果。中国现行的与光伏产业相关的法律配套实施细则缺乏系统性。由于相关法律规范体系的不完备，相应的实施细则也缺乏根据光伏产业发展的实际情况和未来需要的考量因素。现行的实施细则大部分是光伏与建筑结合的领域的规范，有关光伏发电的规范都散见在其他可再生能源发电相关的法律规范当中，并没有专门的行政法规或者部门规章，甚至行业标准。完善的实施细则需要针对中国光伏产业发展的核心技术予以支持。目前中国光伏发电的成本仍旧居高不下，其最根本的原因还是核心技术的缺失和研发能力的低效。而中国现行的实施细则中并没有解决这一最关键的问题，自然不能够激励技术创新，促进光伏产业创新系统的健康发展。

本章明确了对市场化政策工具的法律规制是促进光伏产业健康发展最好的应对策略。法律规制的目的实质上是对外部性的矫正，其主要目的是规范中国光伏产业市场，使得市场机制在光伏产业的技术发展领域做出最优化的配置，形成创新的市场经济结构，创造有激励创新的环境。法律规制能够更好地引导产业政策工具，促进产业链高端的技术创新发展，同时能够协调创新的外部经济效益带来的社会收益和私人收益之间的分配，克服市场失灵。法律规制能够对国家支持新兴产业的原则、程序和方式作出具体规定，消除政策抽象化的缺陷，将政府的政策目的真正落实到位，弥补政府管理缺漏，克服政府失灵。立法可以通过约束创新系统的主体，保障创新机制在正确的轨道上运行，进而提高产业创新系统的整体活力，克服系统失灵。气候变迁所引发的问题早已在科学和经济学的领域中受到深入研究，相对而言法学的研究则仍然少见。气候变迁的严峻现实促使全球协力应对，本书探讨信守法治原则的必要性，限制人民权利的正义基础以及追求的社会福祉目标，阐释全球减缓人为温室气体排放的正义内涵，认为每个国家必须面对其不同的生存问题，而国际法本身通常又仅属软法性质，提供了太多规避空间，再加上国际政治的现实与经济的理想模式难以验证，终而导致后哥本哈根的困境。这是气候变化背景下国际公约对市场化政策工具的法律规制的外部影响。

第5章　中国光伏产业发展中市场化政策工具的法律规制途径

5.1　中国光伏产业发展中市场化政策工具的法律规制：以行政自由裁量权为中心

5.1.1　中国光伏产业发展中的市场化政策工具与行政自由裁量权的关系

本书第3章中从法律规制的理论层面论述了市场化政策工具是行政自由裁量权的载体，本节从实践层面具体论述光伏产业发展中市场化政策工具所体现的行政自由裁量权。

中国光伏产业发展中现行的多种市场化政策工具包括：总量目标规划、强制上网电价补贴、费用分摊和税收优惠。① 成熟的新兴市场化政策工具包括：碳排放交易、绿色能源证书交易、净计量电价等，这些政策工具都体现了在特定领域光伏产业中特定行政主体对行政自由裁量权的行使。对上述市场化政策工具规制的原因正是因为出现了行政自由裁量权滥用的情形。

---

① 杨解君，赖超超．中国太阳能开发利用的现状及其立法诉求[J]．甘肃政法学院学报，2008(2)：63-69.

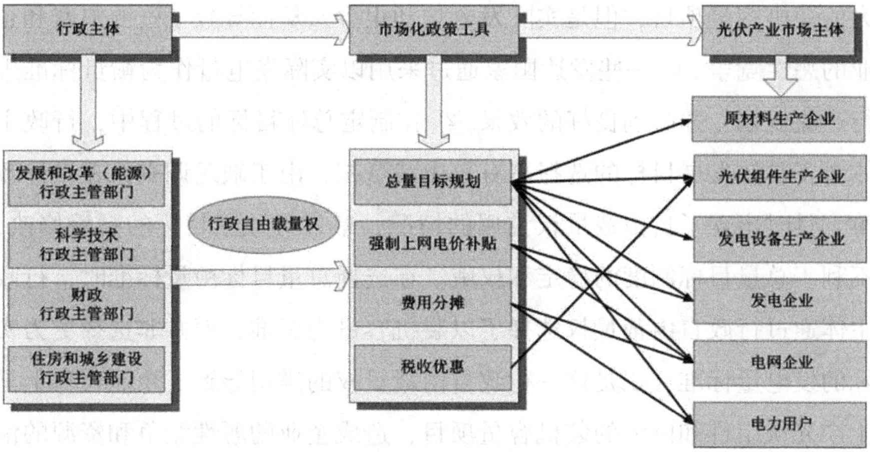

图 5-1 市场化政策工具对光伏产业市场主体作用示意图

总量目标规划是中国促进可再生能源发展的重要政策工具，通常处于首要地位。太阳能光伏产业的宏观发展也是围绕着总量目标规划而进行的。中国通过"十一五"规划、"十二五"规划等形式设定太阳能光伏产业发展的总量目标。① 总量目标规划需要有一定的预见性、连贯性、战略性和强制性等特点。② 但是，中国制定的太阳能发展总量目标缺乏前瞻性，对于光伏产业发展形势估计不足，因此目标经过多次修改，频繁的修改不利于维护总量目标规划的稳定性和权威性。出现这种现象是因为光伏产业市场的科学调查是不完善的，没有建立在科学调查基础之上的总量目标自然会脱离实际。③ 除此之外，中国对于太阳能光伏产业发展的总量目标是以装机容量为衡量标准的，而不是以实际发电量为标

① 目前对于光伏产业的"十三五"规划也在制定当中。参见贾美姿. 光伏产业"十三五"：新一轮景气周期开启[J]. 电力系统装备，2015(1)：40.

② 薛荣婵. 我国风力发电法律促进机制研究[D]. 重庆：西南政法大学，2010：17.

③ 马胜红，李斌，陈东兵，陈光明，孙李平，张亚彬，熊燕，刘鑫. 积极应对光伏反倾销调查——加速开拓中国国内光伏市场的必要性和紧迫性[J]. 太阳能，2009(10)：5-13.

准。这样的衡量标准设计容易导致企业盲目生产光伏组件，上马规模巨大的装机容量项目，但是实际发电量却很少，从而导致了资源浪费和企业的恶性竞争。① 一些发达国家通过采用以实际发电量作为衡量标准进行产业规划，并起到良好的效果。② 在制定总体目标的过程中，行政主体对于具体发展目标的选择享有自由裁量权，由于缺乏调查，在设计政策工具时出现了自由裁量权滥用的情况，最终导致了目标的频繁修改，不利于总量目标制度的稳定和权威。在选择总量目标衡量标准时，行政主体通过行政自由裁量权选择了以装机容量为标准，而并非选择更为实际的发电量标准。正是这一行政自由裁量权的滥用导致了企业盲目上马生产光伏组件和巨大的装机容量项目，造成企业的恶性竞争和资源的浪费。这一政策工具运用过程中出现的问题，体现了行政自由裁量权缺乏有效的约束性，不能科学地运用。同时也体现了对企业长远利益保护的薄弱性，由于行使自由裁量权的失误，间接导致企业出现恶性竞争，损害了其长远利益。总量目标规划政策工具存在的问题是由于缺乏科学调研导致目标频繁修改，缺乏稳定性和权威性，规划目标的衡量标准是装机容量，而非更能够反映产业发展效果的实际发电量。这属于行政自由裁量权滥用的非正当考虑情形和反复无常情形。

强制上网电价补贴，是政府为鼓励发展可再生能源发电产业，而强制要求电网企业对于可再生能源电力以规定价格进行收购的政策工具。③ 中国对于太阳能发电等可再生能源电力实施强制上网电价补贴政策工具，规定电网企业必须全额收购电网覆盖内的可再生能源发电电力，并且需要以一定价格购买电力，从而鼓励可再生能源发电的上网和

① 黄梅萍，林丽华，朱锐敏，周虹，孙诚毅. 厂商光伏组件的生产计划浅析[J]. 科技与企业，2014(10)：15-16.

② 韩延刚，陈洪波. 国内外太阳能光伏标准体系分析及展望[J]. 太阳能，2012(13)：12-16.

③ Zhi Q, Sun H, Li Y, et al. China's solar photovoltaic policy: an analysis based on policy instruments[J]. Applied Energy, 2014, 129: 308-319.

销售盈利。这一制度在一定程度上解决了光伏发电企业上网难、盈利难的问题，但是限于目前较低的技术水平，电网企业为了并网光伏发电的电力，需要承担高昂的连接费用和输送电成本。即使《可再生能源法》规定电网企业为收购可再生能源发电的电力而产生的相关费用可以计入电网企业输送电成本，可以从销售的电价中回收成本，但是在实际操作中，销售电价的成本回收不足以负担电网企业为并网收购可再生能源电力所支出的费用，由此影响了电网企业并网收购光伏电力的积极性。① 除此之外，对于太阳能光伏发电所产生的电力，中国目前实施的是分类电价政策工具。中国《可再生能源法》第五章第十九条规定实施分类电价，也就是在法律框架下使得市场主体在不同地区、不同时段，根据其具体的投资成本，规定相应的上网电价，保障其投资回报。② 这一政策工具在一定程度上促进了市场主体在不同地区、不同时间投资光伏发电项目的积极性，但是也限制了企业的良性竞争，并且会随着光伏产业的发展对市场的公平竞争产生制约作用。举例而言，A 地区实施的收购电价标准高于 B 地区，在发电成本一致的情况下，A 地区的光伏发电企业的利润则会高于 B 地区的发电企业。行政主体在设计和运用这一政策工具时，未能切实考虑到电网企业的经济成本，体现了行政自由裁量权的行使对电网企业利益保护的薄弱性，同时体现了行政主体为了减轻自身财政负担而转嫁成本给电网企业的利益诱导性。行政主体在设计和运用强制上网电价补贴政策工具时，行使自由裁量权选择分类电价的标准，容易限制企业的良性竞争，使得不同地区的可再生能源发电企业缺乏公平，体现了行政自由裁量权对于企业权利保护的薄弱性。强制上网电价补贴政策工具的问题是未能考虑电网企业承担高昂的并网费用和输送电成本，这也属于行政自由裁量权滥用的非正当考虑情形。

---

① 赵平，严玉廷. 并网光伏发电系统对电网影响的研究[J]. 电气技术，2009(3)：41-44.

② 李俊峰，王仲颖. 中华人民共和国可再生能源法解读[M]. 北京：化学工业出版社，2005：31.

费用分摊是指为了解决太阳能光伏发电电力较高价格与常规能源发电电力较低价格的差距问题，将价格差额附加在销售电价中分摊的政策工具。① 该制度有利于激励投资主体增加对太阳能光伏产业的投入。费用分摊是指采用分摊的形式要求电力消费者承担发展可再生能源所产生的额外费用，从而促进可再生能源大规模发展。② 这一政策工具解决了发展光伏发电项目的额外成本问题，但是也存在着补偿资金来源单一、资金补偿周期长等问题。根据《可再生能源法》的规定，中国费用分摊资金仅仅来源于电价附加，不能缩小太阳能光伏发电成本与传统能源发电成本之间的差距。③ 同时中国实行的全网分摊方式不能有效地激励生产者和消费者发展清洁能源。④ 在全网分摊的基础上实行梯度电价制度能够更好地保护低耗能的普通电力用户的利益，增加高耗能电力用户的用电成本，更有效地推动可再生能源电力的发展。⑤ 行政主体在运用费用分摊政策工具时，行使自由裁量权将价格差额分配给电价附加来解决，从微观上加大了普通居民使用电力的成本，由于信息的不对称，普通居民大多甚至不知道日常生活中所缴纳的电力使用费用中包含着电价附加，这体现了公民权利的弱保护性。⑥ 这一政策工具的运用也体现了

① Liu D, Shiroyama H. Development of photovoltaic power generation in China: a transition perspective[J]. Renewable and Sustainable Energy Reviews, 2013, 25(5): 782-792.

② 李俊峰，王仲颖. 中华人民共和国可再生能源法解读[M]. 北京：化学工业出版社，2005：33.

③ 孙艳伟，王润，肖黎姗，等. 中国并网光伏发电系统的经济性与环境效益[J]. 中国人口·资源与环境，2011，21(4)：88-94.

④ 该意见来自于对南方电网公司的访谈。访谈时间：2014年6月11日。访谈地点：深圳市供电局大楼。访谈对象：南方电网深圳供电局可再生能源应用部门主管。由笔者本人进行访谈。

⑤ 马胜红. 实施风力发电、生物质直燃发电、光伏发电溢出成本全网分摊的可行性分析[J]. 中国能源，2005(10)：5-13，45.

⑥ "电价附加"这一概念包含两层意思，一是对于电力用户而言类似电价涨价；二是对于政府而言，属于用于公共利益目标的准税收性质的收入。参见时璟丽. 可再生能源电力费用分摊政策研究[J]. 中国能源，2010，32(2)：15-18，21.

行政主体利益的诱导性，行政主体将价格差额通过电价附加的方式分配给普通居民，是减轻行政主体自身的财政负担的主要方式。费用分摊政策工具的主要问题是资金来源仅限于电价附加。虽然《可再生能源法》规定电网企业收购可再生能源电力的成本可以采用电费附加的方式分担，但是对于具体操作方式没有具体规定，实际中电费附加的标准由发改委等部门确定。这种单一的资金来源方式不能缩小光伏发电成本与传统能源发电成本之间的差距，全网分摊的方式不能有效激励发电企业和消费者使用清洁能源。这些问题属于行政自由裁量权滥用表现的非正当考虑和对于弹性法律条文的限制性解释。

对于中国太阳能光伏产业而言，税收优惠体现在关税、增值税和企业所得税方面，具体形式是减税和免除税收。《可再生能源法》规定国家对列入可再生能源产业发展指导目录的项目给予税收优惠。国家对光伏设备生产企业采取减半征收增值税的优惠政策。① 中国对于太阳能光伏产品的税收优惠政策较少，并且大部分税收优惠政策由国务院各部门制定，形式单一，缺乏稳定性。税收优惠形式也较为单一，优惠额度不高，对于光伏发电项目的投资商、运营商都没有系统的税收优惠规定。税收优惠政策工具的设计和运用应当遵守"税收法定原则"。税收法定原则的内涵一般包括要素法定、要素确定和征税合法三个方面：要素法定是指纳税人、课税对象、税基、税率等税收要素应当由法律来规定；要素确定是指法律对于税收要素的规定必须是明确的，应当避免出现歧义和漏洞；征税合法是指征税机关应当依法对课税要素和税收征纳程序来征收税款。② 税收法定原则的实质是解决税收的合法性问题，从三个方面来予以体现：一是行政主体税收权力存在的必要性，二是行政主体征税权力的来源和范围要严格根据法律来确定，三是税收权力包括税收

① 杨解君，赖超超. 我国太阳能开发利用的现状及其立法诉求[J]. 甘肃政法学院学报，2008(2)：63-69.

② 刘剑文. 落实税收法定原则的现实路径[J]. 政法论坛，2015，33(3)：14-25.

立法权、税收征管权和税收收益权。① 在光伏产业发展中运用税收优惠政策工具时，没有明确的法律来确定行政主体征税权力的来源和范围，违反了要素法定原则；税收政策由国务院各部门制定，形式单一、缺乏稳定性等问题违反了要素确定原则；这都体现了行政主体在行使行政自由裁量权时缺乏有效的约束性；税收政策对于光伏发电项目的投资商和运营商没有优惠的规定，体现了行政自由裁量权的行使缺乏对于投资商和运营商利益的考虑。税收优惠政策工具的问题在于税收优惠政策的制定主体混乱、政策内容优惠幅度不大、税收形式单一、缺乏稳定性，并且不能及时到位，这属于行政自由裁量权滥用的非正当考虑、反复无常和故意拖延情形。市场化政策工具存在的问题符合了行政自由裁量权滥用的情形，反映出行政主体在行使行政自由裁量权时缺乏有效的约束。

5.1.2　中国光伏产业发展中市场化政策工具的法律规制的层面划分

通过上述分析，可以发现作为行政自由裁量权的载体，市场化政策工具的设计和运用也会出现消极的样态。为了克服光伏产业发展中市场化政策工具存在的问题，合理规制以市场化政策工具为载体的行政自由裁量权，根据上文中市场化政策工具的法律规制的理论基础，对于市场化政策工具的法律规制主要从三个层面展开。

1. 立法层面

本书的研究主题主要关注具体的光伏产业发展中的市场化政策工具，对于该领域的实体立法尚属空白，需要更多的从立法内容方面进行研究，因此本书更注重于研究立法机关通过立法活动进行规制。在特定的情形下，运用成熟的市场化政策工具可以转化为立法。政策向法律的转化是指在中国的社会发展实践中，政策是体现人民意志的重要媒介，对于立法活动产生了重要的引领和规范作用，也深刻地影响国家的法治

① 王鸿貌. 税收法定原则之再研究[J]. 法学评论，2004(3)：51-59.

进程。在有关经济改革和社会变革的重大问题上，政策发挥着重要作用，可以通过立法的形式，将成熟政策的内容予以法定化、固定化。政策及其实践可以作为立法的预备。同时，通过立法的形式规范市场化政策工具，体现人民意志，保障中国法治的持续发展。①

行政主体的行政自由裁量权的获得途径主要是通过立法机关的立法活动授予的，② 因而在行政自由裁量权设立阶段进行立法规制是规制行政自由裁量权最根本的措施。正如上文所述，对于具体光伏领域的实体立法空白是导致行政自由裁量权缺乏约束的主要原因，同时程序法律制度的缺位也促成了行政自由裁量权的滥用。

2. 行政层面

行政规制是通过行政主体内部的监督机制对行政自由裁量权进行监督。以市场化政策工具为载体的行政自由裁量权的行政规制，表现形式包括内部和外部两个方面。内部规制主要包括上级机关对下级机关的监督、行政复议机关的监督和行政监察部门监督等方面。③ 外部规制主要是指行政主体通过行政行为对市场化政策工具的设计和运用予以规范，从而达到限制行政自由裁量权滥用的目的，④ 主要包括行政许可、行政

---

① 方世荣. 论政策转化为法律的基础和条件[J]. 湖北行政学院学报，2006(4)：5-10.

② 崔卓兰，刘福元. 析行政自由裁量权的过度规则化[J]. 行政法学研究，2008(2)：16-20.

③ 陈丽芳. 论行政程序对行政自由裁量权的控制[J]. 河北法学，2000(4)：30-34.

④ 在光伏产业领域，主管的行政主体主要包括发改委(能源局)：负责宏观经济管理综合工作，通过制定可再生能源发展规划、投资建设重大光伏发电项目、制定可再生能源电价政策等，对中国光伏市场推广和产业发展产生重要影响。科技部：负责规划和组织光伏技术研发工作，通过国家科技攻关计划、863计划、973计划、中小企业创新基金等支持较大的光伏研究课题，对于中国光伏研发和技术扩散产生重要影响。电监会：负责制定光伏发电上网相关政策。财政部：负责制定光伏发电示范项目财政补助政策。建设部：负责制定光伏建筑应用相关政策。

指导和行政监管。① 内部规制中的上级机关对下级机关的工作监督，是按照行政隶属关系由上级行政机关监督下级行政机关合法、合理行使法定或委托的职权，可以改变或者撤销下级行政机关违法或者不当的行为。外部规制主要是指在市场化政策工具的运用过程中，可以通过行政许可、行政监管和行政指导等方式来规范市场化政策工具的运用，从而规范行政自由裁量权的行使。行政法视野下的公共政策通常被视为政府进行公共行政的基本方式，市场化政策工具被视为政府行政自由裁量权的载体，强调市场化政策工具应当在宪政的体制框架下运用。② 在一些实践当中，法律的制定和颁布并不能自给自足地完成落实，需要配套的政策来保障其实施。例如，《可再生能源法》规定了多种制度，如强制上网电价补贴，但是该制度的实施需要国务院部门出台相应的配套政策来细化和落实，才能让这部法律真正发挥实际作用。

3. 司法层面

为了有效规制行政主体行使以市场化政策工具为载体的行政自由裁量权，司法规制是在立法规制和行政规制无法胜任规制行政自由裁量权时的最后一道保障。③ 司法规制的具体方式是对行政自由裁量权进行司法审查，包括事实问题的审查和法律问题的审查。司法规制的实现可以通过事中规制和事后规制进行，主要是指在法律框架内通过审查行政自由裁量权的行使是否遵循了法律所明确规定的界限、程序和条件等，防止行政自由裁量权的滥用。④ 具体到光伏产业发展中的市场化政策工具而言，是审查市场化政策工具的设计和运用是否遵循了实体立法所确立的界限、程序和条件。司法审查的内容主要分为对光伏产业发展中市场

① 莫于川. 行政指导救济制度研究[J]. 法学家，2004(5)：130-136.

② 冯威. 行政法视野中的公共政策研究[D]. 济南：山东大学，2012：150.

③ 胡亚球，陈迎. 论行政自由裁量权的司法控制[J]. 法商研究，2001(4)：55-63.

④ 尹友中. 论对行政自由裁量权的司法审查[J]. 行政与法，2002(2)：15-16.

化政策工具设计和运用的事实问题的审查和法律问题的审查。第一是审查市场化政策工具设计和运用的法律依据。考虑行政主体是否具有法律法规的授权，如果有授权，要审查行政主体的行为是否超过授权范围。第二是审查市场化政策工具的设计和运用是否符合立法目的。以市场化政策工具为载体的行政自由裁量权不能背离公共利益，不能违背特定法律的立法意图，不得背离善意的动机。第三是审查市场化政策工具的内容。具体包括审查行政主体是否故意拖延履行法定职责和是否在法定范围内做出显失公平的裁决。第四是审查市场化政策工具设计和运用的程序。① 市场化政策工具的设计和运用是实体性与程序性的统一，程序可以限制行政自由裁量权的滥用，保障公民合法权益，并最终促进行政自由裁量权的有效行使。

上述三个层面的法律规制能够独立发挥作用，也需要相互配合形成有机的整体，通过对市场化政策工具在立法、行政和司法层面的规制，最终有效制约行政自由裁量权。

5.2　境外光伏产业发展中市场化政策工具的法律规制经验

国际视野中，许多发达国家和地区采用了市场化政策工具促进本国的光伏产业健康发展，各国对于市场化政策工具的法律规制路径都有不同的特点。通过比较研究发现，各个国家都是通过立法层面为行政主体行使自由裁量权划定界限，合理设计市场化政策工具的内容，并且通过行政规制层面规范市场化政策工具的运用，从而规范行政自由裁量权的使用。本章选择对我国有借鉴意义的国家和地区做比较研究。

---

① 王振宇，郑成良．对自由裁量行政行为进行司法审查的原则和标准[J]．法制与社会发展，2000(3)：11-16.

表 5-1　境外光伏产业发展中市场化政策工具的法律规制路径

国家/地区	市场化政策工具	立法规制行政规制	评论
德国	强制上网电价补贴政策工具 全额收购政策工具 固定电价政策工具 税收减免政策工具	1990 年电力输送法 2008 年可再生能源法 可再生能源供热法 1990 年十万太阳能屋顶计划 1999 年ERP(企业资源计划)系统环境和节能项目	德国巨大的光伏产品市场背后，是政府对光伏产业发展的政策支持。研究文献认为德国主要通过法律管制、研发资金投入、政府采购等方式来促进本国的光伏产品市场和核心技术的发展。除了加大补贴资金投入、增加政府采购、实施法规管制等政策工具之外，德国政府还配套实施税收优惠和金融支持等政策工具来推动光伏产业的发展 德国通过立法确立了多种市场化政策工具的内容，为行政自由裁量权的行使划定了权力界限。并且通过行政规制的手段落实各项市场化政策工具的运用，规范行政自由裁量权的行使
美国	可再生能源组合政策工具 联邦贷款担保和税收减免政策工具 强制上网电价补贴政策工具 净电量计量政策工具	1980 年能源安全法案 1974 年太阳能供热和制冷示范法案 1978 年太阳能光伏研究、开发和示范法案 1980 年太阳能和节能法案 1980 年太阳能和节能银行法案 1990 年太阳能、风能和地热能发电生产激励法案 2005 年国家能源政策法案 1997 年百万屋顶计划	美国促进光伏产业发展的市场化政策工具在很多方面是区别于欧洲的。相对于欧盟和其成员国而言，美国联邦政府很少有综合的、大规模的能源计划，特别是在利用市场化政策工具促进可再生能源发展方面。美国联邦政府的政策工具大多体现在财政激励上，例如，通过贷款担保以及税收优惠等。美国政府推动产业发展的政策工具主要是用在研究开发上，从长远来看，政府在研发领域的投资是非常必要的，这使得一些周期较长的项目得以降低技术成本。美国政府的研发投资主要由能源部掌控，并且每一份政府投资都有私人资本的匹配投入。政府投资、风险资本以及私人资本的综合投资模式，使美国在光伏产业技术研发上处于领先地位。美国政府的大部分可再生能源政策都是由州一级政府制定的，影响力较小，并且不尽相同。美国较少地采用市场化的政策工具，较多地依赖研发投入，忽视了市场机制的作用 美国通过专门法案引导光伏产业的投资和建设，同时为各个州政府行使自由裁量权划定边界，防止行政自由裁量权的滥用

续表

国家/地区	市场化政策工具	立法规制 行政规制	评论
日本	强制上网电价补贴政策工具 太阳能发电系统安装费用补贴政策工具	2010年家庭光伏发电补贴法 能源基本政策法 石油替代能源的开发利用促进法 电力设施利用新能源特别措施法 促进新能源利用特别措施法 2008年能源长期供求远景预测 1997年促进新能源利用特别措施法 促进新能源利用特别措施法实施细则 促进新能源利用的基本方针 能源使用者关于新能源利用的准则 2002年电力设施利用新能源特别措施法 2009年阳光计划	从日本实施的光伏产业政策工具演变过程来看，日本政府在光伏产业发展初期，从直接补贴太阳能光伏产品的生产商，逐步演变为对使用太阳能光伏产品的消费者进行补贴。这种补贴方式的转变，说明日本政府的光伏产业政策由最初的政府推动型政策转变为刺激市场需求拉动型政策。这种市场化的政策工具激发了光伏产品生产商提高技术创新水平、开发新产品和降低产品价格的动力，促进了光伏产业的健康发展 日本关于促进光伏产业发展的立法内容的改进，说明了通过立法层面调整政府行使自由裁量权的方式，以往的主动推动型政策工具转换为利用市场激励发展光伏产业的市场化政策工具。通过立法层面对行政自由裁量权的权力边界做出调整，并且通过行政规制的方式配合政策工具的改进，规范政府行使行政自由裁量权

续表

国家/地区	市场化政策工具	立法规制 行政规制	评论
台湾地区	总量目标规划政策工具 强制上网电价补贴政策工具 贷款和补贴政策工具	2009 年再生能源发展条例 2000 年光伏发电示范系统安装补贴规定 2004—2006 太阳城 2002—2004 太阳能政府机构建设标准 2005—2006 偏僻岛屿抵抗自然灾害紧急支援系统 2006 年太阳能园、太阳能社区、光伏示范建设和农业安装支持	我国台湾地区“再生能源发展条例”的通过，展示了管理机构积极的系统性政策，但相比德国、日本或是美国的电价回购率、配置安装补贴、低利率贷款和其他金融政策，台湾仍有改进的空间 首先，采用激励措施提高可再生能源的份额累计装机容量。“再生能源发展条例”第三条第 1 款是关于可再生能源标准的规定，其规定的可再生能源发展行动，包括太阳能、生物质能、地热能源、海洋能源、波浪和潮汐能、风能、水能等资源可以直接使用或加工生产的能源，因此上述能源形式可以归类为再生能源。然而这种归类方式只能增加能源形式的数量，并且增加了对环境影响的不利评价。因此，从安全、可持续发展的角度来看，通过增加能源形式种类来激励开发能源，既不安全也不可持续，同时又直接影响太阳能行业潜在投资者的信心和公众安装光伏系统的积极性 其次，“再生能源发展条例”第五条规定，建造、维护及安装可再生能源电力连接到主电网的花费都由可再生能源电力设备的所有人承担，并不区分发电机容量大小，这将增加公众安装光伏系统的成本，因此也会导致安装这一系统的用户减少。此外，该条例同分类发展可再生能源这一目标相违背，毕竟大多数小型规模的光伏系统都是非营利的，并网成本应当由大规模装置安装者和大规模发电厂共同承担 再次，该条例并不包括对于研发项目的任何规定，仅仅提供安装补贴和价格，导致该产业及运营商没有机会提高其技术优势。光伏产业仍然需要更多地集中在技术研发革新方面，因为正是这些研发产业将决定台湾光伏产业的国际竞争力 台湾通过立法形式设定了行政主体运用市场化政策工具的行政自由裁量权边界，同时通过行政规制促进政策工具的运用，规范行政自由裁量权的行使

续表

国家/地区	市场化政策工具	立法规制行政规制	评论
西班牙	上网电价补贴政策工具 税收优惠政策工具	2004年皇家太阳能计划	“皇家太阳能计划”实施以来，高额的政策补贴使西班牙光伏产品的市场呈现出爆炸式增长，成为当时欧洲发展最快的光伏产品市场。但是，该补贴政策没有合理估计到光伏市场发展的速度，频繁地修订补贴标准导致光伏产品的市场出现紊乱。过高的补贴标准也使得国家财政捉襟见肘，政府财政赤字居高不下。终于在2009年，政府无力负担大规模的光伏应用系统补贴，西班牙光伏产品市场也随即出现了负增长。西班牙光伏产业发展的经验和教训值得中国借鉴和深思，在通过政策工具引导光伏产业发展时需要合理规划，量力而行 西班牙的经验和教训说明了政府在滥用行政自由裁量权制定市场化政策工具时存在的问题，说明通过完善立法规制以市场化政策工具为载体的行政自由裁量权的重要性。在行政层面缺乏规范的措施来保障市场化政策工具的有效运行

5.2.1 境外光伏产业发展中市场化政策工具的立法规制

德国是目前世界范围内的光伏应用大国，可以从政策工具的视角来分析其原因。在过去的数年里，德国光伏系统平均年度装机容量达到3.5GW，累计装机容量大约占全球总量的50%。① 同时，德国的太阳能光伏组件安装和制造业一直处于世界领先水平，德国公司占据了相当份额的全球市场。德国巨大的光伏产品市场背后，是政府对光伏产业发展

① Global Market Outlook for Photovoltaics until 2016, http://www.epia.org/news/publications/.

不遗余力的政策支持。研究文献认为，德国主要通过法律管制、研发资金投入、政府采购等方式来促进本国的光伏产品市场和核心技术的发展。德国提出了“光伏屋顶计划”，该计划规定政府为安装屋顶太阳能光伏设备的用户提供补贴。1998 年，德国政府又实施“十万光伏屋顶”计划，这是对上一计划的改进。通过市场化的购买电力手段，取代政府直接补贴的方式。① 2000 年，德国颁布并实施《可再生能源法》(EEG 法案)，通过法律的形式规定对光伏发电上网电价进行补贴的制度，以此促进光伏产业的发展。并规定电网企业必须全额收购光伏发电的上网电量。在规定的时间周期内，光伏电站的开发商可以享受固定的上网电价。2004 年，德国又对《可再生能源法》进行了修正，提出对不同的太阳能发电形式进行为期 20 年，按照 0.457~0.624 欧元/度的标准进行补贴。② 在 2010 年，德国的《可再生能源法》关于光伏发电入网补贴的修订案获得通过，修正案增加了对分布式的屋顶光伏发电自用消费奖励。③ 通过立法和行政层面对市场化政策工具的规制，德国光伏市场有了极大的发展，使德国光伏发电的累计容量自 2006 年以来一直保持世界领先。④

立法层面，德国的太阳能立法中很难找到专门以“太阳能”等字眼冠名的法案。德国以《电力输送法》《可再生能源法》《可再生能源供热

---

① 计划的主要内容是居民在自费安装屋顶太阳能光伏设备之后，电网企业对该设备生产的电力予以高出市场价格的标准回购，当时常规电价为 0.2 马克(约为 0.1 欧元)/度，而电网企业回购太阳能光伏发电的价格达到了 0.98 马克(约为 0.56 欧元)/度的高价。参见阳芳，周源俊. 利用光伏上网电价政策促进我国光伏产业发展的思考——德国光伏上网电价政策及其对我国的启示[J]. 价格理论与实践，2010(8)：42-43.

② 黄立华. 论欧元时代德国财政政策的困境与出路[J]. 当代经理人，2005(3)：70-73.

③ 孔慧，熊胜虎. 全球光伏产业发展现状及发展趋势分析[J]. 太阳能，2009(6)：10-12，50.

④ Global market outlook for photovoltaics until 2016，http://www.epia.org/news/publications/.

法》三部法律奠定了太阳能市场的法律基础。

在光伏产业的市场需求方面，美国的政策主要局限于财政的激励，例如联邦贷款担保和税收减免。此外，一些州也颁布了综合性的可再生能源标准和支持太阳能发电的一些特殊规定，有力地支持了光伏产业的发展。美国没有像欧洲各国一样认真考虑在全国范围内广泛使用强制上网电价补贴政策工具。美国联邦的政策讨论和现有各州的政策主要侧重于可再生能源组合(renewable portfolio standards)，要求共用事业电力公司所提供的电力或所生产的电力中必须有一定比例的可再生能源。美国国会已经多次讨论要试试可再生能源组合标准，在2009年通过的《清洁能源与安全法案》中，规定了20%的可再生能源比例，但是这个法案并没有在参议会提交，也没有正式生效。美国总统奥巴马在2011年的国情咨文中声称到2035年，国家电力的80%要来自于可再生能源，美国国会也已经讨论通过设定一个清洁能源标准来支持实现这个目标。① 在美国，不同的州实施的可再生能源相关的政策工具有所不同，有的州也实施了强制上网电价补贴、净电量计量、税收减免等政策工具。例如在加利福尼亚州，州政府已经实施了一系列的财政刺激政策和行政标准，包括对小规模的太阳能光伏发电系统实施强制上网电价补贴政策工具。同时也实施了可再生能源组合标准政策工具、百万太阳能屋顶计划、加州太阳能计划、向投资者所有的或者市政公用事业拥有的太阳能源光伏系统提供税收减免政策。新泽西州占据全美第二大的光伏发电装机总量并实施了长期的净电量计量政策。② 美国政府促进本国光伏产业发展的主要手段是税收优惠政策，③ 可以从政策工具的视角来分析其原因。美

① Jiahua P, Ying C. Analysis on American clean energy and security act[J]. Advances in Climate Change Research, 2010, 6(4): 307-312.

② Davies L L. Tracing U. S. renewable energy policy [M]. Social Science Electronic Publishing, 2013.

③ Kobos P H, Erickson J D, Drennen T E. Technological learning and renewable energy costs: implications for US renewable energy policy[J]. Energy Policy, 2006, 34(13): 1645-1658.

国《能源政策法》(*Energy Policy Act*)于 1992 年开始实施，该法关于光伏产业方面的主要规定有：(1)对太阳能光伏发电的项目减税 10%；(2)对于 1993 年 10 月 1 日至 2003 年 12 月 30 日之间，由联邦政府或地方政府所有的或属于非营利机构的电力公司建造的可再生能源系统，实施 1.5 美分/千瓦时的税金减免，为期 10 年。2004 年修订之后的该法对抵税优惠的额度提高到了 1.8 美分/千瓦时。① 2005 年 8 月，美国《能源政策法》修正案通过，新的能源政策法进一步规范了光伏投资税减免的制度。对于商用光伏发电应用系统，实施为期 2 年抵扣 30%的税收，2 年之后税收抵扣额度降低为 10%；对于居民用光伏发电应用系统，实施为期 2 年抵扣 30%的税收，但抵扣额度是 2000 美元封顶。② 这些政策工具都为美国光伏产业的稳步发展提供了有力保障。

在实施市场化政策工具的同时，美国也实施了各种各样的技术推动型政策工具，主要包括研究和发展基金、贷款担保、公共机构和私人合作研究等。美国能源部通过各种研究项目和资助机会来促进可再生能源领域的技术创新，其中大部分由协调能源部的太阳能科技计划和国家可再生能源实验室来进行协调。美国能源部以国家能源安全、经济发展、减缓气候变化和提高空气质量为开发可再生能源的理念。在实验室、产业界和大学的参与下，美国能源部制定了一系列的技术路线图，帮助确定最好的引导研发、分配资金和评估进展情况。在光伏技术领域，美国政府在太阳能研究与发展上进行了较多的投资，可以说，相比其他国家来讲是最多的。同时，能源部为集中光伏技术确定了度量标准体系，以确定该技术的地位和潜力。美国在产业创新系统上比较注重技术的发展与推广。例如，在太阳能光伏技术领域，太阳能源科技发展计划在发展

① Taylor M. Beyond technology-push and demand-pull: lessons from California's solar policy[J]. Energy Economics, 2008, 30(6): 2829-2854.

② Kobos P H, Erickson J D, Drennen T E. Technological learning and renewable energy costs: implications for US renewable energy policy[J]. Energy Policy, 2006, 34(13): 1645-1658.

和扩张光伏技术方面主要集中在：一是研究新设备。新设备的重点包括新一代光伏发电项目和光伏技术预先孵化器。二是试点项目。该项目集中在试点项目和论证光伏技术孵化器项目的可行性，这使得预先孵化项目进一步发展，推动设计蓝本向试点项目和规模化生产发展。三是系统的开发和制造。这方面的重点是系统开发和使生产规模化，从而使生产成本具有竞争力，包括制造与大规模生产和成本竞争力的优惠、先进制造的合作伙伴关系、技术路径伙伴关系、大学光伏生产和处理研发、光伏供给链和横切技术等。美国能源部将各种光伏产业政策整合到一个名称为"Sun Shot"的计划下，该计划的主要目的是到2020年减少公用事业规模太阳能光伏发电系统成本的75%，每安装1瓦设备大约需要1美元的成本。其最终目的是使光伏发电成本在没有相关政策优惠和财政支持的情况下低于化石燃料发电。① 在碳捕捉与储存技术领域，美国联合其他国家和政府间组织，出台了碳捕捉与储存技术研发规划，开展相关技术的理论研究和示范应用，一些技术相当成熟，也有了成功的实际应用。其中，美国针对碳捕捉和储存技术研发规划和项目实施较为完善，走在世界前列。2000年，美国能源部正式开展二氧化碳封存研究和发展项目。2005年，美国已经进行了25个二氧化碳地下构造注入、储存与检测的现场试验，并且已经进入了验证阶段。支持碳捕捉与储存的政策工具主要集中在研究与发展项目上，政府承诺一般支持研发项目，而不是提供市场化的激励。在美国解决市场失灵的问题主要是依靠研究与发展计划，而不是政府的具体规定。碳捕捉与储存研究与发展计划是意义重大的，该投资始于1990年，其投资期限超过了20年。在过去10年中，公共研究与发展计划不断得到加强，通过基金资助使示范工程得以展开，并增加对现今煤炭技术和碳捕捉与储存技术的研究。在联邦政府层面上，2005年的《能源政策法案》规定建立一个周期为10年

① Haught D, Daley J, Bakke P, et al. Overview of the U. S. Department of Energy (DOE) high - temperature superconductivity program for large - scale applications[J]. International Journal of Applied Ceramic Technology, 2010, 4(3): 197-202.

的碳捕捉与储存研发计划，包括碳捕捉和储存技术的发展和系统的有效提高，提高碳隔离计划，促进公私合作。对研发项目和示范工程的资助主要是通过能源部和 2009 年美国《恢复和再投资法案》(*The American Recovery and Reinvestment Act*)的规定进行的，《恢复和再投资法案》从能源部化石能源办公室获得研发资金。美国能源部还设立高级研究项目能源署，重点推动风险投资转向一些工业部门不能单独从事的能源研究，其中包括太阳能光伏产业中的高效晶硅的先进生产工艺和电网整合研究。①

立法层面上，美国太阳能的立法如同其新能源和可再生能源的立法，体现出单一法案与综合性法案相结合、专门法案与配套法案相结合的特色。② 综合性法案的特点在于它是“一揽子”法案，往往由数个单一的法案组成，共同解决某一领域的问题。应该说，综合性法案为单一的能源立法提供了发展的平台。例如，《1980 年能源安全法案》由 7 个重要的法案组成，其中包括《太阳能和节能银行法案》《太阳能和节能法案》两部法案。专门法案是专门针对新能源和可再生能源的法案，以专门形式制定专门领域的法律，篇幅可大可小，但内容上技术性较强，为专门领域的发展提供最有利的立法支持。美国太阳能市场就是得益于一部部太阳能专门法案才建立起来的。为了开发太阳能，美国在发展新能源初期就通过了一系列专门法案，如《1974 年太阳能供热和制冷示范法案》《1978 年太阳能光伏研究开发和示范法案》《1980 年太阳能和节能法案》《1980 年太阳能和节能银行法案》《1990 年太阳能、风能和地热能发电生产激励法案》。这些法案早期侧重于太阳能开发技术，后期侧重于保障太阳能产品应用。这些法案虽然出台的时间较早，却涉及太阳能开

① Aldy J E. Policy monitor a preliminary assessment of the American recovery and reinvestment act's clean energy package [J]. Review of Environmental Economics and Policy, 2013, 7(1): 136-155.

② 李艳芳. 论我国《能源法》的制定——兼评《中华人民共和国能源法》(征求意见稿)[J]. 法学家, 2008(2): 92-100.

发利用的主要和关键领域，具有两方面的功能：一方面，对太阳能的发展方向给予了科学的指导，如前期主要开发太阳能技术，包括供热、制冷、光伏技术，后期则以法案设计激励制度，包括补贴、信贷；另一方面，这些法案对政府的行政支撑给予了明确的指导和规范，为其政策、计划的快速出台奠定了基础。①

日本是太阳能利用的老牌强国，其太阳能产业曾连续八年居于世界第一，太阳能技术更是长期居于世界领先地位，1994 年到 2004 年间，日本太阳能普及率始终保持着90% 的增长，这与日本在建立太阳能法律制度上的努力是密不可分的。② 日本太阳能光伏并网发电装机容量一直位居世界前列，占全球太阳能光伏并网发电累积装机总量的比例较高。③ 日本光伏产业的稳定发展，主要归结于日本政府的大力扶持。日本政府促进光伏产业发展的主要方式是补贴住宅用太阳能光伏发电应用系统的安装费和强制电网企业回购住宅用太阳能光伏发电应用系统生产的剩余电量。④ 日本政府为了推广光伏发电系统的应用，在 1994 年颁布了住宅用太阳能发电系统安装费用补贴政策。该政策的具体内容是：政府对每户安装太阳能光伏发电设备的住宅给予 90 万日元/千瓦的费用补贴，按照当时的光伏发电设备安装费用，政府补贴的费用达到了初装费用的 45%。这一政策的实施收到了良好的效果，到 2006 年为止，日本全国范围内住宅用太阳能发电系统总装机容量达到 137.4 万千瓦，该

① 例如，《2005 年国家能源政策法案》提出了光伏投资税减免政策。该政策从 2005 年执行到 2008 年，并在 2008 年由小布什政府根据市场发展状况迅速做出调整，包括：对于商用光伏项目的投资税减免延长 8 年，对于住宅光伏项目的投资税减免延长 2 年，取消每户居民光伏项目 2000 美元的减税上限。

② Maycock P. PV market update global PV production continued to grow phenomenally in 2003-but growth is still linked to the key markets of Japan, Germany and California[J]. Renewable Energy World, 2004, 7(4), 86-101.

③ EPIA. Global Market Outlook for Photovoltaics 2014—2018 [R]. European Photovoltaic Industry Association, 2014.

④ 程永明，平力群. 日本的产业技术扶持政策与实施手段 以太阳能产业为例[J]. 外国问题研究，2010(2)：72-77.

容量规模比1994年的0.2万千瓦增加了数百倍。① 由此可见该政策对扩展光伏产品市场的作用十分明显。该政策曾经在2005年被取消，随后几年日本的太阳能光伏产业发展就呈现了下降趋势。日本政府不得不在2009年重新恢复了对太阳能产业的补贴政策，并将补贴幅度提升。政府补贴居民太阳能发电安装费用的50%，同时辅以低息贷款等优惠政策。除了补贴安装费用之外，日本政府也实施居民光伏发电系统生产的剩余电量回购制度。日本在2010年出台《家庭光伏发电补贴法》，对光伏发电应用系统的个人用户提供优惠政策，实行相当于以普通电价两倍的价格收购家庭住宅太阳能光伏发电设备生产的剩余电量。

立法层面上，日本有较为完整的促进光伏产业发展的法律体系。第一层是战略发展层面，其代表性的法律有《能源基本政策法》，还有日本的一系列国家能源规划，如能源基本计划、国家能源新战略和新能源利用大纲，这些为日本太阳能发展指出了宏观方向。第二层是太阳能等新能源、利用相关领域的具体法律，主要包括《石油替代能源的开发利用促进法》《电力设施利用新能源特别措施法》《促进新能源利用特别措施法》。第三层则是太阳能等新能源利用法律的具体实施要求、方法、步骤，包括法律的实施细则、省令等。日本在太阳能立法上的显著优势，在于逻辑严谨具有科学性，配套细则出台及时。首先，日本太阳能法律从宏观的规划到微观的具体细则环环相扣，联系紧密。例如，2008年的《能源长期供求远景预测》提出要在2020年、2030年太阳能利用目标分别达140~350万千瓦、669~1300万千瓦，这类规划在宏观上决定了太阳能利用领域的政策和方向。为实现这类规划的目标，日本制定了若干具体的法律来落实。如1997年的《促进新能源利用特别措施法》是专门为发展太阳能和新能源而制定的法律，该法不仅明确了发展太阳能的基本方针和利用准则，还确定了各方主体发展太阳能的义务和责任，

---

① 程永明，平力群．日本的产业技术扶持政策与实施手段——以太阳能产业为例[J]．外国问题研究，2010(2)：72-77.

更重要的是，该法重点规定了政府对太阳能从业者给予补助和支持措施。为了保证该部法律的实施，日本政府接连出台了《促进新能源利用特别措施法实施细则》《促进新能源利用的基本方针》《能源使用者关于新能源利用的准则》等。其次，配套细则出台往往非常及时高效，为执行法律提供了依据。例如，2002 年出台《电力设施利用新能源特别措施法》，同年两部实施细则接连出台，分别是《电力设施利用新能源特别措施法实施细则》《电力设施利用新能源特别措施法实施规则》，前一部是政令，后一部则是经济产业省的省令。①

为应对国际环境问题的最新趋势，台湾“行政院”制定了 2020 年长期增长目标，计划将可再生能源产业装机容量的累积份额增加到 12%。同时，计划到 2025 年将可再生能源发电量占总发电量的比例将提高到 8%。② 台湾“经济部”能源局为发展光伏产业设置了下列目标，首先是积极推动光伏系统的安装以及示范计划，使公众更加熟悉光伏发电系统。其次，加强台湾的沿海岛屿和外部地区的应急反应，加强这些地区通过安装光伏系统来应对自然灾害的准备工作。再次，加大研发投资，建立综合光伏系统，计划到 2025 年用户总数达到 120000 户。同时，改进光伏发电技术，降低发电的成本，推动光伏产业，积极扩大出口市场。③ 此外，关于太阳能发电产业，政府专项制定了一个“七步走”战略，包括：扩大国内需求、为光伏企业提供充足能源支持、解决多晶硅稀缺的问题、增强多晶硅光伏产业的竞争力、增强薄膜光伏产业集聚、建立亚太地区模块测试和认证服务机构、增加光伏设备的批量生产。该战略意味着台湾电力将放宽光伏电网连接技术的限制，这七步策略的目

① Huenteler J, Schmidt T S, Kanie N. Japan's post-Fukushima challenge-implications from the German experience on renewable energy policy[J]. Energy Policy, 2012, 45: 6-11.

② 参见台湾“经济部”2008 年《可持续能源政策》，该文件指出台湾可再生能源发电量应当在 2025 年达到总发电量的 8%。

③ Wu Z Z. Photovoltaic has arrived: the encouragement of domestic photovoltaic development[J]. Energy Monthly, 2006, 6: 5-7.

标就是要将光伏能源装置容量从2010年的21兆瓦，增加到2020年的57兆瓦。

在立法层面，为促进光伏设备安装和鼓励可再生能源产业发展，我国台湾地区于2009年6月12日颁布“再生能源发展条例”。条例的主要内容是：(1)鼓励安装可再生能源发电设备，但是总安装量仅限于6.5兆~10兆瓦；(2)建立一个用于资助可再生能源开发利用的基金，其中规定运营商有义务来管理太阳能发电设备，但成本会均摊给并网用户；(3)年度回购费率由理事会决定，但不应低于国内化石燃料发电的平均成本；(4)台湾电力部门有义务传输和购买电力；(5)实行电力价格补贴、安装补贴、示范补贴、进口安装可再生能源减税等激励驱动的政策。自2000年以来，台湾“经济部”下属的能源委员会(能源局的前称)曾连续采用一系列政策，来提高光伏系统的安装数量，促进台湾地区光伏产业的发展，包括太阳能热水系统、光伏屋顶以及其他与推广政策相关的产业。除此之外，在2000年年初，《光伏发电示范系统安装补贴规定》同其他相关应用办法一同发布，指导光伏发电系统的安装，鼓励岛内工厂和企业通过相对高水平的电力供应投资市场，并吸引更多的企业投资光伏发电市场。2002年3月，《光伏发电示范系统安装补贴规定》开始修订，原补贴办法被根据系统安装总数量的特定比例补贴措施取代，轮流增加光伏发电系统安装总量。① 2004年5月，太阳能城市项目的第一阶段通过采用广泛的设计和应用程序集中展示光伏系统。② 2006年，台湾“经济部”实施了一个“光伏标准系统安装补贴指南原则”，该原则采用了激励补贴措施，对于每万千瓦的太阳能电量，最高补贴为152万台币，为台湾公众提供的补贴占安装整个光伏系统总花费

① Xiong G X. Taiwan photovoltaic popularization the current situation and subsidy policy[J]. Journal of Solar Power and New Energy, 2004, 6: 28.

② Xiong G X. Photovoltaic application and Taiwan's promotion situation [J]. Special Column of Taiwan Electrical and Mechanical Engineering Services 2006, 12: 5-15.

的50%，以鼓励更多的用户使用光伏系统。① 直到2007年5月，光伏系统安装总量已经达到164个单位。② 台湾"再生能源发展条例"的一个重点是关于并网运营商义务的规定，其第八条第1款规定："再生能源发电设备及其所产生之电能，应由所在地经营电力网之电业，衡量电网稳定性，在现有电网最接近再生能源发电集结地点予以并联、趸购及提供该发电设备停机维修期间所需之电力；电业非有正当理由，并经中央主管机关许可，不得拒绝；必要时，中央主管机关得指定其他电业为之。"本条款有助于确保电力行业经营者履行其并网义务以及增强公众安装光伏系统的兴趣。

5.2.2 境外光伏产业发展中市场化政策工具的行政规制

德国在行政计划及相关措施方面，通过启动"十万太阳能屋顶计划"配合法律的实施，规范立法中设计的市场化政策工具的实际运用，有效地规范了行政自由裁量权。③ 此外，德国还制定了税收减免政策以促进光伏产业的发展。④ 德国除积极制定国家政策外，还与国家开发银

---

① Quo L Q. Taiwan photovoltaic development current situation and future direction. [J] Industrial Materials, 1999, 2.

② Chen R X. An inexhaustible supply, inexhaustible photovoltaic. [J] Engineering 2007, 8: 50-60.

③ 该计划鼓励居民在建筑顶部铺设太阳能发电装置。德国政府规定，以每度0.55欧元的价格收购居民的太阳能电力并汇入总电网，但居民使用太阳能电力时仅支付普通电价(约0.21欧元)。另外，还给予居民3%的贴息贷款，用于购买安装太阳能发电设备。此外，还制定了相关政策，保障输电商对屋顶太阳能发电电量的优先购买，并保证太阳能发电电价高于常规能源发电的电价。到2004年，德国共安装了10万个太阳能屋顶，圆满完成了这一计划。参见 Weiss I, Sprau P, Helm P. The German PV solar power financing schemes reflected on the German PV market[C]// World Conference on Photovoltaic Energy Conversion. 2003.

④ 例如，商用光伏系统的固定成本(包括计划和安装)可折旧20年，其他成本可看做运营费用。企业商用光伏系统增值税可享受17%的减免。从事光伏系统生产或设备制造的企业，投资额的12.5%~27.5%可作为税收抵免。参见 Lauber V, Mez L. Three decades of renewable electricity policies in Germany [J]. Energy & Environment, 2004, 15(4), 599-623.

行共同发起“企业资源计划节能项目”。①

美国在行政计划及相关措施上，主要通过制定一系列发展太阳能计划，用以落实太阳能法案。② 同时，美国太阳能开发利用的一大特色在于，地方政府往往出台更具地方针对性的扶持政策，以推动地方太阳能发展。从克林顿政府开始，美国连续三任总统在任期内均提出了大手笔发展太阳能的计划。1997 年克林顿提出“百万屋顶计划”,③ 这一计划给美国太阳能市场带来巨大经济效益的同时，社会效益也日益显现。例如，美国的太阳能建筑物从 1997 年的 2000 座增加到 2010 年的 101400 座；光伏发电成本由 1997 年每瓦 6.9 美元下降到 2010 年每瓦 2 美元；太阳能产业提供社会就业岗位由 1997 年 300 个增加到 2010 年 71500 个。④ 2008 年，小布什政府出台新能源激励计划，针对太阳能开展了一系列激励税收政策。概括起来，主要有光伏产业的减税政策、政府提供信贷担保、发行节能型债券三方面内容。其中，减税政策是《2005 年国家能源政策法案》确立的减税政策的延续和细则修改，它提供了更大的减税优惠；政府提供信贷担保也是有针对性的，主要针对太阳能电池组件和太阳能电站。⑤ 2009 年，奥巴马政府希望将发展太阳能产业作

---

① 中小型企业贷款额度最高为投资总额的 50%，其他企业最高为投资总额的 35%；原联邦州最高投资额为 50 万欧元(约 477 万元人民币)，新联邦州最高投资额为 100 万欧元(约 955 万元人民币)；贷款利率在 4%~7%(按照地点、期限 和信用风险评价值进行利率选取)。在德国开发银行的“环境规划”项目中，对商业投资者的贷款额度为投资总额的 75%，贷款最高值为 1000 万欧元(约 9550 万元人民币)，贷款利率在 4%~7.72%。参见 Oliver M, Jackson T. The market for solar photovoltaics[J]. Energy Policy, 1999, 27(7): 371-385.

② 这类计划一般是由扶持政策组成，主要分为公共政策、税收补贴政策、融资和研发支持政策等。该计划目标在 2010 年以前在 100 万座建筑物上安装太阳能系统，主要是太阳能光伏发电系统和太阳能热利用系统。

③ Pearce J M. Photovoltaics - a path to sustainable futures[J]. Futures, 2002, 34(7): 663-674.

④ Bang G. Energy security and climate change concerns: triggers for energy policy change in the United States? [J]. Energy Policy, 2010, 38(4): 1645-1653.

⑤ Bang G. Energy security and climate change concerns: triggers for energy policy change in the United States? [J]. Energy Policy, 2010, 38(4), 1645-1653.

为美国对抗金融危机的措施，而太阳能产业政策的最大特点就是财政刺激。① 美国各个州政府也不遗余力地支持光伏产业发展。这些政策无疑打开了太阳能产品的消费市场，对个人、企业开发太阳能产生了动力。

日本在行政计划与相关措施上通过推行“阳光计划”对太阳能光伏实施补贴政策。补贴主要针对三个领域的光伏利用，其中最主要的就是对家用太阳能实施补助，即在居民安装家用光伏发电设备时予以补助。②

台湾地区在行政规制方面的经验也值得借鉴。自 2000 年以来，台湾“经济部”下属的能源局就开始通过下列八项标准计划来开发光伏产业市场，推广安装光伏系统，包括“太阳城”(2004—2006)、“太阳能政府机构建设标准”(2002—2004)、“偏僻岛屿抵抗自然灾害紧急支援系统”(2005—2006)、“太阳能园”(2006 年开始)，“太阳能社区”以及“光伏示范建设和农业安装支持”等项目。以上提到的大部分规划都始于 2006 年，因此应用于系统安装的补贴在这一年达到了一个巅峰值。一个典型案例就是“太阳能政府机构建设标准”，该规划全部由拨款资助，“太阳城”和“经典光伏建造”于 2009 年结束，而“太阳能园”项目从 2008 年开始了一个新标准项目，将政府建筑和民居结合在一起，安装

① 例如，2009 年 3 月份，美国能源部为太阳能产业有关企业提供 5.35 亿美元的贷款担保以帮助其渡过难关。将划拨 1.176 亿美元的奖励津贴用于太阳能项目的开发，在 1.176 亿美元的总额中，5150 万美元将用于光伏发电技术的研发，目的在于使太阳能利用成本降低，并能与常规电力竞争。将划拨 4050 万美元用于攻克一些太阳能相关的非技术性障碍。此外，奥巴马政府确定两项发展规划，即到 2012 年，确保 10%的电力来自太阳能、风能、生物能等可再生能源，到 2025 年该比例达到 25%。未来 10 年投资 1500 亿美元开发太阳能、风能、生物能等可再生能源，逐步减少对外国石油的依赖，创造 500 万个与可再生能源相关的就业岗位。参见 Dixon R K，Mcgowan E，Onysko G，et al. US energy conservation and efficiency policies：challenges and opportunities[J]. Energy Policy，2010，38(11)：6398-6408.

② Hamada Y，Nakamura M，Ochifuji K，et al. Field performance of a Japanese low energy home relying on renewable energy[J]. Energy and Buildings，2001，33(8)：805-814.

互利的具有群体风格的应用系统，为整个社区所用，并有效地支持了商业区的建造。一个正在运行的例子就是拥有构建小型节能社区理念的“居林”建筑，它将一个光伏系统整合成为一个住宅建筑。此外，从2008 年开始，台电部门委托其工业研究所台电研究中心实施“光伏第一阶段计划”，完成了政府规定任务——到 2010 年发电系统的安装容量达到 10 兆瓦，并为台电公司发展光伏产业计划做好铺垫。同时，根据2009 年台湾“国家能源会议”的总结来看，台湾“经济部”倡导在市政工程上扩大投资的项目以振兴经济，其中近 10 亿台币投资在四项入选的教育及公共建筑物中，并在这些地方演示如何使用太阳能，如国立学校或大学、社会教育建筑及交通站、娱乐场所等。

西班牙主要从行政规制方面促进市场化政策工具的运用。从产业发展历程来看，西班牙的太阳能光伏产业发展是较为曲折的。2006 年，西班牙太阳能光伏应用设备的年度装机容量仅为 88MW，到 2008 年，其年度新增装机容量就发展到 2511MW，位居全球第一。但是到 2009 年，其年度新增装机容量就下降到 70MW。① 西班牙太阳能光伏产业经过爆发式发展之后又陷入停滞不前的发展历程是值得深思的，可以从政策工具的视角来分析其原因。西班牙政府主要是通过资金投入和税收优惠的政策工具来促进光伏产业的发展。与德国类似，西班牙在 2004 年开始实施“皇家太阳能计划”，并颁布“皇家 436 号法令”，由此对可再生能源发电电力的上网电价进行补贴。2006 年修订后的法令提出对电网企业购买可再生能源电力的补偿方法。对于装机容量小于 100kW 的光伏发电应用系统，实行的补贴价格是 0.44 欧元/度，其有效期是 25 年，25 年之后电网企业购买电力的价格达到同一时期平均电价的 4.6 倍。对于装机容量大于 100kW 的光伏发电应用系统，采用的补贴价格是 0.23 欧元/度。该法令在 2007 年修订之后，将符合补贴政策的装机

① Global Market Outlook for Photovoltaics until 2016，http://www.epia.org/news/publications/.

容量标准从100kW上升到了10MW。除了政府的补贴资金投入，西班牙政府还对光伏发电应用系统实施税收优惠政策。①

5.2.3 境外经验的启示

德国巨大的光伏产品市场背后，是政府对光伏产业发展不遗余力的政策支持。研究文献认为，德国主要通过法律管制、研发资金投入、政府采购等方式来促进本国的光伏产品市场和核心技术的发展。除了加大补贴资金投入、增加政府采购、实施法规管制等政策工具之外，德国政府还配套实施税收优惠和金融支持等政策工具来推动光伏产业的发展。同时，政府鼓励德国的政策性银行分别对私人投资者、中小企业、商业投资者等投资主体提供不同额度的贷款和优惠的贷款利率。②

美国促进光伏产业发展的市场化政策工具在很多方面是区别于欧洲的。相对于欧盟和其成员国而言，美国联邦政府很少有综合的、大规模的能源计划，特别是在利用市场化政策工具促进可再生能源发展方面。美国联邦政府的政策工具大多体现在财政激励上，例如，通过贷款担保以及税收优惠等。美国政府推动产业发展的政策工具主要是用在研究开发上，从长远来看，政府在研发领域的投资是非常必要的，这使得一些周期较长的项目得以降低技术成本。美国政府的研发投资主要由能源部掌控，并且每一份政府投资都有私人资本的匹配投入。政府投资、风险资本以及私人资本的综合投资模式，使美国在光伏产业技术研发上处于

---

① 西班牙政府在2006年颁布的皇家法令中规定了对光伏发电应用系统的退税率：2008年为6%，2009年为4%，2010年为2%。参见Campoccia A，Dusonchet L，Telaretti E，et al. Comparative analysis of different supporting measures for the production of electrical energy by solar PV and Wind systems：four representative European cases[J]. Solar Energy，2009，83(3)：287-297.

② 例如德国光伏系统投资可按照20年的周期进行折旧计算，商用的光伏发电应用系统被免除19%的增值税，从事光伏发电系统生产和设备制造的企业，其投资总额的12.5%~27.5%可作为税收抵免。参见祖茹霞，祖根沅. 解析各种光伏产业政策[J]. 现代商业，2010(27)：47.

领先地位。美国政府的大部分可再生能源政策都是由州一级政府制定的，影响力较小，并且不尽相同。美国较少地采用市场化的政策工具，较多地依赖研发投入，忽视了市场机制的作用，其关于可再生能源的市场规模相对欧盟而言较小。

从日本实施的光伏产业政策工具演变过程来看，日本政府在光伏产业发展初期，直接补贴太阳能光伏产品的生产商，逐步演变为对使用太阳能光伏产品的消费者进行补贴。这种补贴方式的转变，说明日本政府的光伏产业政策由最初的政府推动型政策转变为刺激市场需求拉动型政策。这种市场化的政策工具激发了光伏产品生产商提高技术创新水平、开发新产品和降低产品价格的动力，促进了光伏产业的健康发展。

台湾“再生能源发展条例”的通过，展示了政府积极的系统性政策，但相比德国、日本或是美国的电价回购率、配置安装补贴、低利率贷款和其他金融政策，台湾仍有改进的空间。首先，采用激励措施提高可再生能源的份额累计装机容量。“再生能源发展条例”第三条第 1 款是关于可再生能源标准的规定，可再生资源可以直接使用或加工生产的能源，因此上述能源形式可以归类为再生能源。然而这种归类方式只能增加能源形式的数量，并且增加了对环境影响的不利评价。因此，从安全、可持续发展的角度来看，通过增加能源形式种类来激励开发能源，既不安全也不可持续，同时又直接影响太阳能行业潜在投资者的信心和公众安装光伏系统的积极性。其次，“再生能源发展条例”第五条中规定，建造、维护及安装可再生能源电力连接到主电网的花费都由可再生能源电力设备的所有人承担，并不区分发电机容量大小，这将增加公众安装光伏系统的成本，因此也会导致安装这一系统的用户减少。此外，该条例同分类发展可再生能源这一目标相违背，毕竟大多数小型规模的光伏系统都是非营利的，并网成本应当由大规模装置安装者和大规模发电厂共同承担。再次，该条例并不包括对于研发项目的任何规定，仅仅提供安装补贴和价格，导致该产业及运营商没有机会提高其技术优势。光伏产业仍然需要更多地集中在技术研发革新方面，因为正是这些研发产业将决定台湾光伏产业的国际竞争力。

西班牙"皇家太阳能计划"实施以来，高额的政策补贴使西班牙光伏产品的市场呈现出爆炸式增长的现象，成为当时欧洲发展最快的光伏产品市场。但是，该补贴政策没有合理估计到光伏市场发展的速度，频繁地修订补贴标准导致光伏产品的市场出现紊乱。过高的补贴标准也使得国家财政捉襟见肘，政府财政赤字居高不下。终于在2009年，政府无力负担大规模的光伏应用系统补贴，西班牙光伏产品市场也随即出现了负增长。西班牙光伏产业发展的经验和教训值得中国借鉴和深思，在通过政策工具引导光伏产业发展时需要合理规划，量力而行。

通过对上述发达国家及地区的太阳能光伏产业政策工具的梳理，可以归纳出各个国家及地区对于本国的市场化政策工具的法律规制侧重点不同，主要集中在立法层面和行政层面。主要是通过立法层面的规制为以市场化政策工具为载体的行政自由裁量权划定权力边界，通过行政层面的规制促进市场化政策工具的有效运用，规范行政自由裁量权的行使。

5.3 中国光伏产业发展中市场化政策工具的立法规制

立法规制属于事前规制，强调法律的实体立法和程序立法的规范作用。通过规定市场化政策工具的授权依据、使用边界、适用条件等内容来规制行政自由裁量权，从而保障市场化政策工具的合法性。立法规制对于行政自由裁量权的规制起到决定性作用，明文的立法可以划定行政主体设计和运用市场化政策工具的范围，为行政自由裁量权的行使设定权力边界。在权力边界内，行政主体可以设计和运用市场化政策工具，反之则会出现行政自由裁量权的滥用。如果没有明确的立法规制，行政自由裁量权就失去权力边界。一方面，民众的自身权利就容易受到侵犯。另一方面，立法机关也会缺少明确和具体的法律依据，无法对行政主体滥用行政自由裁量权进行有效的监督。本书的研究主题主要关注具体的光伏产业发展中的市场化政策工具，对于该领域的实体立法尚属空白，需要更多的从立法内容方面进行研究，因此本书更注重于研究立法机关通过立法活动进行规制。在特定的情形下，运用成熟的市场化政策工具可以转化为立法。政策向法律的转化是指在中国的社会发展实践中，政策是体现人民意志的重要媒介，对于立法活动产生了重要的引领和规范作用，也深刻地影响国家的法治进程。在有关经济改革和社会变革的重大问题上，政策发挥着重要作用，可以通过立法的形式，将成熟政策的内容予以法定化、固定化。政策及其实践可以作为立法的预备。① 通过立法的形式规范市场化政策工具，体现人民意志，保障中国法治的持续发展。

5.3.1　总量目标规划政策工具的立法规制

光伏产业作为国家战略性新兴产业，其健康发展与科学技术密切相关。因此，关于光伏产业发展中市场化政策工具的法律规制制度设计必须强调科学性，科学地确立光伏产业发展的目标和规划等。总量目标规划是指政府采用法律或政策形式对可再生能源的市场份额作出具体规定，具体表现在可再生能源及其生产的电力在国家整体能源消费结构和用电来源结构中占据一定的比例。② 总量目标规划政策工具确定了量化的总目标，规划目标的实现是以规划的形式体现的，总量目标规划产生的效力实施于光伏产业链的各个环节，其他的市场化政策工具是实现总量目标的路径。

总量目标规划可以明确中国太阳能光伏产业的发展方向，体现中央政府支持发展太阳能光伏产业的政策导向，有利于引导社会资本投资光伏产业，促进太阳能光伏产业的健康发展。中央政府应当根据各地发展

---

① 方世荣. 论政策转化为法律的基础和条件[J]. 湖北行政学院学报，2006(4)：5-10.

② 李俊峰，王仲颖. 中华人民共和国可再生能源法解读[M]. 北京：化学工业出版社，2005.

太阳能光伏产业的具体条件，做出科学的调查研究，并根据实际情况制定科学的总量目标。对于现有的总量目标需要做出更加科学的调整。主要表现在以下几个方面：第一，要改变以往将光伏设备的装机容量作为衡量总量目标的标准，需要将太阳能光伏发电的上网电量作为衡量总量目标的主要标准。目前中国一直是以光伏设备的装机容量作为衡量总量目标的标准，这一情况明确地体现在《可再生能源发展“十一五”规划》《可再生能源发展“十二五”规划》以及《可再生能源中长期规划》中，这些政策工具均以装机容量作为衡量标准。① 客观来讲，把光伏设备的装机容量作为衡量标准确实比上网发电量更容易监督和统计，但是在实践中，这种方式不能保证光伏发电生产企业在安装光伏设备后生产出足够的上网电量，也就没有实现总量目标政策工具鼓励能源结构多元化的设计目的。装机总量的衡量标准容易造成地方政府为了追求 GDP 的数字增长而盲目扩大光伏发电项目的规模，但是并没有真正实现可再生能源发电的根本目的。第二，要将光伏发电上网电量与财政补贴和税收优惠政策等结合起来，从而引导光伏发电真正能够得到支持，最终实现可再生能源电力在能源消费机构中的比重提高，实现能源的可持续发展。第三，要加强对各个地方太阳能自然资源和开发利用条件的调查和评价体系建设。科学的总量目标必须要以精准的调研数据作为基础。第四，应当编制出具有较高法律效力的光伏发电发展规划。具备较高法律效力的光伏发电发展规划才能够权威地协调中央和地方各级政府积极响应总量规划目标，同时遵循经济社会发展能力，推动光伏发电电站建设和电网企业的配套设施建设。

政府采用法律或政策形式对可再生能源的市场份额作出具体规定，具体表现在可再生能源及其生产的电力在国家整体能源消费结构和用电来源结构中占据一定的比例。② 太阳能作为中国刚刚兴起的朝阳产业，

① 薛荣婵. 中国风力发电法律促进机制研究[M]. 重庆：西南政法大学，2010：41.

② 王仲颖，时璟丽，李俊峰. 政策先导是发展可再生能源的先决条件——《中华人民共和国可再生能源法》法律解读[J]. 科技中国，2006(1)：30-33.

其开发利用存在成本高、风险大、回报率低等问题，整体上还处于商业化运作的初期，投资者往往处于观望阶段，即使有投资也是浅尝辄止，缺乏投资的经济利益驱动，或者元投资。明确的总量目标规划，可以明确一定规模的市场保障，对光伏产业的市场形成可起到引导和保障的作用。中国《可再生能源法》虽然确定了总量目标制度，但在总量目标制度中没有设定明确的目标，并且缺乏完成期限，致使总量目标成为原则性规定而不具规则性，无法进入实际操作阶段。国外实施总量目标制度的成功经验表明，总量目标制度的法律化是成功的关键。① 太阳能是可再生能源的具体领域，其发展需要更明确具体的目标。中国需要吸收国外总量目标立法的成功经验，制定细致而科学的总量目标制度：第一，衡量总量目标的标准实现从装机容量到上网电量的转变，设定具体而明确的数值目标，明确责任主体；第二，通过立法授权的方式赋予国务院能源主管部门制定分阶段实施规则的职责，明确法律义务、法律责任以及法律权利；第三，根据太阳能资源的特殊性以及各地经济水平差异设定各地区规划目标。

事实证明，发展太阳能的最好途径是促成太阳能的产业化发展，形成稳定、有序、健康的太阳能市场。② 因此，对太阳能产业进行规划就显得必不可少。中国的太阳能行业尚处于起步阶段，产业发展尚不成熟，太阳能市场的建立还在探索中。而市场经济具有自发性和盲目性，依靠市场机制来发展太阳能在现阶段并不理想。因此，需要制定具有指

① 以西班牙为例，其值得借鉴的经验是以国家法律和政府指令的形式将总量目标予以固定。西班牙政府提出了 2010 年可再生能源占其能源消费总量的 12% 以及在电力消耗中占 29% 的国家总量目标。在这些法律和指令的支持下，西班牙的可再生能源技术、产业和产品运用在近几年内发展快速，尤其在风电、小水电和沼气领域，立法的实施效果非常显著。参见 X Vallvé, Serrasolses J. Design and operation of a 50 kWp PV rural electrification project for remote sites in Spain[J]. Solar Energy, 1997, 59(1-3): 111-119.

② Sun H, Zhi Q, Wang Y, et al. China's solar photovoltaic industry development: the status quo, problems and approaches[J]. Applied Energy, 2014, 118(C): 221-230.

导意义的产业发展规划来帮助太阳能实现产业化和市场化。第一，产业规划的制定应当贯穿太阳能产业的各个环节。第二，制定区域性的产业规划。首先，由于太阳能资源分布不均衡，产业规划要考虑到各地的实际资源情况，因此规划要立足于太阳能区域而不是传统的行政区域。其次，由于各地的经济发展水平不均衡，产业规划要考虑到各地的经济实力和科研水平，甚至是劳动者素质。例如，技术研发等太阳能产业适宜放在经济实力雄厚、人才储备充足的中东部地区，而诸如电池组装等产业则适合放在劳动力密集的地区。再次，产业规划还要考虑到区域的现有发展水平。例如，江苏在太阳能光伏产业发展方面较为突出，基础扎实;① 山东在太阳能热水器制造和太阳能与建筑结合方面已经较为成功。② 因此，对这类有基础的地区，产业规划应根据其自身发展特点适当超前。第三，产业规划必须分领域制定。由于太阳能利用形式的领域众多，每个领域的产业发展和市场化情况存在较大差距，因此，产业规划应立足于本领域的基本现状和未来发展趋势。例如，太阳能光伏产业应当致力于产业链完善的规划。第四，产业规划应当考虑中长期规划与短期计划相结合的方式。目标的制定必须具备明确性、科学性，能够相互配合、协调一致，为企业等相关主体起到行动导向的作用。综上所述，产业规划要立足于全国性与区域性的结合，长期性与短期性的结合，与自身特点相符合，各方面相协调，促使太阳能产业和市场的有效建立和长远发展。

技术标准与产品认证，是实现光伏产业健康、稳定发展必不可少的基本要素。一方面，光伏电力如果采用常规能源的技术标准和认证制度，存在稳定性和技术水平方面的局限性。另一方面，太阳能光伏产业市场的混乱现象也需要质量标准和产品认证体系去规范。③ 与此同时，

① 冯志卿. 江苏打造千亿光伏产业链[J]. 中国投资，2007(9)：70-73.

② 张永赞. 山东省太阳能产业优势及发展趋势[J]. 决策与信息，2010(10)：12-14.

③ 张正敏，王庆一，庄幸. 中国可再生能源开发与利用：潜力与挑战[M]. 北京：煤炭工业出版社，2002：35.

太阳能开发项目也必须建立质量保证体系。不能所有的项目都得到国家扶持，只有达到一定标准具有发展前景的项目才值得国家扶持。《可再生能源法》第 11 条规定的标准和认证的制定与建立并不尽如人意。① 仅光伏发电这一领域就需要从电池生产、组装到电厂建设等一系列的技术标准和产品认证体系来规范其发展，更不用说还有热水系统、热发电以及其他应用领域的需求。要使光伏产业市场有效启动和良好运转，需要尽快建立技术标准和产品认证制度。

根据《政府采购法》的规定，中国政府采购的规模巨大。② 如果将光伏产业产品纳入政府采购的目录中去，将会极大地刺激光伏产业市场，必对光伏产业市场的快速发展起到推动作用。以太阳能光伏发电市场来说，太阳能发电投资大、成本高，电价不占优势，投资商对光伏电力的销售存在担忧。如果政府统一、长期大量购买光伏电力，将为太阳能光伏发电发展提供大量资金，促进光伏发电市场的形成；而且作为社会监管者的政府对这种新能源电力的购买，无疑能在社会上起到示范作用，促进光伏电力在公众中的接受程度，推动公众广泛地参与。为此，中国可以推行光伏产品采购计划，将光伏产品纳入政府采购的目录。例如，在市政基础设施建设上，可大量地采用太阳能路灯，或者将一些公共场所改建为太阳能建筑，既可以做到环保，也可以在社会中起到示范作用，还可以使市民切身体验太阳能的用途，增强普通大众对光伏产品的认知和信心，激发大众购买光伏产品。③ 这样既有助于推动光伏市场，

① 该条规定：国务院标准化行政主管部门应当制定、公布国家可再生能源电力的并网技术标准和其他需要在全国范围内统一技术要求的有关可再生能源技术和产品的国家标准，但执行情况不容乐观。参见李景明，孙玉芳，陈晓夫，赵跃进，梁宝芬. 中国农村可再生能源标准体系建设[J]. 农业工程学报，2005(11)：172-175.

② 政府采购是指各级国家机关、事业单位和团体组织，使用财政性资金采购依法制定的集中采购目录以内的或者采购限额标准以上的货物、工程和服务的行为。政府采购不仅指具体的采购过程，而且是采购政策、采购程序、采购过程及采购管理的总称。参见王小能. 政府采购法律制度初探[J]. 法学研究，2000(1)：80-94.

③ 周民康. 太阳能路灯“妙”想成真[J]. 阳光能源，2008(4)：8-9.

又有助于太阳能普及教育等，对发展太阳能来说可谓是一举多得。①

5.3.2 强制上网电价补贴政策工具的立法规制

强制上网电价补贴政策工具(feed-in tariffs)对于投资者提供长期稳定的财政支持，主要内容是政府为鼓励发展可再生能源发电产业而强制要求电网企业对于可再生能源电力以一定标准的规定价格进行收购，电网企业需要将收购的电力连接上电网系统。② 由于技术类型和规模的不同，关于收购价格的规定每个国家都不一致，但是这些国家都认为强制上网政策工具是加快光伏市场的形成和应用最有效的方法。③ 特别是政府在成本控制、宏观调控和中央地方关系协调方面处理好的情况下，该政策工具会显示出极大的优越性。④ 强制上网电价补贴政策工具也被称为上网电价补贴、可再生能源回购电价、保护性分类电价制度、政府电力收购制度等，该政策工具的目的是加速推进可再生能源的广泛应用。具体形式是政府与使用可再生能源发电的个人或企业签订一份固定期限(例如20年)的长期合约，合约期间发电者每向公共电网输送1度电，除了获得原本的正常电价以外，还可以赚取若干补贴。这种补贴的金额一般由政府公布，通常取决于当时此种能源发电设施的造价及安装费用等因素。⑤ 造价高的能源相应的补助也高，例如，对风能的补贴相对于太阳能光伏和潮汐能来说就要少，原因是风能发电的成本要低于太阳能

① 罗天赐. 2009世界运动会主场馆中太阳能光伏发电系统设计[J]. 上海电力，2008(2)：120-122.

② Energy research Center for Netherlands. The performance of feed-in tariffs to promote renewable electricity in European countries[J]. Maris Bv，2004，2，2.

③ Hsu C W. Using a system dynamics model to assess the effects of capital subsidies and feed-in tariffs on solar PV installations[J]. Applied Energy，2012，100(4)：205-217.

④ Martin N，Rice J. The solar photovoltaic feed-in tariff scheme in New South Wales，Australia[J]. Energy Policy，2013，61(10)：697-706.

⑤ Solangi K H，Islam M R，Saidur R，et al. A review on global solar energy policy[J]. Renewable & Sustainable Energy Reviews，2011，15(4)：2149-2163.

光伏发电和潮汐能发电。① 上网电价补贴的金额也会随着时间的流逝、各种能源技术的不断提高、生产成本的不断下降而逐年减少。

强制上网电价补贴政策工具最先在德国引入，现在已经成为欧盟国家支持实施可再生能源标准的主要机制。② 强制上网电价补贴政策工具的机制是电力公司在它们服务的地区必须以一定的价格购买有可再生能源所生产的电能，这个价格是由政府来决定并给予较长时期的担保。电网公司同时必须保证所购买的可再生能源电力能够连接上电网。政府所给予的保护性电力价格会随着时间的推移和技术的进步逐步减少，直到可再生能源生产电力的成本能够与传统能源发电的成本持平。保护性的电价可以因不同的能源技术和设备的不同而区别开来。一般而言，政府确定的长期保护性电价都能够保证电价的水平和给保护性电价的时间对可再生能源的投资者有足够的吸引力，从而促进可再生能源的长期性发展。总的来说，强制上网电价补贴政策工具的目标就是要积极地鼓励可再生能源的应用，保障使用可再生能源发电的个人和电力企业的投资者的信心，并获得稳定的收益。③

中国借鉴和发展强制上网电价补贴政策工具，需要从以下几个方面加以完善：第一，要加强对电网企业收购光伏发电电力支出的成本的补偿力度。④ 中国现行《可再生能源法》规定，电网企业必须履行电网建设，扩大可再生能源电力配置范围，应用智能电网和储能等技术，为可再生能源发电提供电力上网服务等多方面义务。但是对于电网企业的补偿规定只可以从销售电价中予以回收，而这种成本补偿形式并不能满足

① Butler L, Neuhoff K. Comparison of feed-in tariff, quota and auction mechanisms to support wind power development[J]. Renewable Energy, 2008, 33(8): 1854-1867.

② Yoshida F. Reform of german feed-in tariff [J]. Review of Environmental Economics & Policy Studies, 2014(8): 37-49.

③ Traber T. Impact of market power on price effects of the German feed-in tariff under the European emission trading system[C]// International Conference on Electricity Market. IEEE, 2008.

④ 何京. 发达国家可再生能源发电制度[J]. 大众用电, 2009(7): 17.

电网企业支付的高昂成本，电网企业为了并网太阳能光伏发电的电力，需要进行一系列成本不菲的配套设施建设。① 由此可见，电网企业的权利和义务难以对等。应对这一问题的关键是要在制定光伏发电规划时科学调研电网并网的成本，在建设大规模光伏电站和分布式光伏电站时需要考虑到电网建设规划。同时需要为电网企业分配足额的补偿资金来实现光伏发电并网建设，这一资金补偿可以纳入可再生能源发展基金的补偿范围。② 提供充足补偿资金，提高电网企业的工程建设积极性，是解决光伏发电上网难问题的根本途径。第二，完善光伏发电电力的全额收购。在中国现有的电网建设水平下，可再生能源发电的电力上网难的问题尤为突出，需要构建切实可行的监督机制。首先要制定统一的光伏发电并网技术标准，在统一的标准下，光伏发电企业需要严格遵守，同时电网企业对于符合这一标准的光伏发电电量必须收购。其次需要构建遵循光伏发电企业与电网企业并网协议的监控系统，建立定期数据汇总制度，有利于对光伏发电并网执行情况的监督。这一体系可以考虑以电监会的派出机构为监督主体，先在区域内建立统一监控网络，逐步建立其全国统一的监控体系。第三，鼓励光伏发电企业、电网企业和科研机构组成长期的产学研联盟。在统一的光伏发电发展规划和具体的光伏发电上网监控体系建立之后，在实践中，光伏发电上网的技术问题，可以由光伏发电企业、电网企业和科研机构共同建立长期联系机制，通过产学研联盟的方式解决光伏发电上网的技术性问题。

在可再生能源发电发展的过程中，价格因素是发展初期直接制约其规模化生产的重要因素，太阳能光伏发电也不例外。③ 从先进国家的成功经验来看，政府对于光伏发电发展初期的大力扶持是必不可少的，其

① 曹凯，一种制定销售电价的容量成本分摊方法及其应用研究[D]. 重庆：重庆大学，2010：44.

② 薛荣婵. 中国风力发电法律促进机制研究[M]. 重庆：西南政法大学，2010：41.

③ 何川. 促进可再生能源发电发展政策效率评估[J]. 能源技术经济，2012，24(6)：20-25.

中最重要的扶持手段包括固定电价政策工具和配额政策工具，除此之外还通过招标来确定光伏发电上网价格的政策工具。① 英国的《非化石燃料公约》中曾经规定竞争招标政策工具来确定光伏发电价格，但是后来采用了配额政策工具替代招标政策工具。② 中国也由初期的招标项目政策工具逐步转向上网标杆电价政策工具。稳定合理的上网电价是太阳能光伏发电迅速和健康发展的重要保障。中国现行的电价政策存在着许多缺漏，直接制约了中国光伏产业的健康快速发展。③ 光伏产业技术不成熟，风险大且投资成本高，使光伏产业的发电成本远离于常规能源的电力价格。如果以一般电力价格收购光伏电力，势必损害光伏产业的发展。④ 中国对光伏产业发电采取了一事一议的政府定价原则，⑤ 设定价原则的局限在于：一是光伏产业收购价格处于劣势，支持力度远不及风力发电、生物质能发电；二是由于没有具体的价格标准出台，使得光伏

① 孙鹏，张力. 中国可再生能源发电产业发展与电价政策实施[J]. 中国科技论坛，2015(3)：80-85.

② Vol N. Photovoltaics: brighter prospects for UK photovoltaic power [J]. Electrical Review, 1995, 228: 22.

③ 李艳芳. 我国《可再生能源法》的制度构建与选择[J]. 中国人民大学学报，2005(1)：133-140.

④ Mabee W E, Mannion J, Carpenter T. Comparing the feed-in tariff incentives for renewable electricity in Ontario and Germany[J]. Energy Policy, 2012, 40(4): 480-489.

⑤ 中国《可再生能源法》第19条规定可再生能源发电项目的上网电价，由国务院价格主管部门根据不同类型可再生能源发电的特点和不同地区的情况，按照有利于促进可再生能源开发利用和经济合理的原则确定，并根据可再生能源开发利用技术的发展适时调整，上网电价应当公布。第20条规定电网企业依照本法第19条规定确定的上网电价收购可再生电量所发生的费用，高于按照常规能源发电平均上网电价计算所发生费用之间的差额，由在全国范围对销售电量征收可再生能源电价附加补偿。由此确立了中国可再生能源电力的上网电价制度和费用分摊制度。《可再生能源发电价格和费用分摊管理试行办法》第6条规定，风力发电项目的上网电价实行政府指导价，电价标准由国务院价格主管部门按照招标形成的价格确定。第7条规定，生物质发电项目网电价实行政府定价的，由国务院价格主管部门分地区制定标杆电价，电价标准由各省(自治区、直辖市)2005年脱硫燃煤机组标杆上网电价加补贴电价组成。但该办法却规定对光伏产业发电项目上网电价实行政府定价，其电价标准由国务院价格主管部门按照合理成本加合理利润的原则制定。

产业电价制定实际处于无法操作的尴尬境地。① 对此，一方面，应当制定具体而细致的光伏产业电力收购价格标准，并敦促电力公司切实执行；另一方面，这种价格不能一直居高不下，而应呈递减的态势。这样才能在有效启动市场的同时，激励发电企业通过技术创新降低成本，从而保证企业利润，真正起到促进光伏产业健康发展的作用。

5.3.3 费用分摊政策工具的立法规制

在推动光伏产业发展的过程中，解决太阳能光伏产业的高成本问题是关键，也是激励投资者投资光伏产业链和激励电网企业接纳光伏发电电力的重要问题。② 具体来分析光伏发电电力的价值，可以分为两大部分，一部分是生产出的电力与常规能源发电的电力同等的由消费者负担的部分；另一部分是长远来看因为采用光伏这种可再生能源发电所产生的生态效益价值，这一部分价值的受益群体并不限于局部地区，而是使得全国地区乃至全球生态环境受益，③ 这一部分价值正是费用分摊政策工具需要重点关注的。而中国现有的费用分摊政策工具资金来源仅限于电价附加从而引致资金不足，不能实现对于强制上网电价补贴的资金支持。虽然《可再生能源法》规定电网企业收购可再生能源电力的成本可以采用电费附加的方式分担，但是对于具体操作方式没有具体规定，实际中电费附加的标准由发改委等部门确定。这种单一的资金来源方式不能缩小光伏发电成本与传统能源发电成本之间的差距，全网分摊的方式不能有效激励发电企业和消费者使用清洁能源。④

根据实际情况，完善费用分摊政策工具可以从以下几个方面进行：第一，拓宽费用分摊的资金来源渠道。中国现有的《可再生能源法》规

---

① 王亚亚. 太阳能发电“一事一议”引发争议[J]. 新材料产业，2006(3)：14-17.

② 钱伯章. 太阳能光伏发电成本及展望[J]. 中国环保产业，2009(4)：24-28.

③ 丁晓花，杨国华，卫宁波，马玉娟. 宁夏地区光伏发电环境效益分析及建模[J]. 电力科技与环保，2015，31(4)：9-12.

④ 王博. 固定电价收购制度和配额制在推进可再生能源利用方面的比较[J]. 西安邮电学院学报，2010，15(2)：97-101.

定将部分财政专项资金纳入来源渠道。但是目前的光伏产业发展速度较快，所需求的补偿资金数额也相应地激增，现有的补偿资金远远不能满足需求。① 针对这一问题，可以扩展资金来源渠道的方法是电价附加的征收在采取全网均摊方式的同时，应当对传统能源发电企业征收化石燃料消费税、碳税等环境税。这一措施在德国有着较好的执行效果，德国对天然气、核电和矿物能源产品征收消费税，并且根据不同种类调整税率。② 英国的《非化石燃料公约》、丹麦的可再生能源法律等国外法律对这种征税形式都做了规定。③ 消费税的征收政策，可以增强扶持可再生能源发展的资金支持，解决了补偿资金的来源不足问题。第二，制定可再生能源发展基金的实施细则。面对现存的企业投资光伏产业汇报周期长的问题，其具体的费用分摊操作程序需要予以细化，稳定差额补偿的资金来源。第三，电价附加的征收应当采取全网均摊方式。所有的电力消费者共同承担采用可再生能源发电所产生的额外成本，同时应当对传统能源发电企业征收化石燃料消费税、碳税等环境税，由此可以体现“污染者付费原则”。

为了激励投资者对光伏电站项目的投资，提高其扩大生产规模和进行技术创新的积极性，解决融资难的问题，政府可以采用合理补贴的形式。④ 投资补贴，是对投资者进行补贴。⑤ 对于光伏产业市场来说，投

① 薛惠锋，王海宁.《中华人民共和国可再生能源法》的实施回顾及展望[J].中外能源，2010，15(3)：33-36.

② 杜群，廖建凯. 德国与英国可再生能源法之比较及对我国的启示[J]. 法学评论，2011，29(6)：75-81.

③ 张博. 我国可再生能源法律保障制度研究[D]. 北京：中国地质大学，2007：47.

④ 戴丽. 破解光伏电力行业融资困境需多管齐下[J]. 节能与环保，2014(5)：28-35.

⑤ 典型的如德国对风力发电的投资补贴，开发商能够向地方政府申请总投资的 20% ~ 45% 的投资补贴。参见 Carpenter J, Simme J, Conti E, Povinelli F, Kipshagen J M. Innovation and new path creation: the role of niche environments in the development of the wind power industry in Germany and the UK[J]. European Spatial Research & Policy, 2013, 19(2): 87-101.

资补贴的优点在于它可以调动投资者向光伏产业投资的积极性。产品补贴，即对光伏产业设备的产品和产量进行补贴，这也是针对生产者的补贴。① 此类补贴有利于降低产品成本，对企业的经济效益有实际的提高。消费补贴，即直接对光伏产业产品的购买者、使用者进行补贴。② 这种补贴有利于光伏产业产品的推广，对光伏产业产品的终端销售市场起到极大的促进作用。

为避免一些国家或地区针对中国光伏产业产品进行的反补贴、反倾销调查，中国应更多地采取消费补贴形式，从而消除不必要的反补贴纷争。例如，2011 年 11 月 30 日，美国商务部宣布将对中国太阳能电池板制造商和出口商进行反倾销和反补贴调查。③ 美国商务部 2012 年 10 月 10 日作出终裁，认定中国向美国出口的太阳能电池及组件存在倾销和补贴行为，并决定征收"双反"惩罚性关税。这一裁定的作出，对中国光伏产业出口市场造成了严重冲击，增加了中国太阳能电池出口阻力，足以给中国如何应对相关国家"双反"调查和补贴制度设计以充分的警示。中国对光伏产业发展进行补贴的同时应当处理好的两个问题是：第一，资金的来源问题。中国目前主要还是以财政支出作为补贴的来源，中国仍是发展中国家，财政收入有限，因此补贴资金依靠国家财政终归不是长久之计。④ 依照美国和欧洲国家的经验，补贴资金主要来

---

① 例如，日本政府对于光伏发电新技术实地试验区内公共设施或企业光伏发电单位补贴额度可以达到光伏发电系统安装成本的 50% 。参见 Kaizuka I, Ohigashi T, Matsukawa H, et al. PV trends in Japan: new framework for introduction of PV system[C]. 34th IEEE Photovoltaic Specialists Conference (PVSC) - Philadelphia, PA, USA, IEEE. 2009: 712-716.

② 例如，美国商业建筑物如果安装燃料电池与光伏产业发电设备，将享有购买价格 30% 的补贴。参见 Keoleian G A, Lewis G M. Modeling the life cycle energy and environmental performance of amorphous silicon BIPV roofing in the US[J]. Renewable Energy, 2003, 28(2): 271-293.

③ 中国环保联盟网. 2011 年 11 月 30 日美国商务部宣布将对中国太阳能电池板制造商和出口商进行反倾销和反补贴调查[EB/OL]. [2012-08-26]. http://www.epun.cn/nengyuan/chanye/542S2_2.htm.

④ 目前，根据中国《可再生能源法》的专项资金制度，资金的来源主要包括国家财政年度安排专项资金和征收的可再生能源电价附加等。

自系统效益收费和化石燃料税。中国已经开始征收可再生能源电价附加，这无疑是向欧美国家借鉴，基于此，也可以考虑征收燃料税进一步充实资金来源。第二，要选择好补贴策略，即补贴给予谁以及补贴如何运行。既要考虑到各类补贴的优缺点，也要考虑到因地制宜的问题，同时还要建立运行机制以保证补贴到位。

5.3.4　税收优惠政策工具的立法规制

税收减免是政府为了鼓励可再生能源发展而采取的以减免关税、减免所得税、增值税优惠等措施为内容的市场化政策工具。① 为完善税收优惠政策，可以从以下几方面入手。第一，保障现行税收政策的连贯性和稳定性。出台统一的与光伏产业相关的税收政策，可以稳定投资者的信心，光伏产业作为投资回报周期较长的产业，需要有连贯的税收政策予以支持。同时，税收优惠政策的覆盖面应当扩大到光伏产品设计、光伏发电技术研究以及光伏设备制造等领域。第二，应当扩大税收政策对中小企业的支持力度。一部分欧洲国家对于分布式的可再生能源的项目免征所得税，② 这一做法可以务实地鼓励中小企业和个人利用可再生能源的积极性。

税收优惠是发达国家在光伏产业领域运用较为广泛也是成效最立竿见影的手段之一。③ 税收优惠政策工具的设计和运用应当遵守税收法定原则。税收法定原则的内涵一般包括要素法定、要素确定和征税合法三个方面：要素法定是指纳税人、课税对象、税基、税率等税收要素应当由法律来规定；要素确定是指法律对于税收要素的规定必须是明确的，

---

① 中国《可再生能源法》规定国家对可再生能源产业的项目给予税收优惠，但是形式仍旧单一，效果不明显。参见齐冉. 我国可再生能源税收法律制度研究[D]. 武汉：中国地质大学，2011：17.

② 冀青. 欧洲新能源开发多样化[J]. 中国石化，2009(5)：72.

③ 宫志佳. 发达国家太阳能光伏产业发展现状及启示——基于 PEST 模型的分析[J]. 大庆社会科学，2013(4)：56-58.

应当避免出现歧义和漏洞；征税合法是指征税机关应当严格按照法律规定的课税要素和征纳程序来征收税款。① 税收法定原则的实质是解决税收的合法性问题，从三个方面来予以体现：一是行政主体税收权力存在的必要性，二是行政主体征税权力的来源和范围要严格根据法律来确定，三是税收权力的包括税收立法权、税收征管权和税收收益权。② 目前，中国尚无专项的税收政策来支持太阳能的开发和利用。光伏发电系统的增值税以及相关的光伏发电系统增值税附加都是按一般标准的税率进行征收的，根据严格的税收法定原则，减免增值税的权力由中央政府及其委托部门行使，地方政府不具有调整税收的权力，不能擅自减免增值税。③ 为了规范政府行使行政自由裁量权运用市场化政策工具，在中国光伏产业领域实施税收优惠政策必须考虑到：第一，税收调控种类应该建立在整个光伏产业环境的成本—效益分析的基础上。例如，对光伏电池的制造是减免企业增值税还是降低硅原料进口的关税以降低光伏电池成本，这需要对光伏市场作成本—效益分析后谨慎决定。第二，要考虑到税收优惠与其他手段的配合使用，不仅要有利于降低生产成本，而且要便于政府实际操作。第三，应根据光伏产业发展中各关键环节的技术经济特点来科学配置与之相适应的资金补贴，同时提高税收优惠政策之间的协调性。

5.4 中国光伏产业发展中市场化政策工具的行政规制

行政规制是通过行政主体内部的监督机制对行政自由裁量权进行监督。以市场化政策工具为载体的行政自由裁量权的行政规制，表现形式

---

① 刘剑文. 落实税收法定原则的现实路径[J]. 政法论坛，2015，33(3)：14-25.

② 王鸿貌. 税收法定原则之再研究[J]. 法学评论，2004(3)：51-59.

③ 王社亮，吴来群，毕小剑. 增值税转型对水电站、风电场、光伏电站的影响[J]. 西北水电，2010(6)：1-3，6.

包括内部和外部两个方面。

内部规制主要包括上级机关对下级机关的监督、行政复议机关的监督和行政监察部门监督等方面。① 在光伏产业领域，主管的行政主体种类较多。② 内部规制中的上级机关对下级机关的工作监督，是按照行政隶属关系由上级行政机关监督下级行政机关合法、合理行使法定或委托的职权，可以改变或者撤销下级行政机关违法或者不当的行为。从上述行政主体的设置和职责来看，光伏产业领域的行政主体大多存在于中央政府层面，地方政府层面没有与之对应的行政主体，因此，上下级机关之间的内部规制目前还不能有效进行。

外部规制主要是指行政主体通过行政行为对市场化政策工具的设计和运用予以规范，从而达到限制行政自由裁量权滥用的目的。主要包括行政许可、行政指导和行政监管。③ 行政法视野下的公共政策通常被视为政府进行公共行政的基本方式，市场化政策工具被视为政府行政自由裁量权的载体，强调市场化政策工具应当在宪政的体制框架下运用。④ 在一些实践当中，法律的制定和颁布并不能自给自足地完成落实，需要配套的政策来保障其实施。例如《可再生能源法》规定了包括强制总量目标规划在内的多种政策工具，但是该政策工具的运用需要国务院部门出台相应的配套政策来细化和落实，才能让这部法律真正发挥实际作用。

---

① 陈丽芳. 论行政程序对行政自由裁量权的控制[J]. 河北法学，2000(4)：30-34.

② 主要包括发改委(能源局)：负责宏观经济管理综合工作，通过制定可再生能源发展规划、投资建设重大光伏发电项目、制定可再生能源电价政策等，对中国光伏市场推广和产业发展产生重要影响。科技部：负责规划和组织光伏技术研发工作，通过国家科技攻关计划、863 计划、973 计划、中小企业创新基金等支持较大的光伏研究课题，对于中国光伏研发和技术扩散产生重要影响。电监会：负责制定光伏发电上网相关政策。财政部：负责制定光伏发电示范项目财政补助政策。建设部：负责制定光伏建筑应用相关政策。

③ 莫于川. 行政指导救济制度研究[J]. 法学家，2004(5)：130-136.

④ 冯威. 行政法视野中的公共政策研究[D]. 济南：山东大学，2012：150.

5.4.1 行政许可

行政许可，即基于当事人的申请，行政主体经过对申请审查而决定是否准许其从事特定活动以及认可其特定资格的行为。同时，行政许可也是一种制度，即许可的申请、审查、监督管理等一系列规则的总和。行政许可制度被广泛运用于社会生活的各个方面，是政府干预社会经济生活最直接、最有利的手段。①

依法进行行政许可，可以加强对行政主体行为的控制，使得行政自由裁量权的行使受到依法行政原则的规范，应对政府职能扩张引起的挑战；同时可以加强对公民权利的保护，防止行政主体滥用行政自由裁量权侵害个人权利和公共利益；并且能够提高资源的优化配置。②

中国在可再生能源领域的调整和规范中也运用了一系列的行政许可，但是各个可再生能源领域的行政许可运用极不均衡。在光伏产业领域，由于既无法律的一般规定又欠缺具体的实施细则，与光伏产业相关的行政许可处于虚无状态，而风能开发利用的行政许可通过一系列先后出台的风能开发利用配套规定得以实施运用。根据风能开发利用的相关法律和实施细则的规定，目前，风能领域的行政许可主要有六种类型，即风电项目核准与备案、风能资源测量许可、风电项目预可行性研究或可行性研究许可、风电项目开发许可、风电机械生产企业及产品准入许可和风电场发电并网许可。③ 这些行政许可的设置显示了政府及相关部门对风能开发以及风能市场进行有效管理的决心，但并未产生有效的实际效果。其问题在于：第一，一些行政许可的制定与现有的法律法规相

① 杨解君. 行政法与行政诉讼法(上)[M]. 北京：清华大学山版社，2009：239-240.

② 周汉华. 行政许可法：观念创新与实践挑战[J]. 法学研究，2005(2)：3-24.

③ 王太高. 论行政许可标准[J]. 南京大学学报(哲学·人文科学·社会科学)，2008，45(6)：65-72，141.

冲突，并网许可就与中国电网管理法规中的并网发电规定冲突。① 这属于政策之间的协调性问题。第二，相关的风能行政许可多由一些部门的规范性文件设定，许可存在合法性问题。② 第三，行政许可类型繁琐、程序复杂，不但没有对风能的开发利用起到规范效果，反而在一定程度上阻碍了风能开发利用。这属于行政许可的有效性问题。

考虑到风能领域的经验与不足，中国光伏产业的行政许可应把握以下几点。首先，光伏产业可以引入规范的许可制度。近几年来，国家对太阳能的开发利用大力促进，光伏产业迅速发展的同时，出现了盲目投资、跟风建设等问题，使得一些太阳能设备重复建设、光伏产品质量下降。因此，行政许可这种干预行业发展和社会生活的有效手段，应当被用来调整光伏市场以避免资源浪费、环境破坏以及保证产品质量。具体的行政许可内容可以包括：项目核准与备案、资源测量许可、项目预可行性研究或可行性研究许可、项目开发许可、光伏产品准入许可和发电并网许可。这样可以加强对行政主体行为的控制，使得行政自由裁量权的行使受到依法行政原则的规范，应对政府职能扩张引起的挑战。其次，行政许可的设定应当控制在必要范围内。从世界各国的经验看，为发展可再生能源，促进太阳能的开发利用，逐步放松管制成为主要趋势。表面来看，光伏行业的投资泛滥，光伏产品逐年增长，市场繁荣，实质上是并网发电滞后，产品利用率低，光伏产业发展不全面。因此，应当以科学引导为主促进光伏产业发展而不是以行政许可来控制。此外，对必须设定的许可还应当尽量简化，申请许可的过程应便民、高效，这样可以有效提升资源优化配置。最后，行政许可的设定必须合法、合理。一方面，要避免出现设定权的合法性问题，在光伏产业立法

---

① 《电网调度与管理条例》第 26 条规定，需要并网运行的发电厂与电网之间以及电网与电网之间，应当在并网前根据平等互利、协商一致的原则签订并网协议并严格执行。《电力供应与使用条例》第 10 条规定，并网运行的电力生产企业按照并网协议运行后，送入电网的电力、电量由供应营业机构统一经销。由此可见，这一规定的电力并网三方协议与风电并网行政许可相互矛盾。

② 《行政许可法》规定了行政许可设定权归属于法律、法规、国务院行政命令，省级人民政府规章也可设定临时行政许可。

中考虑设立必要的行政许可，而不是到实际操作中才用实施细则来仓促设定许可。另一方面，在行政许可的设定过程中既要考虑到光伏产业自身特点和实际发展状况，更要考虑将来发展趋势，对光伏产业领域做到整体的把握。由此可以加强对公民权利的保护，防止行政主体滥用行政自由裁量权侵害个人权利和公共利益。

为保证行政许可的有效性，也应当依法建立行政许可的监督制度，通过技术手段防止行政主体过度干预和滥用行政许可，引入行政许可项目的评价制度，及时纠正行政许可中出现的行政自由裁量权滥用的情形。①

5.4.2 行政指导

在光伏产业发展中，应积极建立行政指导制度，并有效运用到促进光伏产业市场的建立中。② 所谓行政指导，即“行政主体在职权或其所管辖的事务范围内，为适应复杂多变的经济和社会生活需要，基于国家的法律或法律原则，适时灵活地采取非强制手段，在行政相对方的同意或协助下，实现一定行政目的的行为”③。行政指导的目的之一是实现社会公共利益和个体利益的综合平衡，从而促进经济与社会的协调发展。在面临法律规范缺位的情况下，行政指导能够有助于实现行政目标，从而提高行政效率，这符合行政效率原则。在行政主体行使行政自由裁量权损害公民利益时，能够通过行政指导获得相应的救济。行政主体采用较为灵活的行政指导措施配合法律应对社会管理需求，能够有效地保障社会生活有序进行，符合现代法治社会的行为准则。④ 行政指导作为一种有效的行政管理方式，有着多方面功能。行政指导能够形成公共意见的合法化，平衡协调公共利益与个体利益，补充法律和政策，引

① 梁丹妮. 论政府职能转变视角下的行政审批制度改革[J]. 法制与社会，2008(33)：213-214.

② 杨解君，臧扬杨. 中国太阳能资源利用的立法现状及其未来发展[J]. 南京社会科学，2011(10)：97-103.

③ 罗豪才. 行政法学[M]. 北京：中国政法大学出版社，1996：306.

④ 莫于川. 从法律价值角度看行政指导行为[J]. 法制与社会发展，2000(5)：24-28.

导行政相对人做出预期行为。① 从行政指导的目的和功能来看，结合光伏产业发展的特点，行政指导是促进光伏产业健康发展的重要选择。

行政指导具有非强制性、行政职权性和不直接产生法律后果的三大明显特征，这些特征决定了行政指导适合运用在尚不成熟的光伏市场。② 首先，行政指导是一种柔性行为，其行为方式较为灵活多变，如建议、劝告、示范等，它可以较为灵活地使用各种方式促进光伏产业的发展。其次，行政指导的行政职权性要求行政主体适格，只有国家行政机关或法律、法规授权的组织才能实施行政指导行为。这就意味着有关光伏产业的行政指导由政府或其他相关组织有计划、有针对性地做出，这为光伏产业的有序发展提供了行政保障。最后，行政指导不直接产生法律效果，但它作为一种事实行为，因行政机关拥有职权，可以给被指导人提供优惠便利等条件，对不服从指导者也可设置一些障碍或产生不利的实际影响，从而更能刺激相对人服从行政指导，甚至主动参与到行政指导活动之中。

根据光伏产业市场的发展特点，光伏产业的行政指导可以在以下几个方面展开：第一，指导光伏产业人力资源优化配置。通过自主培养和人才引进的方式加强专业人才的打造，为企事业单位提供优质服务。第二，指导光伏产业技术的推广和应用。支持光伏产业新技术、新工艺、新设备的研究开发，组织这些技术、设备的应用。指导企业建立一些高标准、高质量的示范项目，推进技术成果的产业化。第三，指导、鼓励发展光伏产业专业的服务机构与企业合作，推动企业的技术改造以及对专业设备的后期维护等。

5.4.3　行政监管

行政监管作为现代政府的和核心职能，是指行政主体根据法律规定

---

① 莫于川，田文利. 行政指导的功能解读[J]. 北京行政学院学报，2004(5)：1-6.

② 马兰亭. 行政指导的特征及其依法实施[J]. 辽宁行政学院学报，1999(5)：13-20.

对于社会诸多领域进行监督和管理。① 行政监管的实质是行政权力对于市场经济的介入，限制或增加市场主体的权利和义务，从而克服市场失灵。② 行政监管通过制定规章、监督检查、行政处罚和行政裁决等方式进行。制定规章要明确监管对象从事特定经济活动资格的权利，批准和限制监管对象的经济活动方式。监督检查作为行政监管的核心内容，是对监管对象的生产经营活动是否符合法律法规和是否在许可的经营范围内开展经济活动进行监督和管理。行政处罚是行政主体对监管对象实施的制裁。行政裁决是在监管过程中对纠纷进行的裁决，限制行政主体滥用行政自由裁量权进行行政处罚。③ 作为一个新兴的产业，光伏产业处于发展的初级阶段，需要通过行政监管来监督和管理产业的经济活动。

《可再生能源法》第 5 条和第 27 条规定的可再生能源的监督管理体制成为多年来人们竞相诟病的焦点。④ 目前光伏产业的管理也是在能源管理的范畴下，并没有专门的机构专门管理，⑤ 中国现行光伏产业领域

---

① 崔卓兰，卢护锋. 试论我国行政监管制度的重构[J]. 学术研究，2009(6)：47-53.

② 宋慧宇. 行政监管权研究[D]. 长春：吉林大学，2010：64.

③ 崔卓兰，卢护锋. 试论我国行政监管制度的重构[J]. 学术研究，2009(6)：47-53.

④ 立法只笼统地确立由国家能源主管部门对可再生能源实施统一管理。至于长期存在的政出多门、职能交叉、资金分散、重复建设、程序繁琐、协调困难、管理上的低效和混乱、宏观调控力度较弱等弊端，未能通过立法从体制上加以解决。参见王明远. “看得见的手”为中国可再生能源产业撑起一片亮丽的天空？——基于《中华人民共和国可再生能源法》的分析[J]. 现代法学，2007(6)：155-166.

⑤ 2008 年的大部制机构改革，建立了国家发改委直属机构国家能源局。2008 年 8 月，国家能源局正式挂牌运行。但从运行情况看，作为一个副部级的机构，在统筹协调能源重大问题方面，国家能源局力不从心。2010 年 1 月 27 日，国务院正式成立国家能源委员会，其性质是能源议事协调机构，其主要职责是：负责研究拟订国家能源发展战略，审议能源安全和能源发展中的重大问题，统筹协调国内能源开发和能源国际合作的重大事项。从实践来看，这种体制运行是不顺畅的，如更高的机构为议事协调机构，而作为一个管理部门的国家局却成为职能部门，这种定位上的矛盾确实让人难以理解。国家能源委员会由时任国务院总理温家宝担任主任，国家发改委、科技部、工信部、财政部、国土资源部、环保部、交通运输部、水利部、电监会等 21 个国家部委的负责人担任委员。

的管理也受此体制弊端的影响。

对于光伏产业的行政监管，应当从以下几方面着力。第一，建立专门的行政监管机构。在中央和地方分别组建依法授权的行政监管主体，负责统一协调和管理光伏产业开发项目。第二，明确行政监管主体的职责范围。为行政监管主体的权力划定清晰的边界，使行政监管主体在合理范围内对光伏产业进行监督和管理。第三，规范行政监管主体的行为。通过规范行政监管权的启动程序、听证程序和救济程序等方式，限制行政监管主体在法定授权范围内活动，不得滥用行政自由裁量权对光伏产业进行不合理的干预。第四，建立行政监管行为的追责制度。通过明确追责的范围、追责的权限和程序以及法律后果，督促行政监管主体依法履行职责，对于出现的滥用行政自由裁量权的行为予以追求责任，促进行政监管主体积极有效地对光伏产业开展监督和管理工作。

5.5 中国光伏产业发展中市场化政策工具的司法规制

司法规制的实现可以通过事中规制和事后规制进行，主要是指在法律框架内通过审查行政自由裁量权的行使是否遵循了法律所明确规定的界限、程序和条件等，防止行政自由裁量权的滥用。具体到光伏产业发展中的市场化政策工具而言，是审查市场化政策工具的设计和运用是否遵循了实体立法所确立的界限、程序和条件。司法审查的内容主要分为对光伏产业发展中市场化政策工具设计和运用的事实问题的审查和法律问题的审查。

5.5.1 事实问题的审查

事实问题的审查是正确适用法律的首要步骤，在光伏产业领域，行使行政自由裁量权的行政主体在设计和运用市场化政策工具过程中，判断其是否正确的适用法律的前提是调查其案件事实是否清楚。同样，法院在实施司法审查的过程中，也要以事实问题作为首要审查内容。在行政法领域，案件事实可以分为实体法事实和程序法事实。实体法事实是指行政主体在行使自由裁量权之时，设计和运用市场化政策工具的依据，例如光伏产业发展遇到的障碍、障碍所造成的损失、消极影响等事实。① 法院对于案件的审理是对事实原委的复述，法官并非亲眼目睹案件事实，对于在审判时已经发生的案件事实只能运用逻辑推理去重现已经发生的事实。在英美法系的国家，对案件事实重现的程度是排除合理的怀疑，并不会达到科学上的确定性。② 中国也是积极采取职权主义的国家，贯穿行政诉讼、民事诉讼和刑事诉讼过程的一个基本原则是"以事实为依据，以法律为准绳"。"事实清楚，证据确凿"是法院事实审查的重点，中国法院体系中的四级法院都有对案件事实进行认定的权力。③

对于事实问题审查的内容可以分为两方面进行：一是审查具体的市场化政策工具的设计和运用是否显失公平正义；二是审查行政主体是否消极运用市场化政策工具。

以市场化政策工具为载体的行政自由裁量权，其作用是促进行政主体根据具体情况，在法定范围内自由选择合适的市场化政策工具运用。如果行政主体在行使自由裁量权时，做出显失公平正义的选择，使得市场化政策工具超出法定范围，法院应当加入进行干预，撤销或者变更政府主体的行为。判断显失公平正义的标准可以从同等性和一致性两方面

① 现行的市场化政策工具，例如费用分摊政策工具支持的金太阳工程实施过程中，作为行政自由裁量权的主体，没有合理地使用自由裁量权，对于可以预见的风险没有规避，导致出现了企业"骗补"事件频发。究其根本原因，在于作为行政自由裁量权主体的行政机关在运用市场化政策工具的过程中的失察。

② 陈永生. 排除合理怀疑及其在西方面临的挑战[J]. 中国法学，2003(2)：150-160.

③ 与运用当事人主义的英美法系不同，大陆法系一般采用职权主义强调法官在审理案件时保持积极态度，对于事实问题和法律问题采用严格的审查标准进行完全审查。参见王韶华. 试析民事诉讼中超职权主义现象[J]. 中外法学，1991，3(2)：17-20.

考量。同等性是指行政主体行使行政自由裁量权，对于同样的情况运用同样的市场化政策工具。例如，行政主体对于 A 省的产业发展状况采用一个标准的强制上网电价补贴政策工具，对于 B 省的类似情况也应当一视同仁。如果行政主体在行使自由裁量权时有所偏颇，对于不同地区采用不同的市场化政策工具，出现不同的效果，则是显失公平正义。一致性是指行政主体设计和运用的市场化政策工具应当前后一致，不能朝令夕改、反复无常，否则会使市场化政策工具的适用对象无所适从。这样也是显失公平正义的表现。

消极地运用市场化政策工具表现形式之一是指行政主体在行使自由裁量权时故意拖延。在光伏产业发展过程中，市场主体急需行政主体运用市场化政策工具时，行政主体应当在规定时限内行动，防止市场主体的合法权益和社会公共利益遭受重大损失。在这种情形中，如果行政主体故意拖延，就属于行政自由裁量权的滥用。在法律法规没有明确规定时限的情况下，行政主体也应当根据事项的轻重缓急，考虑相关因素，积极地行使自由裁量权，运用合理的市场化政策工具。例如，在光伏产业的组件生产出现产能过剩的严重情况下，行政主体应当及时地运用各类市场化政策工具，扩大国内市场，避免市场主体和社会公共利益受损。

在中国光伏产业发展的过程中，具有行政自由裁量权的行政主体不合理地运用市场化政策工具，不但会给国家造成经济损失，也会侵犯到市场主体的合法权利，对于产业发展产生消极影响。举例而言，费用分摊政策工具支持的金太阳工程实施过程中，作为行政自由裁量权的主体，没有合理地使用自由裁量权，对于可以预见的风险没有规避，导致出现了企业“骗补”事件频发。① 这一事实直接导致国有资产的流失，也损害了参与公共投资的市场主体利益。究其根本原因，在于作为行政

① 李凤桃. 金太阳工程：骗补零风险 白骗谁不骗[J]. 中国经济周刊，2013(25)：54-56.

自由裁量权主体的行政机关在运用市场化政策工具的过程中的失职。在此类案件中，应当严格对事实问题进行司法审查。

5.5.2 法律问题的审查

对于法律问题的审查，主要体现在法院对法律适用是否正确拥有最终的决定权，法院对于行政主体设计和运用市场化政策工具是否正确的解释和适用法律进行审查。即使行政主体在设计和运用市场化政策工具时积累了相当多的经验，法院审查也仍然是实现公平正义的最终权威。

法律问题的审查内容主要包括以下几个方面：一是审查行政主体设计和运用市场化政策工具的法律依据；二是行政主体设计和运用市场化政策工具是否符合法律目的；三是审查行政主体设计和运用市场化政策工具是否遵守法定程序；四是审查行政主体在设计和运用市场化政策工具时是否违反比例原则。

审查行政主体设计和运用市场化政策工具的法律依据，首先要审查行政主体是否具有行政法律关系的主体资格。没有依法授权或者委托取得行政职权的主体，不具备行使自由裁量权的主体资格，其所设计和运用的市场化政策工具也是不合法的。其次应审查设计和运用的市场化政策工具是否超越了法律法规所授予的自由裁量权范围。法律法规所授予的行政自由裁量权具有特定的界限，行政主体超越权力的法定空间和有效管辖的时效，属于越过权力界限，其所设计和运用的市场化政策工具就是不合法的。

审查行政主体设计和运用市场化政策工具是否符合法律目的，是指审查行政自由裁量权的行使是否遵循了法律赋予该权力的目的，是否符合人民和国家利益，是否出于善意动机。在光伏产业发展过程中，市场化政策工具的运用最终是为了实现产业的健康发展，发挥市场在资源配置中的决定性作用。然而，为了某一地区或某些企业的短期利益滥用市场化政策工具就违背了法律目的。

审查行政主体设计和运用市场化政策工具是否遵守法定程序，是指行政主体是否严格遵守行政程序，将行政自由裁量权的运行规范化。程序正义是当前法治的价值目标之一。① 行政程序的遵守能够促使行政主体合理行使自由裁量权，规范化地设计和运用市场化政策工具。

审查行政主体在设计和运用市场化政策工具时是否违反比例原则，是指行政主体在设计和运用市场化政策工具时，是否平衡对市场主体利益的损害与社会利益的获得。比例原则是指平衡达成既定目标与为此所采取手段之间合理的比例关系。② 市场化政策工具的运用不得出现对市场主体利益的损害超过社会利益的获得，如果超过这一合理比例，就构成了行政自由裁量权的滥用。

经过事实问题审查和法律问题审查，对于行政自由裁量权的司法规制的结果，主要表现为实体裁判和司法建议。实体裁判主要通过立法机关的判决维持、撤销或部分撤销、限期履行等方式，对行政主体行使自由裁量权，设计和运用市场化政策工具的行为进行处理。司法建议主要是指人民法院在行政主体拒绝履行法院判决和裁定时，可以向该行政主体的上级或者监察部门提出司法建议。司法建议相对于判决更加灵活地规制行政自由裁量权，可以作为判决和裁定方式的补充。

5.6　本章小结

市场化政策工具的法律规制主要是指为了保障依法设定的政策目标实现，防止行政自由裁量权的滥用，从立法、行政和司法等层面对市场化政策工具的内容设计和运用过程进行的控制。通过对发达国家光伏产业发展中市场化政策工具的法律规制的分析，可以归纳出各个国家对于本国的市场化政策工具的法律规制侧重点不同，主要集中在立法层面和行政层面。

---

① 陈瑞华. 论程序正义价值的独立性[J]. 法商研究，1998(2)：23-29.

② 余凌云. 论行政法上的比例原则[J]. 法学家，2002(2)：31-38.

为防止光伏产业发展中市场化政策工具在设计和运用过程中出现行政自由裁量权滥用，应当采用立法、行政和司法层面的规制予以应对。本书着重研究从立法规制层面展开对四种具体市场化政策工具的分析。市场化政策工具的立法规制是通过规定市场化政策工具的授权依据、使用边界、适用条件等内容来规制行政自由裁量权，从而保障市场化政策工具的合法性。立法规制对于行政自由裁量权的规制起到决定性作用，明文的立法可以划定行政主体设计和运用市场化政策工具的范围，为行政自由裁量权的行使设定权力边界。

行政层面的市场化政策工具的法律规制，是指市场化政策工具的运用过程中可以通过行政许可、行政指导、行政监管等方式来规范行政自由裁量权的行使，保障各种政策工具的合理运用。行政许可可以应用到光伏产业，从而调整光伏市场以避免资源浪费、环境破坏，同时保证光伏产品质量。行政指导可以指导光伏产业人力资源优化配置，指导光伏产业技术的推广和应用，指导光伏产业发展中的产学研合作机制，提升企业技术创新水平。行政监管是通过由中央和地方政府层面的专门机构负责统一指导、协调、监督和管理光伏产业开发项目，建立有效的信息共享机制，强化行政行为规范性，提升行政效能。

司法层面的市场化政策工具的法律规制，是指在司法过程中通过审查行政自由裁量权的行使是否遵循了法律所明确规定的界限、程序和条件等，防止行政自由裁量权的滥用，属于事中规制和事后规制。具体到光伏产业发展中的市场化政策工具而言，是审查市场化政策工具的设计和运用是否遵循了实体立法所确立的界限、程序和条件。对市场化政策工具设计和运用的事实问题的审查和法律问题的审查，是司法审查的主要内容。

第 6 章　结论与展望

6.1　研 究 结 论

中国作为太阳能资源最为丰富的国家之一，已经发展成为光伏产品制造业大国，正在向光伏应用市场大国迈进。自 20 世纪 70 年代迄今，中国光伏产业发展经历了曲折的历程，学术界和产业界乃至社会公众对于光伏产业的发展有着不同的评价，误读时有发生。本书尝试从市场化政策工具的法律规制的角度来探讨光伏产业发展中的问题，书中所提出的部分观点也未必成熟，但是令笔者感到欣慰的是，中国光伏产业发展的政策工具体系正在逐步与国际接轨。譬如，国家能源局、工业和信息化部等政府部门 2015 年 6 月发布的政策文件国新能〔2015〕194 号《关于促进先进光伏技术产品应用和产业升级的意见》所提出的思路与政策要点与本书的研究思路和观点是基本印证的。该规范性文件指出，发挥市场对于技术进步的指导作用，严格执行光伏产品市场准入标准，发挥财政资金和政府采购支持光伏发电技术进步的作用，等等，这些政策要点皆与本书所论述的具体对策性观点大体吻合。

在中国光伏产业发展中，行政主体设计和运用的市场化政策工具主要包括总量目标规划、强制上网电价补贴、费用分摊和税收优惠等。行政法学界普遍认为行政自由裁量权滥用的表现包括非正当考虑、对弹性法律条文做扩张或限制性解释、反复无常、故意拖延等。(1)总量目标规划政策工具存在的问题，是由于缺乏科学调研从而导致目标频繁修改，缺乏稳定性和权威性，并且规划目标的现行衡量标准是装机容量，而非更能够反映产业发展效果的实际发电量。这属于行政自由裁量权滥用的非正当考虑情形和反复无常情形。(2)强制上网电价补贴政策工具的问题，是未能考虑电网企业承担高昂的并网费用和输送电成本，从而导致电网企业收购光伏电力的积极性不足。这也属于行政自由裁量权滥用的非正当考虑情形。(3)费用分摊政策工具的主要问题，是资金来源仅限于电价附加从而引致资金不足，不能实现对于强制上网电价补贴的资金支持。虽然《可再生能源法》规定电网企业收购可再生能源电力的成本可以采用电费附加的方式分担，但是对于具体操作方式没有具体规定，实际中电费附加的标准由发改委等部门确定。这种单一的资金来源方式不能缩小光伏发电成本与传统能源发电成本之间的差距，全网分摊的方式不能有效激励发电企业和消费者使用清洁能源。这些问题属于行政自由裁量权滥用表现的非正当考虑和对于弹性法律条文的限制性解释。(4)税收优惠政策工具的问题，在于税收优惠政策的制定主体随意性较高、政策内容优惠幅度不大、税收形式单一，缺乏稳定性，从而导致光伏产业中的市场主体无法享受应有的税收优惠。这属于行政自由裁量权滥用的非正当考虑、反复无常和故意拖延情形。市场化政策工具存在的问题映射出行政自由裁量权滥用的诸多情形，能够明确地反映出行政主体在行使行政自由裁量权时缺乏有效的约束。

本书明确了对市场化政策工具的法律规制是促进光伏产业健康发展最有效的应对策略。法律规制的主要目的是规范中国光伏产业市场，使得市场机制在光伏产业的技术发展领域做出最优化的配置，形成创新的市场经济结构，创造有激励创新的环境。法律规制能够更好地引导产业政策工具，促进产业链高端的技术创新发展，同时能够协调创新的外部经济效益带来的社会收益和私人收益之间的分配，克服市场失灵。法律规制通过对国家支持新兴产业的原则、程序和方式作出具体规定，消除政策抽象化的缺陷，将政府的政策目的真正落实到位，弥补政府管理缺漏，克服政府失灵。立法可以通过约束创新系统的主体，保障创新机制在法制化轨道上运行，进而提高产业创新系统的整体活力，克服系统失灵。进一步从全球视野和国际议题来看，气候变迁所引发的问题早已在科学和经济学的领域中受到深入研究，相对而言法学的研究则仍然少见。气候变迁的严峻现实促使全球协力应对，本书探讨法治原则在新能源领域中的必要性与具体化，阐释全球减缓人为温室气体排放的正义内涵，认为每个国家必须面对其不同的生存问题，而国际法本身通常又仅属软法性质，形成了较多规避空间，若再加上国际政治的现实与经济的理想模式难以验证，终而导致后哥本哈根的困境。这是气候变化背景下国际公约对市场化政策工具的法律规制的外部影响。

市场化政策工具的法律规制是指为了保障依法设定的政策目标实现，防止行政自由裁量权的滥用，从立法、行政和司法等层面对市场化政策工具的内容设计和运用过程进行的控制。市场化政策工具的法律规制，在理论和实践上都包含两方面的考量：合法性与合理性。合法性在这里指的是市场化政策工具的内容设计和运用是否符合法律规定；合理性是指在市场化政策工具运用的过程当中实施方案是否合理、资源配置是否合理等。市场化政策工具的法律规制的功能主要有两方面：一是保障市场化政策工具内容设计的合法性，二是促进市场化政策工具实际运用的有效性。市场化政策工具的法律规制的主体是指对市场化政策工具的设计和运用进行监督和控制的组织，一般包括立法机关、司法机关和行政机关。市场化政策工具的法律规制的对象，针对的是市场化政策工具设计和运用的整个过程。

市场化政策工具作为行政自由裁量权的载体，主要体现在以下几个方面：一是市场化政策工具是行政自由裁量权实现的关键步骤；二是市场化政策工具设计和运用的主体与行政自由裁量权的主体都具有一致性和法定性；三是市场化政策工具充分体现了行政自由裁量权内容的广泛性；四是市场化政策工具充分体现了行政自由裁量权行使结果的权威性。市场化政策工具在运用中出现的消极样态，也是行政自由裁量权异化的体现，具体表现在行政主体权力的约束性不强、行政主体利益的诱导性强烈和公民权利保护的薄弱。对于市场化政策工具的法律规制的题中之意即在于对行政自由裁量权的规制。市场化政策工具并非行政自由裁量权的唯一载体，但行政自由裁量权是市场化政策工具的实质内核。

为防止光伏产业发展中市场化政策工具在设计和运用过程中出现行政自由裁量权滥用，应当采用立法、行政和司法层面的规制予以应对。本书着重研究从立法规制层面展开对四种具体市场化政策工具的分析。市场化政策工具的立法规制是通过规定市场化政策工具的授权依据、使用边界、适用条件等内容来规制行政自由裁量权，从而保障市场化政策工具的合法性。立法规制对于行政自由裁量权的规制起到决定性作用，明文的立法可以划定行政主体设计和运用市场化政策工具的范围，为行政自由裁量权的行使设定权力边界。

对于总量目标规划政策工具的立法规制包括：(1)衡量总量目标的标准实现从装机容量到上网电量的转变；(2)设定具体而明确的数值目标，明确责任主体；(3)通过立法授权的方式赋予国务院能源主管部门制定分阶段实施规则的职责，明确法律义务、法律责任以及法律权利；(4)根据太阳能资源的特殊性以及各地经济水平差异设定各地区规划目标。

对于强制上网电价补贴政策工具的立法规制包括：(1)充分考虑电网企业收购光伏发电电力支出的成本；(2)采用电力收购价格递减的全额收购方式；(3)建立光伏发电企业、电网企业和科研机构组成的产学研联盟。

对于费用分摊政策工具的立法规制包括：(1)拓宽费用分摊的资金来源渠道；(2)制定可再生能源发展基金实施细则；(3)电价附加征收在采取全网均摊方式的同时应当对传统能源发电企业征收化石燃料消费税、碳税等环境税。

对于税收优惠政策工具的立法规制包括：(1)税收调控种类应建立

在整个光伏产业环境的成本效益分析的基础之上；(2)应考虑到税收优惠与其他手段的配合使用；(3)应根据光伏产业发展中各关键环节的技术经济特点来科学配置与之相适应的资金补贴，同时提高税收优惠政策之间的协调性。

行政层面的市场化政策工具的法律规制，是指市场化政策工具的运用过程中可以通过行政许可、行政指导、行政监管等方式来规范行政自由裁量权的行使，保障各种政策工具的合理运用。行政许可可以应用到光伏产业，从而调整光伏市场以避免资源浪费、环境破坏，同时保证光伏产品质量。行政指导可以指导光伏产业人力资源优化配置，指导光伏产业技术的推广和应用，指导光伏产业发展中的产学研合作机制，提升企业技术创新水平。行政监管是通过由中央和地方政府层面的专门机构负责统一指导、协调、监督和管理光伏产业开发项目，建立有效的信息共享机制，强化行政行为规范性，提升行政效能。

司法层面的市场化政策工具的法律规制，是指在司法过程中通过审查行政自由裁量权的行使是否遵循了法律所明确规定的界限、程序和条件等，防止行政自由裁量权的滥用，属于事中规制和事后规制。具体到光伏产业发展中的市场化政策工具而言，是审查市场化政策工具的设计和运用是否遵循了实体立法所确立的界限、程序和条件。对市场化政策工具设计和运用的事实问题的审查和法律问题的审查，是司法审查的主要内容。

6.2　研究局限及未来研究方向

作为行政自由裁量权载体的市场化政策工具，其适用的对象是实践层面的光伏产业链不同环节的市场主体。因此，在实证研究中对于市场主体的调研访谈方面本应有更多篇幅的展现。然而，由于调研访谈工作的困难，本研究的实证分析较难成为严格意义上的大范围调查研究。同时在选择调研对象上采取方便原则，并且调研访谈对象的选择主要限于局部地区，可能由于地域局限性而影响研究成果的广泛代表性。此外，本书的主要研究对象限定于市场化政策工具，对于非市场化政策工具及其法律规制研究并未展开。非市场化政策工具及其与市场化政策工具的组合关系的深入探讨，是未来的研究方向之一。

近年来，关于政策工具理论的研究越发成为学术界跨学科关注的前沿问题。然而，通过文献调研发现，我国法学界对于光伏产业发展中的市场化政策工具的研究屈指可数，并未从法律规制视角对中国的光伏产业政策工具体系进行深入研究。在应对全球气候变化的国际背景下，中国应当在可再生能源法律和政策研究领域，具备与光伏产业发展程度相匹配的国际影响力。

参考文献

(一)中文参考文献

图书类：

[1]B. 盖伊彼得斯. 政府未来治理模式[M]. 吴爱明，夏宏图，译. 北京：中国人民大学出版社，2001.

[2]刚特·鲍利. 蓝色革命——爱地球的100个商业创新[M]. 洪慧芳，译. 台北：天下杂志出版社，2010年.

[3]陈振明. 政策科学——公共政策分析导论[M]. 北京：中国人民大学出版社，2003.

[4]程华，等. 中国技术创新政策演变、测量与绩效实证研究——基于政策工具的研究[M]. 北京：经济科学出版社，2014.

[5]程荃. 欧盟新能源法律与政策研究[M]. 武汉：武汉大学出版社，2012.

[6]贺德馨. 中国可再生能源发展战略研究丛书[M]. 北京：中国电力出版社，2008.

[7]胡德胜，肖国兴. 资源和能源政策法律比较丛书[M]. 郑州：郑州大学出版社，2008.

[8]胡孝红. 各国能源法新发展[M]. 厦门：厦门大学出版社，2012.

[9]黄进，等. 中国能源安全若干法律与政策问题研究[M]. 北京：经

济科学出版社，2013.
[10]李俊峰，王仲颖. 中华人民共和国可再生能源法解读[M]. 北京：化学工业出版社，2005.
[11]罗运俊，何梓年，王长贵. 太阳能利用技术[M]. 北京：化学工业出版社，2005.
[12]吕江. 英国新能源法律与政策研究[M]. 武汉：武汉大学出版社，2012.
[13]吕薇. 可再生能源：发展机制与政策[M]. 北京：中国财政经济出版社，2008.
[14]桑东莉. 气候变化与能源政策法律制度比较研究[M]. 北京：法律出版社 2013.
[15]陶学荣，崔运武. 公共政策分析[M]. 武汉：华中科技大学出版社，2008.
[16]汪洋. 中国货币政策工具研究[M]. 北京：中国金融出版社，2009.
[17]王文革. 中国节能法律制度研究[M]., 北京：法律出版社，2008.
[18]肖国兴，肖乾刚. 自然资源法[M]. 北京：法律出版社，1999.
[19]肖国兴，叶荣泗. 中国能源法研究报告[M]. 北京：法律出版社，2009.
[20]杨解君. 行政法与行政诉讼法(上)[M]. 北京：清华大学出版社，2009.
[21]杨解君. 面向低碳未来的中国能源法制研究[M]. 上海：复旦大学出版社，2014.
[22]杨泽伟. 中国能源安全法律保障研究[M]. 北京：中国政法大学出版社，2009.
[23]杨泽伟. 发达国家新能源法立法与政策研究[M]. 武汉：武汉大学出版社，2011.
[24]张成福，党秀云. 公共管理学[M]. 北京：中国人民大学出版社，2001.

[25]张剑虹. 中国能源法律体系研究[M]. 北京：知识产权出版社，2012.

[26]章辉. 政府采购风险及控制[M]. 北京：中国财政经济出版社，2009.

[27]植草益. 微观规制经济学[M]. 朱绍文，等，译. 北京：中国发展出版社，1992.

[28]朱伯玉，张福德，等. 低碳经济的政策法律规制[M]. 北京：中国社会科学出版社，2013.

[29]朱春奎. 政策网络与政策工具：理论基础与中国实践[M]. 上海：复旦大学出版社，2011.

期刊类：

[1]蔡承荣. 当前我国"政府失灵"的主要表现及对策[J]. 求实，2002(8)：52-54.

[2]蔡定剑，刘星红. 论立法解释[J]. 中国法学，1993(6)：36-43.

[3]蔡定剑. 国家权力界限论[J]. 中国法学，1991(2)：54-61.

[4]陈春龙. 法律规范作用新探[J]. 现代法学，1990(4)：2-6.

[5]陈立敏，谭力文. 评价中国制造业国际竞争力的实证方法研究——兼与波特指标及产业分类法比较[J]. 中国工业经济，2004(5)：30-37.

[6]陈丽芳. 论行政程序对行政自由裁量权的控制[J]. 河北法学，2000(4)：30-34.

[7]陈龙珠，王军. 新能源光伏产业的示范效应分析与对策[J]. 中国人口·资源与环境，2010(S1)：395-397.

[8]陈斯喜. 论立法解释制度的是与非及其他[J]. 中国法学，1998(3)：63-70.

[9]陈秀山. 政府失灵及其矫正[J]. 经济学家，1998，1(1)：54-60.

[10]陈昭锋，韩健. 政府推动与高新技术产业化创新[J]. 清华大学学

报(哲学社会科学版)，1998(2)：49-59.
[11]陈新. 论公共政策与行政裁量[J]. 福建法学，2012(1)：10-20.
[12]程永明，平力群. 日本的产业技术扶持政策与实施手段——以太阳能产业为例[J]. 外国问题研究，2010(2)：72-77.
[13]崔卓兰，刘福元. 论行政自由裁量权的内部控制[J]. 中国法学，2009(4)：73-84.
[14]崔卓兰，卢护锋. 试论我国行政监管制度的重构[J]. 学术研究，2009(6)：47-53.
[15]戴建军. 以技术创新推进光伏产业发展[J]. 发展研究，2008(7)：39-42.
[16]戴丽. 我国光伏电站和分布式光伏都存在融资困境问题[J]. 节能与环保，2014(5)：32-33.
[17]丁晓花，杨国华，卫宁波，等. 宁夏地区光伏发电环境效益分析及建模[J]. 电力科技与环保，2015，31(4)：9-12.
[18]杜群，廖建凯. 德国与英国可再生能源法之比较及对我国的启示[J]. 法学评论，2011(6)：75-81.
[19]范旭斌. 论公共利益与个人利益的平衡[J]. 云南社会科学，2009(6)：43-47.
[20]范长军，彭霞，郑友德. 关于科技研究与开发条件法律法规实施效果评价[J]. 科学学与科学技术管理，2003，24(3)：69-71.
[21]方虹，罗炜，刘春平. 中国碳排放权交易市场建设的现状、问题与趋势[J]. 中国科技投资，2010(8)：41-43.
[22]方世荣，孙才华. 关于政策与法律关系的再思考——从集中和反映人民意志的视角[J]. 湖北社会科学，2006(5)：15-19.
[23]方世荣. 论政策转化为法律的基础和条件[J]. 湖北行政学院学报，2006(4)：5-10.
[24]冯春林. 中国光伏产业政策及效果评价研究[J]. 重庆科技学院学报：社会科学版，2012(18)：66-69.

[25]冯之浚. 完善和发展中国国家创新系统[J]. 中国软科学, 1999(1): 55-58.

[26]赵震江, 付子堂. 论法律功能与依法治国——法治秩序中的法律功能状况及其实现障碍[J]. 法学, 1997(2): 13-16.

[27]高虎, 赵勇强. "送电到乡"项目用户电力消费和需求调查分析[J]. 可再生能源, 2006(3): 6-8.

[28]高秦伟. 行政过程中的政策形成——一种方法论上的追问[J]. 当代法学, 2012(5): 38-46.

[29]莫于川. 行政指导救济制度研究[J]. 法学家, 2004, 1(5): 130-136.

[30]高一飞. 反思司法潜规则[J]. 政法学刊, 2005, 22(4): 46-49.

[31]宫志佳. 发达国家太阳能光伏产业发展现状及启示——基于PEST模型的分析[J]. 大庆社会科学, 2013(4): 56-58.

[32]顾爱华. 中国公共行政责任与追究制度探讨[J]. 中国行政管理, 2002(8).

[33]顾树华, 王白羽. 中国可再生能源配额制政策的初步研究[J]. 清华大学学报(哲学社会科学版), 2003(S1): 29-35.

[34]海山, 栾春娟. 全球太阳能光伏产业法律政策分析及启示[J]. 太阳能, 2012(23): 6-13.

[35]韩晶. 中国高技术产业创新效率研究——基于SFA方法的实证分析[J]. 科学学研究, 2010, 28(3): 467-472.

[36]韩延刚, 陈洪波. 国内外太阳能光伏标准体系分析及展望[J]. 太阳能, 2012(13): 12-16.

[37]何川. 促进可再生能源发电发展政策效率评估[J]. 能源技术经济, 2012, 24(6): 20-25.

[38]何京. 发达国家可再生能源发电制度[J]. 大众用电, 2009(7): 17-17.

[39]何英, 焦洪涛. 我国科技法律法规实施净利要的评价标准[J]. 科

技进步与对策，2002，19(1)：105-107.
[40]胡刚健. 熊彼特创新理论及其对我国经济发展的启示[J]. 当代经济，2007(6X)：41-42.
[41]胡亚球，陈迎. 论行政自由裁量权的司法控制[J]. 法商研究，2001(4)：55-63.
[42]黄梅萍，林丽华，朱锐敏，等. 厂商光伏组件的生产计划浅析[J]. 科技与企业，2014(10)：15-16.
[43]焦洪涛，饶传平. 论理论科技法学研究的10个转向[J]. 科技进步与对策，2003(7)：17-18.
[44]焦洪涛，伍春艳. 国家科技计划立法若干问题研究[J]. 科技与法律，2006(1)：1-6.
[45]莱斯特·M. 萨拉蒙，李婧，孙迎春. 新政府治理与公共行为的工具：对中国的启示[J]. 中国行政管理，2009(11)：100-106.
[46]李春艳，刘力臻. 产业创新系统生成机理与结构模型[J]. 科学学与科学技术管理，2007，28(1)：50-55.
[47]李绍荣. 帕累托最优与一般均衡最优之差异[J]. 经济科学，2015，24(2)：75-80.
[48]李时敏，肖兴志，李健军. 西方国家市场失灵与社会性规制[J]. 世界经济与政治论坛，2004(1)：83-86.
[49]李世涌，朱东恺，陈兆开. 外部性理论及其内部化研究综述[J]. 中国市场，2007(31)：117-119.
[50]李艳芳，林树杰. 可再生能源市场准入制度研究[J]. 中州学刊，2010(2)：93-97.
[51]李艳芳，岳小花. 论我国可再生能源法律体系的构建[J]. 甘肃社会科学，2010(2)：7-11.
[52]李艳芳，岳小花. 美国可再生能源配额制及其启示——基于得克萨斯州的经验分析[J]. 清华法治论衡，2010(1)：207-209.
[53]李艳芳，张牧君. 论我国可再生能源配额制的建立——以落实我国

《可再生能源法》的规定为视角[J]. 政治与法律, 2011(11): 2-9.
[54]李艳芳. 各国应对气候变化立法比较及其对中国的启示[J]. 中国人民大学学报, 2010(4): 58-66.
[55]李艳芳. 论我国《能源法》的制定——兼评《中华人民共和国能源法》(征求意见稿)[J]. 法学家, 2008(2): 92-100.
[56]李艳芳. 气候变化背景下的中国可再生能源法制[J]. 政治与法律, 2010(3): 11-21.
[57]李艳芳. 气候变化对中国可再生能源政策与立法的影响[J]. 中国环境法治, 2009(1): 108-115.
[58]李艳芳. 我国《可再生能源法》的制度构建与选择[J]. 中国人民大学学报, 2005, 19(1): 133-140.
[59]李艳芳. 我国可再生能源管理体制研究[J]. 法商研究, 2008(6): 91-98.
[60]李郁芳. 国外政府行为外部性理论评介[J]. 经济学动态, 2003(12): 74-77.
[61]李园红, 高明. 基于产业链视角的中国光伏产业发展思路[J]. 亚太经济, 2010(4): 103-106.
[62]厉无畏. 产业融合与产业创新[J]. 上海管理科学, 2002(4): 4-6.
[63]梁丹妮. 论政府职能转变视角下的行政审批制度改革[J]. 法制与社会, 2008(33): 213-214.
[64]刘畅, 赵心锐. 论我国食品安全的经济性规制[J]. 理论探讨, 2012(5): 98-101.
[65]刘丁璞. 太阳能光伏组件户外计量方法研究[D/OL]. 北京: 中国计量科学研究院, 2013.
[66]刘辉. 市场失灵理论及其发展[J]. 当代经济研究, 1999(8): 39-43.
[67]刘剑文. 落实税收法定原则的现实路径[J]. 政法论坛, 2015, 33(3): 14-25.

[68]刘益君. 国内外光伏产业政策比较研究[J]. 生产力研究, 2010(12): 221-223.

[69]刘卓, 何金凤, 周攀. 德国光伏产业扶持政策借鉴及启示[J]. 知识经济, 2012(17): 118-119.

[70]刘作翔. 论法律的作用及其局限性[J]. 法制与社会发展, 1996(2): 1-6.

[71]马步云, 胡兴华, 徐长春. 知识经济与21世纪中国高等教育[J]. 江西社会科学, 2002(S1): 281-283.

[72]马兰亭. 行政指导的特征及其依法实施[J]. 辽宁行政学院学报, 1999(5): 13-20.

[73]马艳, 张峰. 我国政府的利益补偿作为[J]. 经济研究参考, 2008(54): 8-9.

[74]马一超. 行政层级监督法律问题研究[J]. 中国集体经济, 2011(21): 97-98.

[75]麦丽臣. 日本政府在国家创新系统中的作用[J]. 日本研究, 2003(4): 7-13.

[76]梅术文. 创新驱动发展战略下专利政策法律化路径研究[J]. 科技进步与对策, 2014(1): 111-115.

[77]苗振青. 科技创新体系促进战略性新兴产业发展的作用机制分析[J]. 河南农业大学学报, 2012, 46(4): 453-457.

[78]缪仁杰, 李淑兰. 太阳能利用现状与发展前景[J]. 应用能源技术, 2007(5): 28-33.

[79]莫于川, 田文利. 行政指导的功能解读[J]. 北京行政学院学报, 2004(5): 1-6.

[80]莫于川. 从法律价值角度看行政指导行为[J]. 法制与社会发展, 2000(5): 24-28.

[81]穆献中. 国际新兴能源产业发展的法律政策体系评析[J]. 石油科技论坛, 2009(6): 60-64.

[82]平力群. 日本政府支持新兴产业发展的政策措施——以降低企业技术创新成本为视角[J]. 东北亚学刊, 2013(3): 31-36.
[83]钱伯章. 太阳能光伏发电成本及展望[J]. 中国环保产业, 2009(4): 24-28.
[84]任东明. 可再生能源发电配额制政策(RPS)研究[J]. 中国人口·资源与环境, 2002, 12(2): 117-120.
[85]石佑启, 邓搴. 论法治视野下行政权力纵向上的合理配置[J]. 南京社会科学, 2015(11): 91-97.
[86]时璟丽. 可再生能源电力费用分摊政策研究[J]. 中国能源, 2010(2): 15-18.
[87]史丹. 我国能源经济的总体特征、问题及展望[J]. 中国能源, 2007, 29(1): 5-12.
[88]苏建华. 光伏发电配额制需要解决的几个关键问题[J]. 华北电力大学学报(社会科学版), 2013(6): 21-24.
[89]苏竣, 眭纪刚, 张汉威. 中国政府资助的可再生能源技术创新[J]. 中国软科学, 2008(11): 34-44.
[90]孙鹏, 张力. 中国可再生能源发电产业发展与电价政策实施[J]. 中国科技论坛, 2015(3): 80-85.
[91]孙曙生, 刘涛. 论行政公共权力的限度及其法律规制——以政府参与房屋拆迁案为对象的考察[J]. 国家行政学院学报, 2007(1): 82-85.
[92]田俊梅. 我国部分省(区)风能和太阳能激励政策[J]. 太阳能, 2005(5): 16-17.
[93]王博. 固定电价收购制度和配额制在推进可再生能源利用方面的比较[J]. 西安邮电学院学报, 2010, 15(2): 103-107.
[94]王鸿貌. 税收法定原则之再研究[J]. 法学评论, 2004(3): 51-59.
[95]王锟. 工具理性和价值理性——理解韦伯的社会学思想[J]. 甘肃社会科学, 2005(1): 120-122.

[96]王立国，鞠蕾．光伏产业产能过剩根源与对策找寻[J]．改革，2015(5)：129-138.
[97]王明远．“看得见的手”为中国可再生能源产业撑起一片亮丽的天空？——基于《中华人民共和国可再生能源法》的分析[J]．现代法学，2007(6)：155-166.
[98]王社亮，吴来群，毕小剑．增值税转型对水电站、风电场、光伏电站的影响[J]．西北水电，2010(6)：1-3，6.
[99]王太高．风能开发利用中的行政许可研究[J]．中德法学论坛，2012(1)：85-95.
[100]王天义．发挥市场在资源配置中的决定性作用[J]．中国领导科学，2014(5)：46-48.
[101]王文祥，史言信．我国光伏产业困境的形成：路径、机理与政策反思[J]．当代财经，2014(1)：87-97.
[102]王先林．产业政策法初论[J]．中国法学，2003(3)：112-118.
[103]王小能．政府采购法律制度初探[J]．法学研究，2000(1)：80-94.
[104]王信茂．从无锡尚德的破产思考我国光伏产业的持续健康发展[J]．中国能源，2013，35(6)：12-15.
[105]王学军，胡小武．论规制失灵及政府规制能力的提升[J]．公共管理学报，2005，2(2)：46-54.
[106]王英津．论我国的行政自由裁量权及其滥用防范[J]．国家行政学院学报，2001(3)：69-73.
[107]王振宇．对自由裁量行政行为进行司法审查的原则和标准[J]．法制与社会发展，2000(3)：11-16.
[108]王仲颖，时璟丽，李俊峰．政策先导是发展可再生能源的先决条件——《中华人民共和国可再生能源法》法律解读[J]．科技中国，2006(1)：30-33.
[109]魏奎先，戴永年，马文会．太阳能电池硅转换材料现状及发展趋势[J]．轻金属，2006(2)：52-56.

[110]吴晓青，洪尚群，蔡守秋. 环境政策工具组合的原理、方法和技术[J]. 重庆环境科学，2003，25(12)：85-87.

[111]吴昱，边永民. 新能源产业链激励政策及其补贴合规性——以太阳能光伏产业为例[J]. 求索，2013(4)：1-4.

[112]吴钟瑚. 21世纪初我国能源可持续发展政策框架[J]. 能源政策研究，2003(1)：20-27.

[113]吴钟瑚. 完善能源立法 亟需破局[J]. 能源政策研究，2011(4)：27-29.

[114]吴钟瑚. 制度创新推进新能源产业可持续发展[J]. 中国能源，2013，35(2)：27-30.

[115]吴钟瑚. 中国能源法制建设30年纪[J]. 能源政策研究，2008(5)：22-26.

[116]夏雅丽. 西部国企改革与高新技术产业立法问题研究[J]. 中国法学，2000(2)：36-42.

[117]向树民，唐海涛，周兵. 中国太阳能光伏产业的发展现状及前景[J]. 资源节约与环保，2014(7).

[118]向昀，任健. 西方经济学界外部性理论研究介评[J]. 经济评论，2002(3)：58-62.

[119]肖国兴，肖乾刚. 中国自然资源管理制度创新的几个问题[J]. 环境保护，1995(1)：12-14.

[120]肖国兴.《能源法》与中国能源法律制度结构[J]. 中州学刊，2010(6)：78-84.

[121]肖国兴. 可再生能源发展的法律路径[J]. 中州学刊，2012(5)：79-85.

[122]肖国兴. 论《能源法》的理性及其法律逻辑[J]. 中州学刊，2007(4)：83-87.

[123]肖国兴. 论《能源法》量化指标及其制度实现[J]. 能源政策研究，2009(1)：33-39.

[124] 肖国兴. 论能源法对循环经济的促进[J]. 中山大学学报：社会科学版，2007(4)：77-80.
[125] 肖国兴. 论能源法律制度结构的形成与形态[J]. 郑州大学学报(哲学社会科学版)，2008(2)：17-24.
[126] 肖国兴. 论能源革命与法律革命的维度[J]. 能源政策研究，2010(2)：38-49.
[127] 肖国兴. 论能源战略与能源规划的法律界定[J]. 能源政策研究，2008(5)：27-34.
[128] 肖国兴. 论中国节能减排的法律路径[J]. 郑州大学学报(哲学社会科学版)，2010(6)：55-60.
[129] 肖国兴. 论中国能源革命与法律变革的维度[J]. 郑州大学学报(哲学社会科学版)，2011(5)：39-43.
[130] 肖国兴. 论中国资源环境产权制度的架构[J]. 环境保护，2000(11)：7-9.
[131] 肖国兴. 论中国自然资源产权制度的历史变迁[J]. 郑州大学学报(哲学社会科学版)，1997(6)：19-25.
[132] 肖国兴. 能源发展转型与《能源法》的制度抉择[J]. 能源政策研究，2011(4)：18-26.
[133] 肖国兴. 节能与能源立法研究——我国《能源法》起草中应考虑的几个问题[J]. 法学，2007(2)：111-115.
[134] 肖国兴. 中国自然资源产权制度创新的法律抉择[J]. 环境保护，2002(4)：7-9.
[135] 肖国兴. 能源效率与法律制度的理性选择[J]. 环境保护，2005(12)：55-59.
[136] 肖江平. 我国《可再生能源促进法》的制度设计[J]. 中国法学，2004(2)：101-108.
[137] 肖锦生. 税收优惠与财政补贴对企业科技投入影响——以福建省为例[J]. 福州党校学报，2013(4)：51-54.

[138]肖乾刚，肖国兴，姜建初．经济调整中的一项重要课题——建立产业政策法[J]．决策探索(上半月)，1991(1)：37-39.

[139]肖庆文．以需求鼓励政策促进我国太阳能光伏产业的自主创新[J]．重庆工学院学报(社会科学版)，2009，23(1)：7-9.

[140]徐桂华，杨定华．外部性理论的演变与发展[J]．社会科学，2004(3)：26-30.

[141]徐淑一，殷明明，陈平．央行货币政策工具调控房地产价格的可行性[J]．国际金融研究，2015，339(2)：35-44.

[142]徐艳．新形势下美国对中国出口产品双反的现状及对策研究[J]．未来与发展，2013(12)：25-30.

[143]禤达宇，伍建卿．论司法监督对行政自由裁量权的控制[J]．当代法学，2003(9)：136-138.

[144]薛惠锋，王海宁．《中华人民共和国可再生能源法》的实施回顾及展望[J]．中外能源，2010，15(3)：33-36.

[145]阳芳，周源俊．利用光伏上网电价政策促进我国光伏产业发展的思考——德国光伏上网电价政策及其对我国的启示[J]．价格理论与实践，2010(8)：42-43.

[146]杨解君，臧扬杨．中国太阳能资源利用的立法现状及其未来发展[J]．南京社会科学，2011(10)：97-103.

[147]杨解君，赖超超．我国太阳能开发利用的现状及其立法诉求[J]．甘肃政法学院学报，2008(2)：67-73.

[148]杨英杰．货币政策的目标选择与政策工具实施问题[J]．理论前沿，2002(16)：40-41.

[149]杨泽伟．"东北亚能源共同体"法律框架初探[J]．法学，2006(4)：119-127.

[150]杨泽伟．《2009年美国清洁能源与安全法》及其对中国的启示[J]．中国石油大学学报(社会科学版)，2010，26(1)：1-6.

[151]杨泽伟．德国能源法律与政策及其对中国的启示[J]．武大国际法

评论，2010(1)：217-228.
[152]杨泽伟. 国际能源机构法律制度初探——兼论国际能源机构对维护我国能源安全的作用[J]. 法学评论，2006(6)：77-83.
[153]杨泽伟. 欧盟能源法律与政策及其对中国的启示[J]. 武大国际法评论，2007(2)：226-241.
[154]杨泽伟. 欧盟能源法律政策及其对我国的启示[J]. 法学，2007(2)：135-142.
[155]杨泽伟. 台湾新能源法律政策及其对大陆的启示[J]. 中国地质大学学报(社会科学版)，2013，13(1)：44-49.
[156]杨泽伟. 碳排放权：一种新的发展权[J]. 浙江大学学报(人文社会科学版)，2011，41(3)：40-49.
[157]杨泽伟. 我国能源安全保障的法律问题研究[J]. 法商研究，2005(4)：19-25.
[158]杨泽伟. 中国能源安全问题：挑战与应对[J]. 世界经济与政治，2008(8)：52-60.
[159]杨泽伟. 中美能源与气候变化合作障碍与前景[J]. 人民论坛，2010(29)：128-129.
[160]叶卫平. 产业政策法治化再思考[J]. 法商研究，2013(3)：115-124.
[161]尹友中. 论对行政自由裁量权的司法审查[J]. 行政与法，2002(2)：15-16.
[162]于杨曜. 日本促进太阳能利用的法律体系和制度绩效[J]. 能源政策研究，2010(2)：69-77.
[163]臧扬杨，杨高臣，杨解君. 我国太阳能开发利用的现实困境与立法需求分析[J]. 南京工业大学学报：社会科学版，2012，11(2)：28-35.
[164]张润君，张伟. 技术创新中的非正式制度激励[J]. 科学学与科学技术管理，2004(7)：23-26.

[165]张淑芳. 规范性文件行政复议制度[J]. 法学研究，2002(4)：18-35.

[166]张兴科. 美国对华光伏企业的“双反”调查对我国的影响及对策[J]. 中国高新技术企业，2012(3)：5-8.

[167]张泽想. 论行政法的自由意志理念——法律下的行政自由裁量、参与及合意[J]. 中国法学，2003(2)：173-184.

[168]赵平，严玉廷. 并网光伏发电系统对电网影响的研究[J]. 电气技术，2009(3)：41-44.

[169]钟庭军，刘长全. 论规制、经济性规制和社会性规制的逻辑关系与范围[J]. 经济评论，2006(2)：146-151.

[170]周凤翱，曹治国. 我国电力行业低碳发展的政策与法制保障[J]. 华北电力大学学报(社会科学版)，2013(1)：1-7.

[171]周汉华. 变法模式与中国立法法[J]. 中国社会科学，2000(1)：91-102.

[172]周汉华. 行政许可法：观念创新与实践挑战[J]. 法学研究，2005(2)：3-24.

[173]周强. 我国太阳能光伏产业技术创新与政策分析[J]. 产业与科技论坛，2011，10(22)：17-19.

[174]朱雪祎，方存好，孟硕. 区域技术创新体系中的市场失灵与政府政策选择的研究[J]. 中国软科学，2007(5)：146-153.

[175]朱震宇. 国外太阳能光伏产业发展政策借鉴及启示[J]. 中国市场，2010(13)：76-78.

(二)外文参考文献

著作类：

[1]Cooke P N, Heidenreich M, Braczyk H J. Regional innovation systems: the role of governance in a globalized world[M]. London: Psychology

Press, 2004.

[2] European Commission. A vision for photovoltaic technology [M]. Brussels: European Commission, 2005.

[3] Garner B A. Black's lawdictionary[M]. Houston: West Group, 2004.

[4] Howlett M, Ramesh M, Perl A. Studying public policy: policy cycles and policy subsystems[M]. Canada: Oxford University Press, 1995.

[5] Hughes O E. Public management and administration [M]. Macmillan International Higher Education, 1998.

[6] Rawls J. A theory ofjustice[M]. Harvard University Press, 2009.

[7] Lundvall B A. National innovation system: towards a theory of innovation and interactive learning[M]. London: Pinter, 1992.

[8] Rothwell G, Rothwell R, Zegveld W. Reindustrialization and technology[M]. ME Sharpe, 1985.

[9] Salamon L M. The tools of government: a guide to the new governance[M]. Oxford University Press, 2002.

[10] Sijm J P M. The performance of feed-in tariffs to promote renewable electricity in European countries [M]. Energy Research Centre of the Netherlands ECN, 2002.

[11] Kirschen E S, Benard J, Besters H, Eckstein O, Blackaby F, Faaland N J. Economic policy in our time[M]. North-Holland, 1964.

期刊类:

[1] Archibugi D. Patenting as an indicator of technological innovation: a review[J]. Science & Public Policy, 1992, 19(6): 670-692.

[2] Asif M, Muneer T. Energy supply, its demand and security issues for developed and emerging economies[J]. Renewable & Sustainable Energy Reviews, 2007, 11(7): 1388-1413.

[3] Bang G. Energy security and climate change concerns: triggers for energy

policy change in the United States? [J]. Energy Policy, 2010, 38(4): 1645-1653.

[4] Birol F. World energy outlook[J]. Paris: International Energy Agency, 2008, 23(4): 329: 13

[5] Breschi S, Malerba F. Sectoral innovation systems: technological regimes, Schumpeterian dynamics, and spatial boundaries[J]. Systems of Innovation: Technologies, Institutions and Organizations, 1997: 130-156.

[6] Burns J E, Kang J S. Comparative economic analysis of supporting policies for residential solar PV in the United States: Solar Renewable Energy Credit (SREC) potential[J]. Energy Policy, 2012, 44: 217-225.

[7] Butler L, Neuhoff K. Comparison of feed-in tariff, quota and auction mechanisms to support wind power development[J]. Renewable Energy, 2008, 33(8): 1854-1867.

[8] Campoccia A, Dusonchet L, Telaretti E, et al. Comparative analysis of different supporting measures for the production of electrical energy by solar PV and wind systems: four representative European cases[J]. Solar Energy, 2009, 83(3): 287-297.

[9] Cantwell J. The globalisation of technology: what remains of the product cycle model? [J]. Cambridge Journal of Economics, 1995, 19(1): 155-174.

[10] Cantwell J, Harding R. The internationalisation of German companies' R&D[J]. National Institute Economic Review, 1998, 163(163): 99-115.

[11] Cantwell J, Janne O. Technological globalisation and innovative centres: the role of corporate technological leadership and locational hierarchy 1[J]. Research Policy, 1999, 28(2-3): 119-144.

[12] Cantwell J, Santangelo G D. The frontier of international technology networks: sourcing abroad the most highly tacit capabilities [J]. Information Economics & Policy, 1999, 11(1): 101-123.

[13] Carlsson B, Stankiewicz R. On the nature, function and composition of technological systems[J]. Journal of Evolutionary Economics, 1991, 1(2): 93-118.

[14] Carlsson B, Jacobsson S, Holmén M, et al. Innovation systems: analytical and methodological issues[J]. Research Policy, 2002, 31(2): 233-245.

[15] Carpenter J, Simme J, Conti E, et al. Innovation and new path creation: the role of niche environments in the development of the wind power industry in Germany and the UK[J]. European Spatial Research and Policy, 2012, 19(2): 87-101.

[16] Conrad K, Schröder M. Demand for durable and nondurable goods, environmental policy and consumer welfare [J]. Journal of Applied Econometrics, 2010, 6(3): 271-286.

[17] Cooke P, Uranga M G, Etxebarria G. Regional innovation systems: institutional and organisational dimensions[J]. Research Policy, 2004, 26(4-5): 475-491.

[18] Cooke P, Uranga M G, Etxebarria G. Regional systems of innovation: an evolutionary perspective[J]. Environment & Planning A, 2008, 30(9): 1563-1584.

[19] Couture T, Gagnon Y. An analysis of feed-in tariff remuneration models: implications for renewable energy investment [J]. Energy Policy, 2010, 38(2): 955-965.

[20] Cover J P, Vanhoose D D. Political pressures and the choice of the optimal monetary policy instrument [J]. Journal of Economics & Business, 2000, 52(4): 325-341.

[21] Deshmukh R, Bharvirkar R, Gambhir A, et al. Changing sunshine: analyzing the dynamics of solar electricity policies in the global context[J]. Renewable & Sustainable Energy Reviews, 2012, 16(7): 5188-5198.

[22] Dewald U, Truffer B. Market formation in technological innovation systems—diffusion of photovoltaic applications in germany[J]. Industry & Innovation, 2011, 18(3): 285-300.

[23] Dixon R K, Mcgowan E, Onysko G, et al. US energy conservation and efficiency policies: challenges and opportunities[J]. Energy Policy, 2010, 38(11): 6398-6408.

[24] Doloreux D. What we should know about regional systems of innovation[J]. Technology in Society, 2002, 24(3): 243-263.

[25] Dufo-López R, Bernal-Agustín J L. A comparative assessment of net metering and net billing policies. Study cases for Spain[J]. Energy, 2015, 84: 684-694.

[26] Dusonchet L, Telaretti E. Economic analysis of different supporting policies for the production of electrical energy by solar photovoltaics in western European Union countries[J]. Energy Policy, 2010, 38(7): 3297-3308.

[27] Enzensberger N, Wietschel M, Rentz O. Policy instruments fostering wind energy projects—a multi-perspective evaluation approach[J]. Energy Policy, 2002, 30(9): 793-801.

[28] Etzkowitz H. Innovation in innovation: the triple helix of university-industry-government relations[J]. Social Science Information, 2003, 42(3): 293-337.

[29] Feiock R C, Tavares A F, Lubell M. Policy instrument choices for growth management and land use regulation[J]. Policy Studies Journal, 2010, 36(3): 461-480.

[30] Foxon T, Pearson P. Overcoming barriers to innovation and diffusion of cleaner technologies: some features of a sustainable innovation policy regime[J]. Journal of Cleaner Production, 2008, 16(1): S148-S161.

[31] Foxon T J, Gross R, Chase A, et al. UK innovation systems for new and renewable energy technologies: drivers, barriers and systems failures[J]. Energy Policy, 2005, 33(16): 2123-2137.

[32] Freeman C. Technology policy and economic performance: lessons from Japan[J]. R & D Management, 2010, 19(3): 278-279.

[33] Freeman C, Soete L. The economics of industrial innovation[J]. Social Science Electronic Publishing, 1997, 7(2): 215-219.

[34] Godin B. National innovation system: the system approach in historical perspective[J]. Science Technology & Human Values, 2009, 34(4): 476-501.

[35] Hamada Y, Nakamura M, Ochifuji K. Field performance of a Japanese low energy home relying on renewable energy[J]. Energy & Buildings, 2001, 33(8): 805-814.

[36] Haught D, Daley J, Bakke P, et al. Overview of the U. S. Department of Energy (DOE) high - temperature superconductivity program for large - scale applications[J]. International Journal of Applied Ceramic Technology, 2010, 4(3): 197-202.

[37] Hekkert M P, Suurs R A A, Negro S O, et al. Functions of innovation systems: a new approach for analysing technological change[J]. Technological Forecasting & Social Change, 2007, 74(4): 413-432.

[38] Hsu C W. Using a system dynamics model to assess the effects of capital subsidies and feed-in tariffs on solar PV installations[J]. Applied Energy, 2012, 100: 205-217.

[39] Huang Y H, Wu J H. Technological system and renewable energy policy: a case study of solar photovoltaic in Taiwan[J]. Renewable &

Sustainable Energy Reviews, 2007, 11(2): 345-356.

[40] Hudson E A, Jorgenson D W. U. S. Energy policy and economic growth, 1975—2000 [J]. Bell Journal of Economics & Management Science, 1974, 5(2): 461-514.

[41] Huenteler J, Schmidt T S, Kanie N. Japan's post-Fukushima challenge-implications from the German experience on renewable energy policy[J]. Energy Policy, 2012, 45: 6-11.

[42] Jacobs D, Sovacool B K. 1.06-feed-in tariffs and other support mechanisms for solar pv promotion [J]. Comprehensive Renewable Energy, 2012: 73-109.

[43] Jacobsson S, Bergek A. Transforming the energy sector: the evolution of technological systems in renewable energy technology[J]. Industrial & Corporate Change, 2004, 13(5): 815-849.

[44] Jäger-Waldau A. 1.09-overview of the global PV industry [J]. Comprehensive Renewable Energy, 2012, 81(8): 161-177.

[45] Keoleian G A, Lewis G M. Modeling the life cycle energy and environmental performance of amorphous silicon BIPV roofing in the US[J]. Renewable Energy, 2014, 28(2): 271-293.

[46] Kitzing L, Mitchell C, Morthorst P E. Renewable energy policies in Europe: Converging or diverging? [J]. Energy Policy, 2012, 51(6): 192-201.

[47] Kobos P H, Erickson J D, Drennen T E. Technological learning and renewable energy costs: implications for US renewable energy policy [J]. Energy Policy, 2006, 34(13): 1645-1658.

[48] Langlois R N. External economies and economic progress: the case of the Microcomputer Industry [J]. Business History Review, 1992, 66 (1): 1-50.

[49] Lascoumes P, Gales P L. Introduction: understanding public policy

through its instruments—from the nature of instruments to the sociology of public policy instrumentation[J]. Governance, 2010, 20(1): 1-21.

[50] Lauber V, Mez L. Three decades of renewable electricity policies in Germany[J]. Energy & Environment, 2004, 15(4): 599-623.

[51] Lindeneg K. Instruments in environmental policy—different approaches[J]. Waste Management & Research, 1992, 10(3): 281-287.

[52] Linder S H, Peters B G. Instruments of government: perceptions and contexts[J]. Journal of Public Policy, 1989, 9(1): 35-58.

[53] Liu D, Shiroyama H. Development of photovoltaic power generation in China: a transition perspective[J]. Renewable & Sustainable Energy Reviews, 2013, 25(5): 782-792.

[54] Liu Y J, Liu Y Q. The industrial research about china solar PV based on the price of polysilicon[J]. Advanced Materials Research, 2011, 383-390: 7043-7048.

[55] Lo K. A critical review of China's rapidly developing renewable energy and energy efficiency policies[J]. Renewable & Sustainable Energy Reviews, 2014, 29(C): 508-516.

[56] Lowi T. Decision making vs. policy making: toward an antidote for technocracy[J]. Public Administration Review, 1970, 30(3): 314-325.

[57] Lundvall B A. National innovation systems—analytical concept and development tool[J]. Industry & Innovation, 2007, 14(1): 95-119.

[58] Mabee W E, Mannion J, Carpenter T. Comparing the feed-in tariff incentives for renewable electricity in Ontario and Germany[J]. Energy Policy, 2012, 40(1): 480-489.

[59] Malerba F. Sectoral systems of innovation and production[J]. Research Policy, 2002, 31(2): 247-264.

[60] Margolis J. A comment on the pure theory of public expenditure[J].

Review of Economics & Statistics, 1955, 37(4): 347-349.

[61] Marinova D, Balaguer A. Transformation in the photovoltaics industry in Australia, Germany and Japan: comparison of actors, knowledge, institutions and markets[J]. Renewable Energy, 2009, 34(2): 461-464.

[62] Martin N, Rice J. The solar photovoltaic feed-in tariff scheme in New South Wales, Australia[J]. Energy Policy, 2013, 61(10): 697-706.

[63] Martin S, Scott J T. The nature of innovation market failure and the design of public support for private innovation[J]. Research Policy, 2000, 29(4): 437-447.

[64] Maycock P, Bradford T. Photovoltaics: PV market update [J]. Renewable Energy World, 2003, 7(4): 86-101.

[65] Ming Z, Ximei L, Na L, Song X. Overall review of renewable energy tariff policy in China: evolution, implementation, problems and countermeasures[J]. Renewable & Sustainable Energy Reviews, 2013, 25(5): 260-271.

[66] Moosavian S M, Rahim N A, Selvaraj J. Energy policy to promote photovoltaic generation[J]. Renewable & Sustainable Energy Reviews, 2013, 25(5): 44-58.

[67] Nagamatsu A, Watanabe C, Shum K L. Diffusion trajectory of self-propagating innovations interacting with institutions—incorporation of multi-factors learning function to model PV diffusion in Japan [J]. Energy Policy, 2006, 34(4): 411-421.

[68] Nakata T, Kubo K, Lamont A. Design for renewable energy systems with application to rural areas in Japan[J]. Energy Policy, 2005, 33(2): 209-219.

[69] North D C. A Transaction cost theory of politics [J]. Research of Institutional Economics, 2004, 2(4): 355-367.

[70] Oliver M, Jackson T. The market for solar photovoltaics[J]. Energy Policy, 1999, 27(7): 371-385(15).

[71] Pavitt K. Sectoral patterns of technical change: towards a taxonomy and a theory[J]. Research Policy, 1984, 13(6): 343-373.

[72] Pearce J M. Photovoltaics — a path to sustainable futures[J]. Futures, 2002, 34(7): 663-674.

[73] Persson A. Characterizing the policy instrument mixes for municipal waste in Sweden and England[J]. European Environment, 2010, 16(4): 213-231.

[74] Porter M E. Clusters and the new economics of competition. [J]. Harvard Business Review, 1998, 76(6): 77-90

[75] Reuer J J, Ariño A. Optimal carbon capture and storage policies[J]. Environmental Modeling & Assessment, 2013, 18(4): 417-426.

[76] Ru P, Zhi Q, Zhang F, Zhong X, Li J, Su J. Behind the development of technology: the transition of innovation modes in China's wind turbine manufacturing industry[J]. Energy Policy, 2012, 43(C): 58-69.

[77] Salas V, Olias E. Overview of the photovoltaic technology status and perspective in Spain[J]. Renewable & Sustainable Energy Reviews, 2009, 13(5): 1049-1057.

[78] Samuelson P A. The pure theory of public expenditure[J]. Review of Economics & Statistics, 1954, 36(4): 387-389.

[79] Samuelson P A. Diagrammatic exposition of a theory of public expenditure[J]. Review of Economics & Statistics, 1955, 37(4): 350-356.

[80] Sarti D, Einhaus R. Silicon feedstock for the multi-crystalline photovoltaic industry[J]. Solar Energy Materials & Solar Cells, 2002, 72(1): 27-40.

[81] Schneider A, Ingram H. Behavioral assumptions of policy tools[J].

Journal of Politics, 1990, 52(2): 510-529.

[82] Sharma N K, Tiwari P K, Sood Y R. Solar energy in India: strategies, policies, perspectives and future potential [J]. Renewable & Sustainable Energy Reviews, 2012, 16(1): 933-941.

[83] Shibata H. A bargaining model of the pure theory of public expenditure[J]. Journal of Political Economy, 1971, 79(1): 1-29.

[84] Solangi K H, Islam M R, Saidur R, et al. A review on global solar energy policy[J]. Renewable & Sustainable Energy Reviews, 2011, 15(4): 2149-2163.

[85] Song D, Jiao H, Fan C T. Overview of the photovoltaic technology status and perspective in China[J]. Renewable & Sustainable Energy Reviews, 2015, 48: 848-856.

[86] Stechow C V, Watson J, Praetorius B. Policy incentives for carbon capture and storage technologies in Europe: a qualitative multi-criteria analysis[J]. Global Environmental Change, 2011, 21(2): 346-357.

[87] Stevenson H M, Karlin A. Carbon capture and storage[J]. Energy, 2014, 70(3): 325-337.

[88] Stocker T F, Qin D, Plattner G K, et al. Climate change 2013: the physical science basis[J]. IPCC, 2013: 1535

[89] Sun H, Qiang Z, Wang Y, et al. China's solar photovoltaic industry development: the status quo, problems and approaches[J]. Applied Energy, 2014, 118(C): 221-230.

[90] Suzumura K. On pareto-efficiency and the no-envy concept of equity[J]. Journal of Economic Theory, 1981, 25(3): 367-379.

[91] Svensson J, Trommel W, Lantink T. Reemployment services in the netherlands: a comparative study of bureaucratic, market, and network forms of organization[J]. Public Administration Review, 2010, 68(3): 505-515.

[92] Taylor M. Beyond technology-push and demand-pull: lessons from California's solar policy[J]. Energy Economics, 2008, 30(6): 2829-2854.

[93] Timilsina G R, Kurdgelashvili L, Narbel P A. Solar energy: markets, economics and policies[J]. Renewable & Sustainable Energy Reviews, 2012, 16(1): 449-465.

[94] Tödtling F, Kaufmann A. SMEs in regional innovation systems and the role ofinnovation support—the case of upper austria[J]. Journal of Technology Transfer, 2002, 27(1): 15-26.

[95] Uran V, Krajcar S. Feed-in tariff and market electricity price comparison: the case of cogeneration units in Croatia[J]. Energy Policy, 2009, 37(3): 844-849.

[96] Vallvé X, Serrasolses J. Design and operation of a 50 kWp PV rural electrification project for remote sites in Spain[J]. Solar Energy, 1997, 59(1-3): 111-119.

[97] Watanabe C, Wakabayashi K, Miyazawa T. Industrial dynamism and the creation of a "virtuous cycle" between R&D, market growth and price reduction: the case of photovoltaic power generation (PV) development in Japan[J]. Technovation, 2000, 20(6): 299-312.

[98] Wüstenhagen R, Bilharz M. Green energy market development in Germany: effective public policy and emerging customer demand[J]. Energy Policy, 2006, 34(13): 1681-1696.

[99] Yuan C, Liu S, Yang Y, et al. An analysis on investment policy effect of China's photovoltaic industry based on feedback model[J]. Applied Energy, 2014, 135(C): 423-428.

[100] Zhang S, He Y. Analysis on the development and policy of solar PV power in China[J]. Renewable & Sustainable Energy Reviews, 2013, 21(5): 393-401.

[101]Zhang S, Andrews-Speed P, Ji M. The erratic path of the low-carbon transition in China: evolution of solar PV policy[J]. Energy Policy, 2014, 67(2): 903-912.